副旋律思維

中國時政評論文集

韓麗明

自序

對於時下行色匆匆的人來說，那場「史無前例」的浩劫似乎在中國大地上從未發生；對於經歷了那場災難的人們，無論是受難者還是施難者，這場亙古未有的荒謬鬧劇和慘重劫難似乎都於己無關。總之，「懺悔」這個字眼似乎是外星人字典中的名詞，與國人無緣。

為何不讓反思文革？因為反思文革會讓我們「偉大、光榮、正確」的黨顏面盡失！也會使所有的接班人感到難堪，更涉及政權的合法性問題。這就是為何連「張志新」都成了敏感詞的原因！

黑格爾說過：「我們從歷史上知道，人們從不向歷史學習。」中國是有幾千年歷史的文明古國，一向以尊重歷史著稱。這段歷史剛剛過去，對現時乃至將來很長一個時期都產生影響，讓人每思及之，便有一種撕心裂肺之痛；倍感羞辱之感。但國人為何對它如此健忘？我的博文中對文革稍有涉及，便被即刻刪去，維穩比食品安全管理卓有成效，真令人費解。

羅曼・羅蘭的《約翰・克利斯朵夫》，裡面有一段話，我經常寫信給朋友時引用：「我們從小到現在被各種謊言灌滿了，當他成熟起來的第一個標誌就是他要嘔吐，重新用理性去認識世界。」我們六十年教育的最大成果就是鬼話連篇。韓某老矣，再也不想說假話了！我要把自己的所思所想都真實地記錄下來。讓它成為一本說真話的書。我曾經問一個哥們：「你怎麼不讀書啊？」他回答說：「這個世界上沒有值得我讀的書。」我完全傻掉了，吶吶著無言以對。須臾，我鎮定地對他說：「我要親自寫一本值得你讀的書，書店裡買不到的書。」

魯迅為之哀歎的強權政治至今依然存在，甚至更甚一籌。我的人生感悟寫起來還是戰戰兢兢，如履薄冰。輿論導向正確成為控制言論自由的藉口。

何為輿論導向正確？白岩松說：「所謂導向正確，即是把需政治改良的具體問題引導到抽象的道德層面，比如：將找不到公廁而無奈騎牆排泄的市民歸結為『素質太低』，而不斥責市政當局的設施投入不足；將拾荒老人獨自撫養數十孤兒稱讚為『無私奉獻』，而不提政府部門管理失職等等。是故，滿紙撼天動地，遍地悲天憫人。」

也許我沒有很高深的學養，也許我對世相的點評還很粗糙，但是在我身上有最可珍貴的人性的直覺，這種直覺會讓許多混跡文壇老謀深算的「作家」們黯然失色。

我的寫作絕不是出於個人恩怨，我是從一個公民的良心和道義出發，如鯁在喉，不吐不快。不要僅僅認為歌頌是愛，其實批評更是一種大愛，是更深沈的愛。如季羨林大師所言：「我生平優點不多，但自謂愛國不敢後人，即使把我燒成了灰，每一粒灰也還是愛國的。」

近三十年來，我們用五千億元人民幣的代價，送出了四千名高官。天天在惡毒咒罵美國的高官們紛紛都把自己的妻兒送到那裏去定居了。就在紅歌唱響重慶時，薄市長的愛子薄瓜瓜正在只招收英國貴族的哈羅公學裏高唱贊美歌呢。為什麼這麼好的國家他們不愛，只讓我們愛呢？這始終是我的一個不解的心結！

是為序。

老綏遠韓氏

二〇一二年六月四日

目次

嘯聲篇

生活離不開水與火，但常常是水深火熱；生活離不開風月，但月黑殺人夜，風高放火天。

家有僕人雖好，但惡僕欺主已成慣例。惡僕欺男霸女，盜竊主人財物的事情時有發生，公僕較母僕更甚。

現在誰還寫小說、看小說？因為時事比小說更異彩紛呈。

哀歎生命的結局

鸕鷀，也叫水老鴉、魚鷹。一張彎彎的長喙，一身烏黑神祕的羽毛。在我們的感官記憶中，往往都是在火紅的夕陽下，一個披戴著蓑笠的老翁，身邊匯聚著三五隻魚鷹，立在一支修長的竹筏之上。那種如詩如畫的情境，會讓人感到心曠神怡。

在過去，一個漁家能養上幾隻不錯的魚鷹是件很幸福的事，因為有了牠們，就能給家裡帶來不少的收入。現今隨著人類對自然界的破壞，每年都會有很長一段時間捕不到魚，但是魚鷹還得天天餵養，很多魚鷹得不到足夠的食物，因飢餓導致身體腫脹的情況常常發生。

有些沒有捕魚能力的魚鷹和一些年老體邁的魚鷹，往往變成了飼養人的負擔，不得已，這些魚鷹就會被「灌酒」。所謂的「灌酒」，就是要將牠們安樂死，這是一件很莊嚴肅穆的事情。往往要等到天黑之後，由村裡的老人點亮馬燈，意喻著讓牠們能找到去往天國的光明之路。這個時候小孩和女人都要回避，然後用一瓶平時都捨不得喝的好酒給牠們灌下去，隨著酒力的揮發，魚鷹慢慢地失去直覺。主人依依不捨地將其放入事先挖好的坑中掩埋。那種離別的場面，不是很壯大，但卻很感人。看到那個場景，就感覺如同和一個朝夕相處的好友從此訣別是一樣的。

中國古代，有人活到六十歲還不死就會被「活埋」的風俗——就是修個地窨子，裡面有鍋臺、炕、糧食、還放點柴禾。把到了六十歲還不死的父母，強行安置到裡邊，最後封死出口。這是真的！已有許多出土文物可以為證。

還有一種說法是：在那個時候，由於生產力落後，醫療條件也談不上，更沒有防疫措施，五、六十歲的人最容易得病。由於得病不能及時治療，小病變大病大病就會變成傳染病。村裡的人為了預防兒童或其他人被疾病傳染，就想出了一個在村外的小山坡掏一個洞將老人暫時安放進去的辦法，並且會派健康的人一日三餐地送飯，直到終老後就在這個洞裡把老人埋了。由於這種情況越來越多，慢慢地就變成了一種風俗，歷史上把這種現象叫做——止死墓。

不孝的概念及忤逆等措詞是後來進入文明社會才有的。道德等上層建築，是建立在經濟基礎之上的，只有生產力發達了，物質產品極大地豐富了，生產關係合理了，人們才會講道德。

春秋吳國謀臣曾經說過這樣一句話：「狡兔死，走狗烹。」狗是人類生活中的夥伴、助手，可以幫人打獵、看家、護院，可謂忠心耿耿。中國人一旦認為狗不中用了，立即翻臉不認狗，全然不顧昔日的情誼與功勞，不顧狗的搖尾乞憐，冷酷無情地將牠殺掉，甚至還要大快朵頤，以滿足自己的食慾。做中國人的狗，下場悲慘而淒涼。

中國人對待狗是這樣，對待人難道不是這樣嗎？從漢代到明代，再到現在，有哪個朝代的開國勳臣得以善終？勝利了、成功了，對手消滅了，制衡力量沒有了，權力無限膨脹了，昔日夥伴的頂撞再也不能容忍了，認為是對自己權威的挑戰，認為夥伴對自己是威脅，於是，殺心頓起。什麼友情、功勞、後果通通不顧，必欲除之而快之，上演了一齣齣的悲劇，影響了一代代的中國人。

在舊時代，人老了，有病一般是不看的，因為他已經不能給家庭創造任何價值，活著也只能是累贅。至今在許多農村，老人有病還是臥床等死，因為一進醫院就感覺頭懸利劍，看一場病要傾家蕩產的。

據說在北京三〇一醫院，許多老一輩革命家的搶救費用，每天就要花幾十萬元。為了經年累月地維持一個生命的跡象，費用高達天文數字。

中國的退休養老制度也不是新中國開國就曾謀劃的，也不是馬列主義的思維。據說我們的退休養老制度，國家開始時僅僅考慮到了對建國有功的革命者，後來迫於資本主義養老制度對我們的壓力，才不得已對草民也施行之。

臨終的食慾

人在臨終時往往滴水不進，家人子女簇擁在旁，都會急切地詢問：你想吃啥？這時有的人會搖頭連連，有的人在家人提示下會點頭示意，有的人會說出石破天驚的話來。

我的伯父，肝癌晚期。那年肝昏迷時突然驚醒，提出想喝銀耳蓮子湯。那時他住在歸化城大東街，說此話時已是夜半時分，適逢麥香村有一位廚師就住在鄰院。伯母午夜時分敲開人家的大門，說明原委，這位師傅趕緊披衣下地，匆忙趕往飯店。待銀耳蓮子湯熬好，趁熱端至床頭，伯父已經一命嗚呼。

那時的銀耳非常值錢，不像現在因為人工可以培植，銀耳已經臭了大街。伯父一生非常節儉，點心盒、火柴盒都捨不得丟掉。三年災害期間，淘米的水都要喝掉，不知道他老人家在彌留之際如何會提出如此奢侈的要求。

我的姥姥死於一九六三年，病危時舅舅從呼和浩特接往山西老家，因為老年人都有到老歸宗的想法，不願意死在外面。據說姥姥在彌留之際提出要吃一顆煮雞蛋，那年，因為飢餓，全村的女人已經有三年沒人懷過孕了，母雞也早已死絕，哪裡還有雞蛋？舅舅妗妗們跑遍了全村，費盡九牛二虎之力才找到了一顆雞蛋，猶如捧著一顆夜明珠似地端回家來。家裡的灶火已經生著，鍋裡的水一直在沸騰，所有的後輩兒孫都在等這顆雞蛋。待到雞蛋煮熟，剝了皮遞到姥姥的手中，姥姥的手已經冰涼，全家老小一片嚎哭之聲。

我的媽媽在臨終前很長時間已經滴水不進，因骨癌導致腎衰竭。期間雖值深冬，我給母親買過幾次西瓜，因為瓜涼，只餵了幾口，母親就不再張嘴，後來全靠輸液維持生命。一天，母親提出要吃油炸糕，我馬上打車去買，記得買回來，母親也只是用舌頭舔了舔；還有一次母親提出想吃涼粉，我仍然急如星火地去買，結果同上。

我的二伯父在臨終時想吃過油肉，但不知為何堂弟竟然沒有去買。我呆坐在床邊也沒有反應。現在回想起來萬分懊悔。也許堂弟知道即便買回來也是白費，但是不買就會在我們的心中有一個結，這種懊悔將持續終生。

〈東方紅〉的詞作者、陝北民歌手李有源，一九五五年四月積勞成疾，女兒陪他去縣城治病，住在城內姪女女婿韓雲家，治了二十多天仍不見效。一天，女兒增霞問父親想吃點什麼，李有源說想吃豬肉。當女兒從街上買回豬肉，豬肉還沒有煮熟，他便永遠地閉上了眼睛。

侯寶林大師在臨終的日子裡，最想吃的是冰淇淋。那時候北京已經是冬天，市面上少有冰淇淋出售，兒女跑遍了大半個北京城，買到了一個冰淇淋球，侯先生在病床之上，只是欣慰地看看，卻已經無力吃下。我猜想，在冰淇淋慢慢融化的空檔，侯先生回想起的只是少年時代的光景。那時他十二歲，在天橋撂地攤賣藝，每到夏天，最能感染少年侯寶林的就是小販一聲聲「買冰核兒」的叫賣。他那時的心願便是以後掙多了錢，天天吃冰淇淋。

十幾年前，陸幼青寫過一本《死亡日記》，他記錄下面對死亡的種種坦然，頗有「人之將死其言也善」的大度。其中也提到了吃，他本是一個吃貨，然而在最後的日子裡，「想起來的美食幾乎跟飯店無關，全是菜名，甚至有不少是我在外地吃的，留下深刻印象的。開個玩笑，我現在如果開張菜單，禦膳房也沒轍。前兩天，忽然念及上海大壺春的生煎饅頭，覺得比較有可行性，便由妻駕車巴巴地趕了去，如願以償，但只吃了四個，也覺得就是如此了。」

中安網九月二十三日訊：一位上海老人彌留之際想吃老家合肥產的臭豆腐乳，可是老人的親戚拿著密封好的臭豆腐乳跑了兩家郵局，都遭遇到投寄難題。

女士的遭遇引起了其他幾位在場者的同情，一位熱心人指點說：「你可以到長途客車站，找站裡負責人，請他們幫你聯繫到上海的客車帶過去，然後你叫上海那邊去人到車站拿就可以了。我也有過像你這樣的經歷，後來找到車站幫我解決了。」

西門慶在國人心中屬於惡徒，但惡徒的臨終也會有人性的迴光在返照。《金瓶梅》中寫道：「到了正月十四，西門慶病入膏肓。大娘吳月娘守候著西門慶，問他想吃啥？西門慶想了想，還是吃餃子吧。於是大娘吩咐四娘孫雪娥包了幾個餃子端到西門慶面前。吃著餃子，看著四娘孫雪娥，西門慶似乎有點難過，這位四娘孫雪娥來到西門家，自己幾乎沒有給她啥關懷，經常拿她撒氣，有時候還打她。想到這裡，西門慶流下了眼淚，自己真的對不起面前的這個女人啊。餃子吃到嘴裡，由於心事浩茫，西門慶也是感到無味。吃了兩個就不吃了。」

西門慶在生命最後的日子裡，還是想吃餃子，因為餃子是五娘給自己蒸過的，六娘給自己包過的，更因為餃子有家的味道，西門慶捨不得離開這個溫暖的家。唉，小小的水餃寄託著人生多少的歡欣和遺憾啊。

其實，在生命的最後的時光裡，美食早已經不是食物，而是一種對世界的回憶及念想。哪裡是充饑解饞，無非是Yesterday once more，在舊日重現的光景裡，想念著那時候的人和事，吃食僅僅是一粒明晃晃的紐扣，懸掛其上。

培希特說：「那些高級餐廳的昂貴食物，只不過是給客人用來炫耀的，並非真正的美味。直到你生命的最後一天，你才會清楚自己最愛的食物是什麼。」

蓋棺就可以論定嗎？

中國考古界二〇〇六年的最大發現，就是在建設過程中發掘的一座宋代古墓，出土了包括秦檜親筆遺囑在內的一批重要文物。

秦檜在該份遺囑中，首先告誡子孫遠離政治，自己深知將「獲譴汗青」、「蒙羞萬年」，叮囑子孫在他死後萬莫貪戀祿位，急流勇退。也不可在風暴來臨後為他爭辯，「庶幾可得苟全性命」。

秦檜在該份遺囑中表明，自己堅信對金議和是當時的「國情」下，保全家國的唯一出路，也曾經和岳飛直接探討過此問題，但岳飛表示「要為不可為之事」。而宋高宗開始並不反對北伐作戰，但因為岳飛在歸復舊河山之外，還經常公開宣揚要「迎還二帝」，而金國也不斷在戰爭失利時派密使威脅高宗要「送還汝兄」，並不斷暗示囚在五國城的宋欽宗與岳飛有祕密來往，令高宗疑竇叢生，甚至到了「寢食不思」的地步。

其實當時新帝即位，是因為身為父兄的兩位前皇帝被金兵捉了俘虜在北國。鑒於國不可一日無君，他才當上了皇帝。岳飛在軍隊裡公開號召，與金兵打仗是為了「收復失地，迎回二聖」，請問，兩位前皇帝回來了，您讓現任皇帝幹啥去呢？是失業還是下崗？此事直接令現皇帝陷於不仁不義不忠不孝之地，其用心，是否讓人覺得有些險惡呢？

最要緊的一條，是後來皇帝召回岳飛，居然要一天連發十二道金牌。儘管有「將在外，君令有所不受，以利國家」的古訓，但畢竟也留下了一個抗旨不尊，擁兵自重的嫌疑。

秦檜在遺囑中對岳飛的戰功給予很高評價，認為岳飛的善戰為其議和提供了相當大的便利空間，以打促談的效果很好。但岳飛有功名心，性格也比較孤僻，與人不好相處，容易招疑招忌。好多次甚至與皇帝言語不合而撂挑子走人，與皇帝結了深怨。岳飛不大考慮高宗本人的利益，不僅和被囚敵國的欽宗有謠傳中的來往，還多次當面勸高宗立嗣，高宗本人因有隱疾而無子嗣，因此十分懷疑岳飛欲立擁立之功，犯了人臣的大忌，也因岳飛違背了祖宗傳下的抑武揚文的宗旨，引發高宗殺機，不惜破除有宋以來不殺大臣的誓言。秦檜表示，他已竭盡全力至少保全岳雲和張憲，但高宗指示全殺，他亦無奈。同僚們在岳飛被殺後不敢質問皇帝，都來質問秦檜，秦檜也不敢甚至不便說這是皇帝的意思，只好用「莫須有」含糊應對。

還有一點，就是岳飛的親兵太盛。親兵就是個人兵，這些人不歸國家編制，只聽主帥一人號令，而且因為一個人拿三個人的餉，所以裝備供給和訓練、戰鬥力都遠遠強於國家正規兵。正因為這些人不歸國家調動，歷來皇帝們都禁止親兵存在，但由於各種原因又禁止不了，所以只要親兵不超過軍隊總數一定比例，皇帝們就默認了，偏偏岳飛的親兵數量超過了皇帝能夠容忍的底線，岳家軍即由此而來。

中國自古以來就有好皇帝、壞臣子的說法，秦檜只不過是順從了皇帝的意志，他根本無法左右皇帝的思維，因此岳飛之死真是無可奈何的事情。

曾有作家建議中組部給秦檜同志平反，理由是岳飛是個好戰分子，秦檜同志不忍心看見中華各兄弟民族之間自相殘殺，因此力主和平。秦檜同志是民族團結的模範，雖然是戲謔之詞，但也因此可以說，蓋棺也不見得就能論定。

「竊國大盜」的屎盆子在袁世凱頭上一扣就是整整一百年。歷史上很多習以為常的言說，背後往往都是漏洞百出的誤解。謊言重複一千遍或許還是謊言，可是一千個人每個人都重複一千遍，數十年如一日地重複下來，謊言也就成了真相。時間過得真快，辛亥革命已過去了一百年。我們今天紀念這場革命，因為它推翻了中國兩千多年的君主專制制度，建立起亞洲第一個資產階級共和國。但如果沒有袁世凱的襄助，僅靠革命黨人的力量，辛亥革命想要成功猶如登天。許多學者認為，沒有袁世凱，就沒有中華民國，因此首任大總統他當之無愧也。

革命後不久，一九一一年的十一月一日，黎元洪就給袁世凱去信說，如果他贊同革命，「將來民國總統選舉時，第一任之中華共和大總統，公固不難從容獵取也。」隨後不久，黃興也致書袁世凱，「明公之才能，高出興等萬萬。以拿破崙、華盛頓之資格，出而建拿破崙、華盛頓之事功，直搗黃龍，滅此虜而朝食，非但湘鄂人民戴明公為拿破崙、華盛頓，即南北各省亦當無有不拱手聽命者。」簡單一句話，只要袁世凱肯推翻滿清政權、擁護共和，中華民國第一任大總統就非他莫屬。

孫中山也對袁世凱的功績和才能大加稱讚，視袁為當然的總統人選。在後來的致袁賀電中，孫中山還有「民國大定，選舉得人」的話。因南北雙方有約在先，絕非袁世凱逼孫中山讓位。臨時大總統選舉會召開，袁世凱以全票當選。在程序上完全合法，「世界之第二華盛頓」的讚譽不是空穴來風。退一步講，縱然是根據中國古老的政治法則，袁世凱同樣獲得了延續清朝政權的合法性，在宣統帝的退位詔書中，他特別加上了一句「即由袁世凱以全權組織臨時共和政府」，在某種意義上這恰相當於清帝「禪讓」。

總之，袁世凱「竊取革命果實」的說法根本站不住腳。袁世凱在辛亥革命推翻清朝封建帝制的過程中，有著不容抹殺的功績，至於他出任臨時大總統，也是出於南方革命黨人的意願，哪裡談得上「竊」呢？正如史景遷在《追尋現代中國》一書中寫到的那樣，辛亥革命後「社會秩序的恢復有賴袁世凱將北洋軍與同盟會和南京的革命力量結合在一起，也仰賴袁世凱以立憲程序，將新軍和各省的議會結合成全國性的政體」。如果客觀地評判歷史，袁世凱在創建中華民國中的功績絕不該被抹殺，「竊國」的帽子老袁戴了一百年足夠了！

袁世凱聰明一世、糊塗一時，他哪裡知道，不登基、不坐太和殿裡的龍椅，安住在中南海的豐澤園裡，一樣可以享受皇上的待遇呀。

世間最靠不住的四件事

前天下了一天的雨，一層秋雨一層涼。上個星期還像夏天一樣的炎熱，一轉眼的功夫，雨飄至，風漸起，蟬不鳴，葉堆積。秋天的暖卻是如此短暫，短暫到人們還沒有提防——冬天就到來了。

古人說，人生有四大靠不住：春寒、秋暖、老健、君寵。這其實都是在強調一個道理——趨勢的力量無法抗拒。

春天裡，春寒依舊料峭，但夏天將至，寒不是長久的事，這個寒靠不住；秋天裡，一場秋雨一場寒，那暖也只是一時的假象。就像早晨與太陽同輝的月亮，就像暴風雨前豔麗的花，靠不住；老人的健康值得慶幸，但是機器已經磨損，到了大修期了，儘管一時還可以堅持，但畢竟違背不了客觀規律，靠不住；君寵，伴君如伴虎，君王本就從自己的情緒出發做事情，本就反復無常，而再把自己的榮辱沉浮、身家性命寄託在某個人手中，那就更靠不住了。

春寒、秋暖、老健、君寵，這四件事最靠不住的，是所謂老健不可恃。人生七十古來稀，講的就是人老了，死是很自然的事。而死之前，心、肝、脾、肺、腎、膝蓋、關節、腦、眼、耳、鼻、牙，必然有一樣或多樣不靈光。老年人的健康狀況是最不穩定的，好比春天的寒冷，那是短暫的；又好比秋天以後忽然熱起，但畢竟到頭來還是會冷下去。對於老年人來說，要放下煩惱，看破衰落中的事物，看破春寒秋熱的短暫假象，現實地注意到生理機能的漸次衰退，平靜度日，不能逞強。

不要與自然抗衡，因為人類從沒有勝利過；不要以為你有多強壯，病魔沒有預告的習慣。人總是要老的，這是自然的規律，每個人都無法避免。不能不服老，應該以一顆平常的心，平靜的心去看待。

「君寵」則說明了人心的善變，將命運寄望於某一個人註定是非常危險的。君臣關係是絕對的強勢對弱勢，佳人良將即便受皇帝寵愛，也終究難逃深宮寂寞、狗烹弓藏的命運。君主的喜怒哀樂掌握著臣下的生死命脈，抄家、砍頭、流放只在寶座上那廝的一念之間。像唐太宗與魏徵的關係已經是最和諧的了，卻仍然避免不了唐太宗突然發瘋，在魏徵死後扒其墳掘其墓的事情發生，突然自省後又為人家立碑。踹一腳再給個棗的下場算好了，永世沒有翻身的臣子多的是，官場險惡可見一斑。

其實此事進化到現代社會，也並無太大的改觀，雖然沒有了一人獨裁的皇上，以民主代之。但官大一級壓死人仍然是職場潛規則。《潛伏》裡的余則成在辦公室政治中弄死高奎打壓李涯，仍然避免不了被老狐狸吳站長一刻不停地調查。事實證明，羊是餵不飽狼的。

劉少奇、林彪的下場又如何呢？如果偉大領袖至今活著，路線鬥爭肯定又有八九回了，「野心家」、「陰謀家」肯定又揪出了不少！

北大歷史系的周一良先生，文革中慘遭迫害，後又被四人幫挾進了號稱「梁效」的寫作班子，世人對他多有非議。晚年他在給朋友的信中也說到了「四個不足恃」：春寒不足恃，秋暖不足恃，君寵不足恃，老健不足恃。周先生精通日本文化，所以我初讀時，還以為是日式俳句，後來有人說是來自佛經的句子。其中，對「君寵」的超脫態度，想必是周先生的切身體會。我知道，他最「紅」的時候，曾坐上了九大的主席臺，來得快的，去得也快，被命運折騰了一番後，晚年才感歎自己「畢竟是書生」。

經考證，春寒、秋暖、老健、君寵，並不是來自佛經，而是中國的一句俗語。明人《三報恩傳奇》有詩：「老健春寒秋後熱，半夜殘燈天曉月，草頭露水板橋霜，水上浮漚山頂雪。」紅樓夢中紫娟也說過：「趁早兒老太太還明白硬朗的時節，作了大事要緊。俗語說，『老健春寒秋後熱』，倘或老太太一時有個好歹……」總之是靠不住的意思。

「老健春寒秋後熱」雖然是句俗語。不過，這句話的意思與佛教的無常是相近的，不止是這四大靠不住，世間一切都是靠不住的，都是無常變化，緣生緣滅的。沒有長久的不變的東西，這也是痛苦煩惱的根源。

春寒、秋暖、老健、君寵，原本就是人盡皆知的最沒譜的四件事，世間萬事萬物莫不是從無到有，從弱到強；再從強到弱，從有到無。莎士比亞說過：「任何事情都逃不過時間橫掃的鐮刀」，這就是趨勢的威力。

當然世上靠不住的事情還有很多，下面是博友「面朝大海，春暖花開」的日誌，看看他還有哪些高見：

看完《蘋果》發現，男人靠不住；
看完《色戒》發現，女人靠不住；
看完《投名狀》發現，兄弟靠不住；
看完《集結號》發現，組織靠不住；
看完《媽媽再愛我一次》發現，老爸靠不住；
看完《新警察故事》發現，兒子靠不住；
看完《滿城盡帶黃金甲》發現，老婆老公靠不住；
看完《紅樓夢》發現，祖母和嫂子也靠不住；
看完《西遊記》發現，師傅靠不住；
看完《霍元甲》發現，徒弟靠不住；
看完《無間道》發現，警察靠不住；
看完《水滸》發現，領導靠不住；
看完《蕭申克的救贖》發現，出納靠不住；
看完《史密斯夫婦》發現，公司也是靠不住的；
看完《無極》發現，饅頭靠不住；
看完《青蛇》發現，動物靠不住；
看完《越獄》發現，牢房靠不住；
看完《陽光燦爛的日子》發現，避孕套靠不住；
看完《午夜凶鈴》發現，電話靠不住，電視更靠不住；
看完《瘋狂的石頭》發現，國際高手是靠不住滴；
看完《長江七號》發現，地球人靠不住；

看完《變形金剛》發現，外星人也靠不住；
看完《黑客帝國》發現，一切現實都靠不住；
結論：只有「我」靠得住。

分床、分房、分居、分離

六七十年代，北方的大多數人家，不管家裡幾口人都擠在一條大炕上睡覺。有不少人家兩三代人住在一起，兒媳和婆婆同時生孩子的現象也是很普通的事情。鄉下的知青，常常十幾個人擠在一條大炕上睡覺，晚上翻身也要同時翻。半夜下地尿尿，上來沒有你的地方也是常事。如果挨你的人身子重，你又撥拉不動，那就只好蹲在地上等天亮了。

三十年代，史沫特萊來上海，宋美齡女士就和她介紹過炕，可惜史女士沒有身歷其境，任宋女士如何比劃也是枉然。

八十年代，我去南京中山陵參觀過美齡宮，當講解員介紹道：「這是宋美齡女士的臥室……這是蔣先生的臥室……」時，許多人大惑不解：怎麼他們兩口子不住在一起呀？

還看過一篇文章，寫到李宗仁先生六十年代回到北京，原配郭德潔女士病故，由周恩來做媒，他又娶了二十七歲的胡姓女護士為妻。文中就有李宗仁的臥室與胡女士的臥室的字樣。每逢胡女士到了例假的時節，李先生總要關切地詢問：「這個月的月事來了嗎？」我當然知道李先生的心思，他渴望老來得子，能有一個愛情的結晶。但我曾天真地想，他們天天不住在一起，能有孩子嗎？

我生性愚鈍，直到最近才理悟到：愈是有錢人，愈會分床睡；再有錢，他們就分房睡了；到了非常有錢就會分居了。比如偉大領袖睡在中南海，旗手睡在釣魚臺。到了極度有錢時，就乾脆分離了。在這裡，老百姓的常規哲學變得十分蒼白無力。

眼下，我和老婆也分房子睡。一百八十平米的房子，四個臥室，主臥有二十五平米，次臥也有二十平米，為啥非要擠在一起睡呢？

其實，我們也有過一張床都嫌寬的時候，那時剛成家，睡在一張床上，火旺的時候，做愛做的事，做完了，就相擁著睡去。漸漸地，一切都淡然了。

現在我老了，晚上睡不著時，要坐起來在床上看書。尤其在新浪開了博客，夜半突然來了靈感，或者想到白天發的那篇文章需要添句話，這時就要馬上跳下床打開電腦上網。你想想，我跳下床，能不吵到她？我看書，能不影響她嗎？

還有，男人老了，前列腺肥大，愈來愈愛在夜裡起床；偏偏女人這時也到更年期，睡不踏實，一點動靜就會驚醒。

據說婚姻有七年之癢，許多名人著書說，他們婚姻二十年，已味同嚼蠟。你想想，我和老伴的婚姻快四十年了，四十年的婚姻還會有激情嗎？只剩下親情了。俄羅斯的明斯克號航母服役期也不夠四十年呢……

再說盛夏炎熱，我一個人獨居一間房子，一米八的大床，身體呈大字型的裸睡是多麼愜意的事情。

看過一本回憶錄，其中寫到：「梁實秋與韓菁青在世時也一樣，那時候他們住在忠孝東路的一棟大房子裡，兩人的臥室一北一南，中間是客廳和書房。記得我那時候好奇地問哪有夫妻不同臥室的？梁教授一笑：『她啊！不過中午不起，不到夜裡兩點不睡，我則是天不亮就起。現在分開睡多好？早上她睡覺，安安靜靜，我可以專心寫作；晚上我早早睡了，她正好約朋友吃消夜、聊天。』」

在國外，夫妻不在一個臥室的情況更普遍，我曾經在國外參觀過一個城堡，那對夫妻各佔據古堡二樓的一角。記得導遊在解說時，有遊客問：「他們為什麼距離這麼遠？好像不常在一起的樣子。」導遊一笑：「是啊！你不知道嗎？那時候，中午以前，女主人是不出現的。她在自己的臥室裡用早餐、化妝、穿衣服。」

還想起一個外國故事。那就是《紅與黑》中，于連對德・雷納爾夫人的一段戀情。因為市長和夫人是分房的，各人有各人的臥室，而且夫人的房門是不能夠插栓的——門掩著，這樣丈夫需要時，隨時可以「臨幸」。我第一次看此電影時還未婚，非常豔羡這樣的生活模式。如此模式，就給于連這樣的英俊少年提供了可乘之機。于連和德・雷納爾夫人之間，開始了一段生死戀，于連因此遭到報應，被絞死。

不才有一個好友，他晚上愛聽收音機，有一回廣播劇裡的人大喊：「失火了！失火了！」甚至把妻子驚醒，跳下床往外跑。如今他已高官穩坐，去年又搬進了三百多平米的別墅，夫妻一個睡樓上，一個住樓下，各有各的空間、各有各的浴室，甚至各有各的收藏與擺飾。

關於分離的事，我就不說了，現在當官換老婆很普遍，畢竟是揭別人的短，不說也罷。不過夫妻分房睡的確能增進夫妻感情，能夠使兩口子變得更加恩愛，不信你也試試吧。

無望的朱安

一九〇六年，新人朱安嫁入周家，芳年二十八歲。雖然朱安為人厚道，但是容貌近乎醜陋，朱安的相貌不好看到哪種程度呢？曾和魯迅、朱安一起住在磚塔胡同的房東的妹妹俞芳如此描繪朱安：「個子不高，身材瘦小；臉型狹長，臉色微黃，前額、顴骨均略突出，看上去似帶幾分病容。眼睛大小適中，但不大有神，而且有些下陷。梳髮髻，腳纏得很小，步履緩慢不穩。」

馬蹄疾在《魯迅生活中的女性》中寫道：「當先生見到新人時『臉上有些陰鬱，很沉悶』。由此可見先生對朱安的厭惡，出於主觀的審美，使得先生最終選擇了對朱安的逃避。」

據說先生婚後第二天，傭人王鶴照瞧見他一早從洞房出來，臉上有一塊顯眼的青色——眼淚流在藍布被面上染到臉上的。於是先生就「在母親所導演的一場以喜劇形式出現的人間悲劇中扮演主角了」（李允經《魯迅的婚姻與家庭》，北京十月文藝出版社）。

再次可見，在春宵一刻值千金的夜晚，先生沒有與朱安發生肉體上的關係。

魯迅不接受朱安，關鍵的原因許多人都不願提及或有意回避，朱安長得不夠漂亮，缺乏女性應有的魅力，這才是最主要最根本的原因。正是朱安的相貌身材，讓魯迅心底殘存的一線希望徹底破滅了，這才是他一輩子都不能接受朱安的根本原因。

魯迅也是男人，是二十六歲血氣方剛、精力旺盛的男人，這種年齡的男人，沒有不喜歡年輕漂亮女人的，相貌身材是他們擇偶的首要條件，至於性格、家境、文化程度等等一般會放在第二位、第N位去考慮。

相對於魯迅，朱安更為不幸，她一生都沒有得到過愛情，孤苦淒涼地走完悲慘的一生。朱安活了六十九歲，卻承受了四十多年有名無實的婚姻。長得不漂亮不是她的錯，長得不漂亮也有享受愛情的權利，但是朱安……命運對她實在是太不公平了。

知道魯迅在外面又結婚的消息，朱安絕望地說：「過去大先生和我不好，我想好好地服侍他，將來總會好的。我好比是一隻蝸牛，從牆底一點點往上爬，總有一天會爬到頂的。可現在我沒有力氣了，我待他再好，也沒有用。」直到晚年，她還說：「我生為周家人，死為周家鬼。」朱安還說過：「我也是魯迅的遺物啊！為什麼不好好保存我？」

一九二六年十一月二十八日，在寫給許廣平的信中，魯迅痛心疾首地追悔道：「我一生的失計，即在歷來並不為自己生活打算，一切聽人安排。」

魯迅在《隨感錄四十》中說：「在女性一方面，本來也沒有罪，現在是做了舊習慣的犧牲。我們既然自覺著人類的道德，……又不能責備異性，也只好陪著做一世犧牲，完結了四千年的舊帳。」可見未遇到許廣平之前，魯迅是抱定與朱安無性無愛一生了。

當年相當一部分名人的原配妻子都像朱安一樣悲涼，她們的遭遇是那個時代的不幸。有的人會去譴責這是舊時代父母之約的產物，頭腦稍微冷靜想想，在當時的社會，誰也沒辦法逃出這魔咒，同時這些女人的命運取決於當丈夫的如何去面對現實。

張治中是國民黨的要員，痛恨自己的部下拋棄原配夫人、重續、或在外花天酒地。一天早上，他把自己的小腳老婆帶到操場的主席臺上，讓大家看看，他的老婆也是父母之命所訂，也是小腳女人。以身做則，教育部下，這是何等讓人感動的一段故事。

胡適是中國二十世紀最有名的自由主義者，新文化運動的主將之一，提倡白話文，同時學術方面也具有相當高的水準，是和魯迅並肩的大師。但對於胡適先生來說，婚姻也是如此難堪！

雖然追求自由，但胡適還是一個大孝子，對母親為其安排的婚姻不敢說「不」字。江冬秀是母親為他安排的結髮妻子，和胡適也沒有什麼感情。胡適曾經與曹珮聲傾心相戀，但最終在原配江冬秀持刀要殺兒子的威脅下妥協了。李敖說過，看過江冬秀女士，才知道胡適的偉大。

季羨林一生只結過一次婚，育有一子一女。難得的是，他自從一九二九年結婚，到一九九四年妻子去世，和「包辦婚姻」的妻子一起生活了六十五年，而且夫妻從來沒有吵過架。季羨林留學德國期間曾結識一個美麗的姑娘伊姆加德，她在日常的交往當中逐漸對季羨林產生愛慕。季羨林曾為此陷入了深深的矛盾，由於受中國傳統觀念的約束，他權衡再三最終拒絕了伊姆加德。幾十年後，有人找到了伊姆加德，發現她居然終生未嫁。

啟功二十歲時中學畢業，按照清代傳統都得在旗人內部論親。在母親包辦下，他便與從未見過面的章寶琛成婚了，章寶琛不通文墨。啟功曾回憶曰：「我的老伴兒叫章寶琛，比我大兩歲，也是滿人，我習慣地叫她姐姐。我母親和姑姑在一九五七年相繼病倒，重病的母親和姑姑幾乎就靠我妻子一個人來照顧，累活兒髒活兒、端屎端尿都落在她一人身上。成年累月，她日益消瘦，直到送終發喪，才稍微鬆了一口氣。我無以為報，只有請她坐在椅子上，恭恭敬敬地叫她『姐姐』，給她磕一個頭。」

當夫人撒手人寰後，啟功家中可謂「門庭若市」，不少熱心朋友樂呵呵地手拿「紅絲線」，進門就往啟功的腳脖上繫。這可嚇壞了啟功，他乾脆撤掉雙人床，換成一張單人床，以此明志，謝絕盈門說客。

生前，沒有子嗣的啟功先生對親屬說：「要是我走了，就把我與寶琛合葬在一起。我們來生還要做夫妻。」

郭沫若一生中正式婚姻有三次。第一次原配夫人張瓊華（一八九〇～一九八〇）是郭沫若在四川樂山沙灣鎮老家，明媒正娶的結髮妻子，她比郭沫若大兩歲。一九一二年結婚，旋即被拋棄但未離異，在郭家空守六十八年，無子女。

孫中山，二十歲娶元配盧慕貞，盧氏也是舊式婦女，為孫生一男一女。

我常常想，假如朱安是花容月貌的才女，且具有反封建的進步思想，是魯迅的可靠助手，那麼她的命運還會如此嗎？

人們會解釋說：朱安的悲慘婚姻，是吃人的封建禮教造成的，怪不得別人。我則認為，朱安的不幸和魯迅的個性不無關係，舊時代文化人娶目不識丁的妻子並相伴終生的大有人在。雖然在語言上無法溝通，但家族人丁興旺也不乏例子。

即使是當代的文人，有幾個人的妻子能和他們一起比肩高談闊論呢？她們大多數也是家庭煮婦，比如張賢亮、李準、趙樹理……。許多後來成名的「右派」作家們有幾個妻子是花容月貌？其實老舍的妻子也屬於舊式婦女。寫《紅高粱》的莫言自己才讀了五年書，你能期望他的妻子有多高的學識？只是有些人能忍，有些人不能忍；有些人能忍一時，有些人能忍一世罷了。

我很難理解魯母的擇偶觀，二十八歲的朱安就是放在如今也屬大齡剩女了，何況還醜陋不堪。魯迅的家境也不是捉襟見肘的，否則他不會到日本留洋。舊時上海的大資本家專門從蘇州的鄉下尋找靚麗的妙齡少女，然後送來上海培養，及至二八芳齡給自己的兒子做配偶。而魯母給愛子的安排完全是瓜菜代式的垃圾婚姻。沒有絲毫的愉悅，哪裡會產生性？因此我實在不忍心譴責魯迅的無情。

魯迅文筆的生冷晦澀，和他的長期的無性婚姻有直接的關係，如果讓心理學家分析會入骨三分。他的至孝是植根在朱安的悲慘命運中。他摟著許廣平睡覺時，也正是朱安孤衾寒夜雨來時。

魯迅在一九一八年所作《我之節烈觀》一文中說：「節烈苦麼？答道：很苦。……節婦還要活著，精神上的慘苦，也姑且弗論。單是生活一層，已是大宗的痛苦。」可見魯迅是深知朱安的淒苦，但我們後人，如今又該怎樣來讀這篇反封建禮教的控訴狀呢？

吃屎也能弘揚國粹！

根據中國衛生部現行「憲法」——《中國藥典》，屎尿也有入藥的國家標準。既然黨和政府認可屎尿入藥，我們人民當然應無條件擁護。

人中黃，為甘草粉末的加工品。係將甘草粉碎為末，裝入直徑約四～六釐米的竹筒內，竹筒口用布片塞緊並用松香封口。將竹筒浸入清水糞坑中二～三個月，用清水漂洗二十天左右，每日換水一次，至無臭味為度。待陰乾後將竹筒劈開，取出圓柱形的粉甘草，曬乾即得。

黃龍湯，是將糞放在甕中，埋在土中，久之，會變成糞水，據言可解百毒。中醫和早期的佛教都飲用它。范文瀾的《中國通史》記載，黃龍湯是漢代由天竺的佛教傳入中國，屬於古印度的醫藥，古印度的傳統觀念是，無物非藥，當時很受道教的鄙視：「……自有方處，鄙俗久行，病發即服大便小便，疾起使用豬糞貓糞，或堈盛甕儲，號曰龍湯，雖加美名，穢惡斯極。……今近城寺別塞空罌口，納糞倉中，久年得汁，甚黑而苦，名曰『黃龍湯』。」

如果你讀過《本草綱目》，就會發現許多動物糞便均可入藥，例如：老鼠屎，稱為兩頭尖，治小兒疳疾；豬糞名豬零，治小兒客忤；羊糞治療小兒泄瀉；馬糞名屎中粟，治療小兒客忤及厭食；驢糞治療經水不止；駱駝糞，外用，止鼻衄；獅糞破宿血，殺百蟲；虎糞治療瘰疽痔漏；鹿糞治療難產；貓糞治療痘瘡內陷；狼糞治療骨鯁；明目砂，即野兔子糞便，其性平，味鹹，入肺、肝經，有去翳明目、殺蟲解毒功效，用於治療癰腫、疳瘡痔漏、目中浮翳等疾病；猴糞治療小兒臍風撮口；鴿子糞，稱為左盤龍，治療瘰鬁疥瘡；白丁香，即麻雀的糞便，其性溫，味苦，有小毒，能消滯治疝，退翳去胬肉，治女子帶下；燕子糞治療五癃及小便不出；孔雀糞治療白帶及小便不利；鷹糞治療虛積，殺癆蟲；龍涎香即鯨魚的糞便，它是抹香鯨吞食墨魚後，胃腸道分泌出來的灰黑色的蠟狀排泄物，其味甘、氣腥、性澀，具有行氣活血、散結止痛、利水通淋之功效，用於治療咳喘氣逆、心腹疼痛等。

又據《本草綱目》記載，豬屎中最厲害的是母豬屎，因為「母豬屎，水和服之。解一切毒。」老李以一種嚴肅的態度搞笑，直接叫人吃母豬屎治病。究竟能解哪些毒呢？有瘡毒：「十年惡瘡。母豬糞燒存性，傅之。」；瘴毒：「霧露瘴毒，心煩少氣，頭痛心煩項強，顫掉欲吐。用新豬屎二升，酒一升，絞汁暖服，取汗瘥。」這裡的新鮮豬屎顯然指的是母豬屎，因為李時珍可沒有說過公豬屎也可以解毒；豬肉毒：「中豬肉毒。豬屎燒灰，水服方寸匕。」以豬屎解豬肉中毒，玩笑開大發了；丹毒：「赤遊火丹。母豬屎，水絞汁，服並傅之。」

綜上可見，水裡游的，草棵裡蹦的，天上飛的，海陸空聯合作戰，無往而不勝。追究起來，官方中醫「吃屎」方還是很有傳統的，可謂源遠流長。

其實早在上世紀六〇年代，《廣州日報》就披露了：

> 佛山市高明區一個環保豬場，聲稱用一種特殊的水餵豬喝，令牠們排出的糞便「無臭味、無污染」，乾淨得能給人吃。豬場技術人員前日更即場示範將「豬屎」食落肚。
>
> 姓張的技術員表示，一般豬只要喝下這種特別調製的水後，體內會產生大量益菌，不但能增加豬的抗病力，又能分解氨氮和含磷有機物質，令豬排出的糞便全無污染。含有多種對人體有益的多糖體、氨基酸等要素，不但可以拿來吃，還可用來泡茶喝。

遺憾的是，這項科技發明未能及時向全國推廣，否則不知會拯救多少人的性命。由此可見，在吃屎方面，我們一直走在世界的前列，中國屎文化博大精深，充滿了無產階級的革命智慧，我們沒有任何理由妄自菲薄。

疊被子與倒背手的感慨

據說，中國軍人疊被子的速度與整齊度世界第一。有網友感歎說：「哎，黃岩島人家占了，不出去教訓別人……在家裡疊被子。」

有軍人朋友說，只有部隊的被子才能疊出形狀，地方的被子是疊不出來的。因為部隊被子裡的棉花，經過長時間的擠壓，被壓死了，被子基本就成型了。

在部隊，為了使被子成型，如果不夠潮濕時，還要在上面噴水，這樣才能擠壓出棱角，就和刀劈斧削的豆腐塊一樣。

據報導，一個老革命家去參觀軍營，摸了摸士兵的被子，濕的可以擠出水來。他問，為什麼不讓戰士曬被子？部隊首長悄悄地告訴了他原委，當然主要還是和被子的齊整有關。

在北方，如果住在一樓，被子要經常晾曬，否則身體會感到非常的不適。我曾多次去南方旅行，那裡的被子非常潮濕，冬天時，一晚上也不能把被子捂熱。我因此推測，我們的士兵晚上睡得也不會舒服。

普賴特勒夫博士說：「最簡單的方法就是睡醒之後不要疊被子。這樣被褥裡的潮濕氣體就會很快乾燥，而外部濕氣又無法進入，各類蟎蟲不可能長存。」他還說：「三個月不曬被，有六百萬蟎蟲在陪你睡。」

即使是整潔的家，平均每張床上，被褥蟎蟲和塵埃蟎蟲至少也有一千五百萬隻，曬完被子的那股「太陽的味道」，其實就是烤蟎蟲的味道。因此專家不贊成起床後馬上就把被子疊起來，建議翻過來晾一會兒再疊。我小的時候，母親要求我被子要一天正面蓋、一天反面蓋，其實也是這個道理。

美國士兵對疊被沒有嚴格要求。我看過美國士兵宿舍的照片，裡面就像中國的大學生宿舍，亂作一團。我常常想，這樣的紀律，如何能夠打勝仗？但是後來的伊拉克戰爭使我釋然，因為現在打的是電子戰，沒等士兵進去，地面的主要軍事設施已經全部被摧毀了。

如今，美軍上戰場都背負野戰背包。如果背上被子，就沒地方背野戰背包；如果塞進野戰包，又會占據一半空間，非常不便。背著被子行軍的做法早已成為歷史。而在中國的軍營裡，仍經常進行疊被子比賽。我常常想，為什麼不進行電腦操作比賽？把寶貴的時間都荒廢在疊被子上。

我猜想，北韓的軍隊，被子疊的一定比我們更加整齊，這裡是否還有什麼主義的規律？

我讀小學的時候，上課時是要倒背手的。一節課四十五分鐘，手始終要倒背在腰的後面。下課後，只覺得兩個肩膀是酸的，兩條胳膊是困的。後來才知道，此舉和批鬥走資派時的彎腰可有一比，當然比長時間彎腰還是要好受些。兒童正在發育，為什麼不能把手放在課桌上？或者把手放在膝蓋上？據說這是紀律。這樣的紀律從何時開始，不得詳考。我只知明朝時關內向關外移民，官府在山西洪洞縣廣濟寺大槐樹下設點集中辦「手續」，而後在押解移民途中，官兵將移民雙手倒背捆綁，驅趕而行。天長日久，移民後裔就有了如始祖般「倒背手」的習慣。不過我們對小學生的要求也許僅僅出於「師道尊嚴」吧！

據說，美國是兒童的天堂，美國小學生上課時既輕鬆又隨便。上課時即使孩子站到椅子上，老師也不敢辱罵，還要慢慢地勸說他下來。老師講課講到動情時，竟然也一屁股坐到講桌上，和孩子們嬉戲。我還看過一張他們上課時的照片：只見講課的老師，坐在一個類似搖椅的座位上，孩子們則很隨意地坐在地毯上，這樣的情形在中國不敢設想。這樣的教育方式能把孩子教育好嗎？許多人質疑。

其實，中國人的擔憂是多餘的，美國人把學生的個性張揚和規則區分得很清楚。無論是在美國社會中進行觀察，還是反觀美國歷史，會發現美國人的做人處事有很強的規則意識。他們不僅很認真地對待規則的制定，而且也非常嚴格地遵守達成了的共識、規則。規則和程序意識，已經滲透到了每一個美國人的靈魂之中。我所見到的所有地方，只要有二個人以上，必定都自覺排隊，就是小學放學也很少有亂跑亂擠的現象。

因此，在崇尚自由、崇尚個性的今天，我們怎樣讓我們的孩子能夠自律、自治，讓他們享受真正的自由並健康地成長，仍是一個值得探究的命題。

職業道德的底線

任何行當都有其行規或曰職業道德，既不能非法牟利，更不該做損人不利己的事情。如果說小偷也算一個特殊行當的話，這一行的特點在於非法牟利，那麼他們在非法牟利之外似乎也不該做損人不利己的事情。

據說在舊中國，小偷也是有組織的。小偷偷來的東西按行規三日內不得出手，如果失主是有頭面的人，只要找到警察，警察找到小偷團夥的首領，很快就能把丟失的東西追回。

許多年前，郵遞員常常從街邊郵筒裡發現工作證、學生證之類的東西，在送信送報的過程中順便就把這些證件送歸原主了。失主一方面感謝郵遞員優良的道德品質，另方面也暗自感謝小偷，慶幸他們沒把這些證件毀掉，只是扔在容易讓好人撿到的地方，我認為這也算小偷應遵守的職業道德底線。

據報載，一天中午，在外辦事的王林剛回到公司，快遞公司就打電話給他，說有個包裹讓他馬上到公司門口去取。王林打開包裹時，他簡直不敢相信自己的眼睛：裝在包裹裡的正是他丟失的所有證件，用廢報紙反反復復包了好幾層。除了身分證、銀行卡、信用卡、各種購物卡及名片，王林還發現了一張打印的留言條。留言條上這樣寫著：「你好，不好意思，你的錢包被我拿走了。年關將至，手頭緊缺，忘（望）諒。看你不是馬鞍山本地人，想必補辦證件相當麻煩，故特此將您證件郵遞回去，勿謝。」

看著小偷打印的留言，王林有些哭笑不得：「還算他有點『從業良心』啊！」

甲去召妓，事後偶然在街上遇到了該妓女，令人匪夷的是，甲竟然和妓女攀談起來，因為按照常理，這種「巧」遇，是讓每一個「嫖客」最尷尬的，聊天的話也更加有味道。但妓女說，我們是有職業道德的，在路上遇到，你們不和我們打招呼，我們決不會主動的。

乙喝醉了酒，晚上去召妓，四十多分鐘還沒有完事，妓女認為太久了，很不高興，並且有強烈的表現。乙仗著醉酒，認為付了錢當然應該讓自己心滿意足，於是頗理直氣壯地說：「老子是付了錢的！」想那妓女聽到這話也很無奈吧?!

又據報載，一位自稱來自河北容城縣的女子閆德利，在自己的博客上公佈了二百七十九名曾與自己發生過性關係的男性手機號碼，並稱自己身染愛滋病。這一消息在網上引發軒然大波，所謂的「性接觸者號碼」在一夜之間傳遍全國各大論壇。為了證實閆德利所說的情況，記者曾聯繫多名被曝光號碼的機主，不少人表示這是「存心報復」。不過，這樣沒有職業道德的妓女少之又少。

據國際在線消息，《今日日本》二〇一三年十二月二十二日報導，基地組織葉門分支領導人日前公開道歉，稱其一名戰士二〇一三年十二月份違背命令襲擊葉門國防部附屬醫院，造成五十二人遇難。阿拉伯半島基地組織司令官卡西姆・雷米（Qassim al-Rimi）在一家軍事網站視頻上稱，襲擊者們已經被提前警告，不要對醫院或祈禱的地方發動襲擊，但一名戰士違反了命令。雷米說：「現在，我們承認失誤和罪行。我們向受害者家人道歉和慰問。我們對醫院發生的事情負全責，並向受害者家庭支付撫恤金。」看看，即使是恐怖者，也主動為自己做的「錯事」承擔責任，並承諾履行賠償義務。

如今各行各業的職業道德都喪失殆盡。醫生小病大治、無病瞎治、醫療殘害的事情屢屢發生：做盲腸手術能把子宮切除了；左腿的毛病能在右腿上開刀；甲的心臟手術能給乙開胸，荒唐至極。我想，做醫生的的道德底線起碼應該是分清姓氏、分清左右、分清位置、分清臟器吧？

據說一些領導東窗事發被雙規，其原因就是收了事主的錢沒有給人家辦事，事主怒不可遏，才引起禍端。須知，領導的道德底線應該是，既然收了人家的錢，就一定要給人家把事辦成，否則必定會惹火燒身。

我常常想：妓女的敬業精神比許多鳥人要好。妓女已是一門行業，雖然有許多人不承認這點，但我相信每個人都知道這是存在的事實。妓女行業同樣也是優勝劣汰的，因此，作一名妓女要生存必須要取悅客人，在一本很出名的社會學的書裡提到，妓女的歷久不衰，就是妓女會取悅男人，而妻子一般都不屑取悅丈夫，所以，男人就會尋找在妻子那裡得不到的服務。由此說明妓女的職業道德是好的，要想從客人那裡多弄些錢，只有竭盡所能了。

勞動模範獲獎者徐虎說過，要幹一行，愛一行，這樣才能把工作做好。我想，這句話不僅適用於掏糞工，對於妓女來說照樣也是適用的，墮都墮落了，就不要再那麼清高了。既然選擇了幹妓女這一行，就必須愛崗敬業，以積極的心態來對待接客的工作，這才是一個好妓女應該做的。

話說「愛人」

「愛人」這一稱謂最早見於新文學作品之中。上世紀二十年代初郭沫若寫的詩劇《湘累》中，就有：「九嶷山的白雲喲，有聚有消；洞庭湖的流水喲，有汐有潮。我的愛人喲，你什麼時候回來喲。」在小說、情書中，更是多見。但那時沒有被廣泛地用於對妻子或丈夫的稱呼。三十年代末或四十年代初，解放區一些受新文化運動薰陶的知識分子開始使用「愛人」這一稱謂。新中國成立後提倡男女平等，不再使用如「屋裡的」、「做飯的」等有歧視色彩的稱謂；而解放前在國統區使用的「先生」、「太太」、「小姐」，又顯出「資產階級」的色彩，於是「愛人」一詞便被廣泛地使用起來。

也有人考證，「愛人」這一稱呼來源於英國。位於蘇格蘭達姆弗利的斯威特哈特寺院，是由一二六九年去世的巴納德城堡領主巴裡奧爾之妻德鮑吉拉夫人修建的。德鮑吉拉夫人與丈夫一生恩愛，丈夫死後，她將其安葬，但把他的心臟熏香後裝在了象牙盒裡，並隨身攜帶。臨終前，她留下遺囑：「如果我死了，請將我丈夫的心臟放在我的胸上一起埋葬。」她早在生前就選好了墓地，並建立了一座寺院，用拉丁語命名為多維爾凱科爾（甜蜜的心），在英文中則習慣地稱為斯威特哈特寺院。此後，「斯威特哈特」一詞即被作為「愛人」的同義詞應用。

中國的無產階級，在延安時就有「待到打下榆林城，一人一個女學生」及「三十畝地一頭牛，炕上坐個剪髮頭」的革命口號，刻畫出當年一些人參軍鬧革命的心態。奮鬥目標明確而生動。「一人一個女學生」，對於正值青春期騷動的熱血青年來講是多麼的誘人。這裡的「剪髮頭」、「女學生」就是革命志士的心目中的「愛人」。

一九五〇年四月十三日，《中華人民共和國婚姻法》頒發後，革命領導幹部「換老婆」一時蔚然成風。所謂「換老婆」，就是他們甩掉糟糠之妻和並肩戰鬥的戰友，找城裡年輕漂亮的女人為妻。這種行為，甚至是有組織地進行。那時男幹部多，女幹部少，由組織上出面，安排誰與誰戀愛婚配。有的稱之為「政治戀愛」，有的說是組織上「發老婆」。那時不准年輕人談戀愛，直到老幹部的婚姻問題都解決了，才允許年輕人談戀愛。由於某些領導帶頭，一般幹部也紛紛離婚，重新尋找「愛人」。

《孟子‧離婁下》：「君子以仁存心，以禮存心。仁者愛人，有禮者敬人。愛人者，人恆愛之；敬人者，人恆敬之。」

這是孟子講的話，強調君子的居心要合乎仁，合乎禮。所節這幾句話，強調要愛人、敬人，這是我們中華民族的傳統美德。在家鄉苦苦等待革命勝利多年的結髮妻子都不要了，還會敬人愛人嗎？

現代海外華人拒絕使用「愛人」的稱謂。一位朋友說，他去英國留學，每當說起自己的妻子時，使用國內的稱呼「我愛人」，使得人家以為他在談論「情人」。

上世紀七十年代，有外國友人來華訪問，我方官員向外賓介紹自己的妻子時，也稱之為「愛人」，外方翻譯沒有譯成夫人，直譯為「我心愛的人」。使得眾外賓大驚失色，直以為是「二奶」。

我去過臺灣，那裡只有情人才呼做「愛人」。臺灣人聽大陸朋友介紹自己的太太時說：「這是我的愛人。」臺灣兄聞後立馬嚇呆了，感歎如今大陸開放的不得了，情人都能光明正大地介紹給熟人。接著大陸朋友進一步誇讚說：「我的愛人下海了。」這更令臺灣人驚得幾乎暈厥，什麼，他的情人下海當妓女了？臺灣人不懂大陸商潮滾滾下的新名詞，「下海」即意味著獨立經商。不過臺灣女人將丈夫稱為「外子」，我初時就沒鬧明白，還傻傻地上趕著追問：「外子是您的哪個兒子呀？」惹得臺灣人笑掉大牙。

我讀過的一些法律文書中，用「愛人」一詞代替「夫妻」稱謂的屢見不鮮。如寧致遠同志推薦的北京市西城區人民法院製作的一份民事判決書（見《人民司法》一九八三年第一期）中，敘述案情部分，有五處用了

「愛人」一詞，如「自己愛人」、「原告愛人」、「被告愛人」等。我認為這種用法很不嚴謹，值得考慮。「愛人」即以我們革命隊伍中慣用的意義來說，也只是泛指某人的配偶，不能準確表達夫妻關係。

「愛人」這個詞理想主義色彩太濃，現在用的人一天天在減少，套用王朔之流對「愛人」的解釋：「愛人」這個字眼是與我們這個時代的缺陷緊密連繫在一起的。當一個人指著自己的老婆說「這是我愛人」時，他的潛臺詞往往是「我愛別人」。那麼，「愛人」一詞只可以翻譯成英文Love／Lover了，「愛人」再作為丈夫或者妻子的解釋就不對了。如果這個現象普遍的話，「愛人」一詞很有可能就會被淘汰掉。

都說婚姻有「七年之癢」，男人對於愛很不穩定。有時他所愛的人不見得是自己的妻子，相濡以沫的妻子也許不是他的最愛。許多革命家也是如此，當他們遇到新的愛人，原配就不再是愛人了。因此稱呼愛人還是不如稱呼老公、老婆好，讓對方感到踏實。

其實「老公」一詞我認為也不恰當，據考證，「老公」這個詞在清朝時並不是女人對丈夫的稱呼，而是對太監的稱呼，是用來當做罵人的話。因為在宮裡，有些太監雖然雄根已除但仍殘留花心，喜歡逛妓院，錢雖花了，卻沒辦法圓滿，於是就很討厭地折磨妓女，以解心頭之癢。京城妓女最怕碰到這種客，私下裡叫他們「老公」，其實就是對太監的一種蔑視辱罵。換言，如果女人叫「老公」有理，男人稱老婆為「老母」行嗎？

在內蒙古西部，村婦對鄰里談論起自己的丈夫時，往往說：我們家那個「槍崩貨」如何如何。在這裡「槍崩貨」和「親愛的」是一個意思。和西語的「達令」如出一轍，但我認為比「達令」更加親切。語言看似粗俗，其實裡面包含了濃濃的愛意。

以上純屬不才妄言，至於夫妻私下如何稱謂，你們自己看著辦吧。因為眼下女孩稱呼性伴侶為「乾爹」的都不在少數，一切都已經亂套了。

兩餐與過午不食

古人一般是一日兩餐，第一頓飯叫朝食，又叫饔（yong）。時間大約在上午九時左右。古人把辰時（上午七至九時）稱為「食時」，就是人們用早飯的時候。

第二頓飯叫晡（bu）食，又叫飧（sun）。時間大約在申時（十五時至十七時）。因此古人又稱申時為「晡時」。古人晡食多半是把朝食剩下的熟食加熱一下就吃，不再做新飯。飧字，《說文》：「飧，晡也。」解釋為「食之餘也」，就是剩飯。

因為兩餐中間的時間不長，所以古人沒有睡午覺的習慣。《論語・公冶長》：「宰予（孔子弟子）晝寢，子曰：『朽木不可雕也，糞土之牆不可圬（Wū，音同烏。塗飾）也，於予與何誅（責備）？』」為什麼學生白天睡個覺孔子就生這麼大的氣？因為「晝寢」必在兩餐之間，吃了睡，醒了又吃，不久「既昏便息」，這一天就什麼也幹不成了。

由於照明困難，古人只能「日出而作，日入而息」，所以早飯不能太早，晚飯不能太晚，每日兩餐正是同這種生活習慣相適應的，也與當時食源不充足相適應。

《齊民要術》有言云：「一日不再食而饑，終歲不製衣則寒。」句中的「再食」就是吃兩頓飯的意思，「再」有「二」的意思，如「一而再，再而三」。

據專家考證，我們常說的「吃喝嫖賭」裡的「吃」，指的不是奢侈浪費，而是專指吃晚飯。古代的生產力無法提供今天這麼豐富的食物，兩餐的粗茶淡飯已經無可奈何，不節食無法生存。

我們國家在很多朝代都是大興佛教的，佛經有云：「過午不食。」十三點之後是絕對不准吃飯的，否則就視為對佛祖的不敬。

唐太宗李世民下面有個大臣，有才氣人品也好，具體名字我記不清了，就因為他天天吃晚飯，被李世民視為一個猥瑣的人。後來由於他身體孱弱，才被特批可以吃晚飯。

一四一八年，明朝永樂皇帝朱棣的寵臣——翰林學士胡廣死了，享年只有三十七歲。胡廣是個文人，其特點是守口如瓶，朱棣與他商量事，他絕對不會洩露，因此朱棣很喜歡他。但朱棣同時又很厭惡他喜吃晚飯，因為在那時，一個人如果喜吃晚飯，就會被認為放蕩。但胡廣聲稱自己有病，一頓飯吃不多，因此必須多吃幾次飯，朱棣也就原諒他了。

佛教盛行時，皇帝都不吃晚飯，百姓哪個敢不從？於是一日兩餐漸成風俗。

為什麼現在盛行吃晚飯？這是因為在新中國剛剛成立的時候，蘇聯專家提倡一日三餐造成的。那些蘇聯專家批評中國人的飲食習慣不合理，說中國的農民不懂科學，每天把食物集中在中午，極易造成暴飲暴食而損害腸胃。因此他們大力宣傳一天要平均分配食物攝入，只有這樣才符合營養科學。當時，蘇聯專家的號召就是聖旨，於是城裡的公眾積極響應號召，普遍都吃晚飯了。但中國的農民不聽這一套，照樣不吃晚飯，因為兩餐制是與一般農民的生活水平和從事農業生產的需要相適應的，至今北方農村在農閒季節仍然保持每日兩餐的習慣。

一九五八年，中國糧食大豐收，據報載，畝產大多在十幾萬斤，養豬、造酒也用不了這麼多的糧食，偉大領袖愁得睡不著覺，於是鼓勵農民每天吃五頓飯。一九五九年，農村成立了人民公社，農民一律免費吃大食堂。一日三餐，不吃白不吃，有時晚餐比午餐吃的還要多。有的村落，甚至把過路人也拉來吃飯，說是共產主義已經到了，還分什麼你我？

中國歷史上吃飯不要錢的先例，最早見於三國時關中的張魯。在道路上設立飯鋪，免費供應過路人——「又置義米肉，置於義舍，行路者量腹取足」。公共食堂成立之初，也是放開肚皮吃的。開始時，殺豬宰羊，燉肉、包餃子、蒸包子，精米精麵地敞開吃。後來糧食少了，吃的是糧食與地瓜乾混合煮的飯，再後來就開始喝瞪眼米湯，煮野菜吃。終於，食堂難以為繼，只好解散，農民又不再吃晚飯。

狂吃海喝後迎來了一九六〇年開始的三年困難時期。因此有些農民說：「大食堂的晚飯，把中國吃垮了。」當然，三年困難的造成還有其他因素，這裡暫且不提。

本來農戶可以自己回家煮飯吃，精打細算，稠稀搭配，節約糧食。但公社成立後，不再把口糧分配到戶。鍋都被砸了，糧食都被搜走了，個人做飯的權利被剝奪，到食堂吃飯成了唯一的選擇。

細想也是，增加一頓晚飯，把幾億農民的食物需求量翻了一翻。中國大陸有多少糧食儲備能夠經得起如此消耗，於是，糧食耗盡，饑荒爆發，城裡人也跟著倒黴餓肚子，而且一餓就是三年。

難熬的糧食困難時期終於過去了，中國城裡人好了傷疤忘了疼，又開始大吃晚飯了。改革開放以後，城裡的飯館林立，而且晚上最為興隆。農村也跟著城裡學，於是中國人的富貴病激增。

現代醫學證明：早餐所食係一日消耗精力所需，而晚餐過飽，食必不消化。故新的保養口訣是為：「早餐要吃好，午餐要吃飽，晚餐要吃少。」這是精確計算了卡路里與能量的關係作出的結論，與中國古人的飲食習慣，不無巧合地大致相同。可惜國人雖明知如此，晚餐卻大煮大燒，吃得非常好又非常飽，這就既不符佛律，又非養生之道了。

眼下的人民公僕們，天天晚上酒池肉林，導致疾病叢生。不用人民詛咒，小命就早早地交代了。我要是習總，明天就公佈領導幹部過午不食的新規定，看起來殘酷，其實對他們是一種大愛。

聽說，歐美人也提倡不吃晚飯，他們說：「晚飯送給敵人吃。」也就是說，你最恨誰，就讓誰吃晚飯。可是面對精美食物的誘惑，有幾個人能抑制得了呢？

古今憶苦飯

吃「憶苦飯」是在一九六四年後才漸漸出現的。在那之前的三年大饑荒中，人們餓的皮包骨、前胸貼後背，比舊社會還要慘烈萬分。直到我念初中時，學校裡大張旗鼓地學雷鋒，才開始搞憶苦思甜活動。那時呼市的糧店不賣飼料，多虧有個同學的父親在大黑河養牛場工作，才淘弄來幾斤麩子。蒸成窩頭後帶到班上，四十多人一搶而光。吃完了老師問有何感想。同學們抹著嘴說太少了沒吃出味來，老師搖頭，因為沒吃出意義，結果白吃了。

後來學校又組織過一次，那是我們去郊區麻花板勞動，應學校安排，生產隊請農民專門給我們烹製了「憶苦飯」。主食是用米糠和玉米麵混合後蒸的窩頭，菜是用爛菜葉、蘿蔔纓、野菜與豆腐渣亂煮，為了達到逼真的效果，還有意不放鹽，據說越難吃憶苦思甜的效果就越好。烹製好以後，窩窩頭及稀薄的糊糊看上去黑不溜秋的。

記得在吃「憶苦飯」之前，往往還要先聽憶苦報告。請「苦大仇深」的人現身說法。說舊社會怎麼窮，怎麼受地主老財的剝削壓迫，怎麼牛馬不如，怎麼飢餓難擋，聽得人們難過地流淚。吃飯時，喇叭裡還要放憶苦歌：「天上佈滿星，月亮亮晶晶。生產隊裡開大會，訴苦把冤伸……」

吃那玩意，要命的是吃完談感想：想說不好吃，怕擔個「資產階級享受思想」的罪名；想說「好吃」又怕落個「今不如昔」的帽子。結果同學中真有高人：「憶苦思甜非常必要及時，好得很！」從那一天起，就學會了「假大空」。

記得那次吃憶苦飯，第二天全班有一半人拉肚子，廁所門口排起了長隊。「痢特靈」和「黃連素」都是自己買的，學校不管。

後來讀野史，才知道吃「憶苦飯」也是古已有之的事情。《清朝野史大觀・卷一》記清宮「八月二十六日之典禮」，記得就是清宮裡吃「憶苦飯」的來由。這吃「憶苦飯」的規矩是從順治皇帝開始的，有一年打仗，農曆八月二十六日這一天正好「糧糈盡竭」，順治皇帝「不得已以樹葉為食」。他於是規定：每年八月二十六日宮中「舉行典禮」——吃「憶苦飯」。宮中的「憶苦飯」當然沒有魚肉，「所餐者，僅米和萵苣之葉而已，且不得用箸，食物則以手撮之，雖太后亦無得或異」。這種「憶苦飯」雖然早已變味，但吃「憶苦飯」的形式卻被保留下來，其用意在於「蓋欲使後世子孫毋忘乃祖拓辟疆土所受之艱阻故也」。

近日上網始知，在美國也有「憶苦飯」的事情發生：舊金山市的斯迪夫中學組織的「體驗飢餓」活動，則吸引了該校七十五名十一～十四歲孩子的積極參與。到了中午放學之後，參加活動的每個學生均自己抽取一張就餐券——要是券上寫著「十五」這個數字，那就意味著他屬於占世界總人口百分之十五的「富人」，也就是說他可以享受到一頓豐盛的午餐，要是券上寫著「二十五」，那就意味著他屬占世界人口百分之二十五的「溫飽型」人口，即可以吃到分量尚足的米飯、少量魚和豆子；而要是抽到的餐券上寫有「六〇」，那麼他就代表了占世界人口百分之六十的「窮人」，因此那頓午餐就只能吃少許沒有放油的馬鈴薯，而且還得耐心地排隊等候領取屬於自己的那一份。

該校校長威爾金森先生介紹說，這些孩子通過抽籤分成了三組，其比例恰恰與世界人口的「飢餓格局」大致相同。儘管活動是象徵性的，但孩子們已意識到世界飢餓人口之多，以及通過「體驗飢餓」體會到了世界仍然充滿了不平等。

寫到這裡我也有些隱隱地感動，資本主義的接班人，竟然也不忘記世界上還有三分之二的受苦人，這本來是我們和北韓的事情！

如果說上述兩項活動是由學校組織的，那麼眼下在紐約、洛杉磯、費城等大都市的孩子中流行的「過爺爺時代儉樸生日」的活動，則完全是孩子們在長輩指導下的自發行為。紐約一名叫麥迪的男孩子聽說爺爺小時候過生日十分簡樸，感到既新鮮又有趣，於是在自己生日那天特意把年過古稀的爺爺請來，請老人談談他們那時的孩子是如何過生日的。最後還「如法炮製」了一頓簡單、廉價的「生日餐」，不過同樣過得既熱鬧又好玩。

生日過後，麥迪就把這次過生日省下的錢全數捐給了「支援非洲饑民辦公室」，算是獻上了一份自己的「愛心」。

看來，古今之「憶苦飯」，味道並無不同。只不過前者吃的範圍更大。在二十世紀六十年代，全國範圍內能有幾個人沒有吃過「憶苦飯」呢？

不過美國的「憶苦飯」和我們是有本質的不同。我們講的是「感恩」，美國人講的是資產階級的「人道」與「人性」。當然美國也講「感恩」，但他們感的是基督的恩，我們則是感執政黨的恩。把執政黨比作救世主，把領袖比作大救星，我們首開歷史的先河。

肥肉的誘惑

在毛澤東時代，豬肥肉的厚度，民間是用多少根手指的寬度來衡量的，一般有二指膘、三指膘和巴掌（整隻手掌）膘的說法。若能看見一頭巴掌膘的肥豬，會激動一整天。因為達到巴掌膘的一頭豬，其體重會在五百斤以上，在那個吃不飽穿不暖，人們多走幾步都冒虛汗的年代，五百斤以上的豬算是個龐然大物了。那時想，五百斤重的肥豬能熬多少壇豬油啊！

以前凡是面黃肌瘦的人，不是有病就是長期缺乏油水。很久沒肉吃，人們就說腸子都生銹了。當時流傳這樣一個故事，一貧民家的門楣上懸掛著一小塊豬油，每天出門都要用豬油抹抹嘴，以示家境富裕油水濃厚。那個時候一個家庭的殷實程度，是以這個家庭存有多少罈豬油來衡量的，有肥才有滋潤，有油才有讓人想念的慾望。

發明於四川的回鍋肉，據說當年就是用來祭奠鬼神的，有些地方直接供奉大肥豬。這只說明一個問題，神仙妖怪、祖宗神靈都喜歡大肥肉。

大作家莫言兒時曾有過極端飢餓的日子，那時，鄰村的一個「右派」啟發他說：「我認識一個作家，寫了本書，得了成千上萬的稿費。每天吃三頓餃子，而且還是肥肉餡，咬一口，那些肥油就吱吱地往外冒。」從那時起，莫言就下定決心，長大後一定要當一個作家，也能天天吃上肥肉餡餃子。莫言能獲得諾貝爾文學獎和肥肉不無關係。

我的外祖母也曾給我講過一個故事：舊社會有個老財，天天吃肥肉餡餃子。因為奢侈，他專吃餡不吃皮，剩下的皮，傭人給他曬乾後積攢了起來。後來，家道中落，又適逢天災，顆粒無收，一日家裡竟然無米下鍋。他忽然想起傭人積攢的那一甕幹餃子皮，才得以渡過荒年。

在我很幼小的時候，外祖母就替我立志，長大當個西醫大夫，到那時就能頓頓吃白麵饃饃，肥豬肉片子了。在我兒時的腦海中，大夫是天下最令人羨慕的職業。

郭德綱在相聲裡也不止一次提到，他當初的理想就是：等我將來有了錢，天天中午吃一大碗刀削麵，上面放一大塊肥肉片子。

後來在美國看電視才知道，美國的豬也很肥，但是肥肉的膘子，在出廠之前都被電鋸切割下來，做了航空潤滑油。即使是稍肥些的豬肉，富人也不吃，都給窮人充了饑。因此在美國，分辨窮人和富人的辦法與北韓截然相反，越胖的人越窮。

不知道美國的富人為啥不喜歡吃肥肉？直到今天，我每當看到一盤紅燒肉熱氣騰騰地端上桌，立刻就有想要一碗大米飯的衝動。這類香噴噴油汪汪的肥肉和白米飯的搭配，永遠像一對熱戀的情人。

據網絡消息，一位北韓女醫生從界河中爬過邊境，在中國的村莊裡看到一碗白米飯拌肉，那是主人餵狗的。那一瞬間，幾十年的政治思想教育轟然倒塌！

在改革開放前的山西雁北的貧瘠山區，許多老年人不能吃肉，一吃就會犯病，這是由於長期不吃豬肉所致。在國外也有記載：關押很久的犯人被釋，飽餐一頓豬肉後竟然半數致死。

烹調得好的肥肉，確實有一種奇香無比口感爽滑的感覺，而紅燒肉就是這些肥肉中的代表。我認為烹調肥肉的最高境界是肥而不膩且入口即化，這種夾在筷子上一閃一亮的肥東西，既好下酒也好下飯。上桌之後必須趕緊多動幾筷子，否則等到盤子見底，後悔都來不及了。

記得在大學裡，我問教基礎物理的朱先生：如果不吃肥肉長壽，吃肥肉短命，你會選擇哪個？他說：我寧可選擇吃肉。不吃肉，活得再長有啥意思？這話是在一九七五年說的，不知他的想法現在改變了沒有。

其實吃肥肉並非男人的專利，許多美女也非常喜歡肥肉，只是她們當眾大塊吃肥肉不好意思罷了。據本人多年的觀察表明，美女的美麗程度基本上與喜歡吃肥肉的程度成正比，即越美麗的女人越愛吃肥肉。而敢於吃並且喜歡吃肥肉的男人，一般都長得比較酷並且腦子都比較好使，就像我這樣的！

愛吃的才是最好的！

「牛肉罩餅」是保定的一種大眾化的特色麵食，製作起來很簡單。先把大餅撕碎放在大碗裡，撒上些蔥絲，放上幾片醬牛肉，再澆上濃濃滾燙的牛骨頭老湯。製作的關鍵是要用老湯反復澆幾遍，把餅「罩」得透透的才夠味兒。

河北大學歷史學院歷史系教授劉敬忠在其著作《馮玉祥的前半生》中說：「一九二八年，他（馮玉祥）在打敗奉軍後北上，到保定，他就興高采烈地請高級將領吃自己晝思夜想的家鄉飯（牛肉罩餅），並以讚美的口氣問大家，好吃不好吃？眾人齊聲說『好』。他高興極了，一連幾天，讓部下頓頓吃牛肉罩餅。有的人吃膩了，實在是吃不下去。馮玉祥見狀問為什麼，此人答說不愛吃牛肉。他一聽，忙下令讓換豬頭肉罩餅。此事在馮玉祥部下中傳為笑談。」

馮玉祥祖籍安徽，出生在直隸（河北）青縣，三歲時隨家遷居保定，並在此生活十八個年頭，因此他其實就是個地道的保定人，其口音和生活習慣與當地人毫無二致。馮玉祥既然是保定人，愛吃當地的特色麵食「牛肉罩餅」也就不奇怪了。馮在保定「練軍」當兵時，生活十分清苦，發餉後能吃碗「牛肉罩餅」就是最大的享受，發跡後仍對此念念不忘也。

毛澤東終生愛吃家鄉的徽乾菜，鄉親們每年都要給他捎去許多。一天廚師做好了菜端往小餐廳，進屋才看到碗面上飄著幾條小蟲，嚇得大驚失色，於是扭頭就往外端，毛澤東見故問道：端來了，為什麼又要端走呢？

廚師昏頭漲腦地囁嚅著說：……怎麼裡面會有蟲子呢？

毛澤東哈哈大笑道：徽乾菜怎麼能沒有蟲子？我小時候在家，我母親做的徽乾菜都是有蟲子的，沒關係，快端過來……。

據報載，賴昌星在加拿大最喜歡吃的飯就是地瓜稀飯就鹹魚。賴昌星還十分喜歡吃臺灣青蒜，過去在福建老家經常吃，但在加拿大則很難在市面買到。有一次，朋友給他一些種子，但他因居住在公寓不能種植，所以特別到有後院的朋友家裡借了一塊地來種植臺灣青蒜，總算得到了無限的滿足。

相聲名家侯耀文最喜歡吃炸醬麵，對於吃在廣東的人來說是不可理喻的。侯耀文在他的上千萬元購置的別墅裡招待客人，最拿手的就是炸醬麵，他親自下廚炸醬，每每得意忘形。

一九二六年就加入中共的老革命家烏蘭夫，晚年升任全國人大副委員長，居住在北京。據說烏老晚餐最喜歡吃的飯就是小米稀粥煮馬鈴薯。

烏老是內蒙古土默特旗人，在那裡的農家，晚餐大多是小米稀粥煮馬鈴薯，又舒適，又可口。我也是內蒙古西部人，因此對他老人家的飲食習慣非常理解。

據報載：一日烏老用晚餐時發現兩個年輕的女服務員都不在，她們因為家裡有事，請假回城去了。烏老吩咐廚師：給她們一人留一碗粥，明日再喝。

寫到這裡，我不僅掩口而笑，雖然烏老對年輕人的關愛溢於言表，但是他老人家也許不知道，他自己喜歡的，不一定人家也喜歡呢。

不才數次出國，對美國的科技推崇備至，但對美國的飲食實在不敢恭維。我覺得美國人的飲食和我們餵豬差不多，因此對他們多生同情之心。

十幾年前，我曾在北京的馬克西姆法國西餐廳進過餐，四個人花了一千多，至今仍然耿耿於懷。我們用的是西餐中吃的辦法，即大家點菜，端上來大家一起吃。許多法式菜是用烤箱烤出來的，味道極差，遠不如內蒙古巴盟的大燴菜。蘑菇湯竟然是把乾蘑菇磨成麵粉，然後熬成糊狀，讓人感到匪夷所思。

據說一個人早年形成的飲食習慣，終生都不會改變，比如在美國定居六十年的老華僑仍然對北京的豆汁、焦圈念念不忘。南韓人認為大米飯就泡菜、大醬湯是天下最美的飲食，是無與倫比的享受。

有個很有意思的現象，現實生活中那些不吃肉的人，排除宗教禁忌，幾乎全部來自農村。有些極端的人連雞蛋也不吃，說是吃不習慣。是肉和雞蛋不好吃嗎？當然不是，大抵是因為窮，買不起肉，沒有吃成習慣，慢慢地也就不吃了。城裡的有錢人喜歡喝鐵觀音，你給山裡的農民沏上一壺，他多半品不出滋味，反倒覺得又苦又澀；中國人一開始也喝不慣咖啡，必須加糖，後來有錢了慢慢也就習慣了，而且越喝越想喝；吃慣了注水豬肉喝慣了注水牛奶的中國人，出國吃不到地溝油，覺得所有的菜味道全都怪怪的；吃到帶血的牛排感到很不適應，喝著人家沒有塑化劑的牛奶也覺得太腥，也是這個道理。

因此才說，愛吃的才是最好的！

尿蛋、摸奶、陰棗與申遺

浙江小學收集童子尿煮雞蛋，已入選當地非文化遺產，正準備申請世界非文化遺產項目。日前記者看到，東陽一小學走廊上放著許多用來接童子尿的水桶，男孩們對此早有默契。街頭，洗乾淨的雞蛋正被放入童子尿中，童子蛋開煮。開春了，東陽街頭常飄著奇怪的味道。東陽人說，這是童子蛋的味道，也是春天的味道。

不熟悉內情的人要大跌眼鏡了：童子蛋就是用童子尿煮的雞蛋，一到春天賣童子蛋的小攤遍佈東陽大街小巷，一塊五一只的童子蛋貴過普通的茶葉蛋，還經常銷售一空。別小看了這一隻童子蛋，如果申遺成功，它將震動世界。

聽說雲南彝族的「摸奶節」也要申遺！在雲南雙柏縣鄂家鎮的彝族有個傳統的文化慶典節日，時間為每年陰曆的七月十四、十五、十六三天。「摸奶節」期間男人以摸到奶為吉祥，女子們以被摸奶為吉利。節日起源於隋朝年間，少男少女，大大方方地談情說愛，再正常不過了，罕見的是，很多男子，包括從外地趕來的陌生人，竟然可以對這些可愛的姑娘「下手」。

無論怎麼說，名字俗氣的「摸奶節」，還是為了乞求幸福、保佑平安的。不過，竊始終覺得，作為一個民族，保留一點屬於自己的文化和風俗是應該的，任何人也無權指責。但是你要以「申遺」為幌子，鼓動全世界的男人都坐飛機來中國摸奶，依靠摸奶來拉動中國的ＧＤＰ（國內生產毛額），恐怕就有點下流了！

若童子尿煮蛋可以申遺，「摸奶」可以申遺，我認為，陝西的陰棗壯陽也一定也可以申遺！

原來陝西也有一文化遺產，就是婦人在她潮濕溫暖多汁的下身塞進幾枚乾棗，到了第二天早晨，就已經變成了圓潤滾實、肉厚多汁的大棗，公公或男人吃了，晚上特別起勁。用中醫「採陰補陽」的理論來解釋，是完全說得通的。考慮到這是世界上獨一無二的發明，我堅決擁護陝西省人民政府把女陰泡棗納入《十二五規劃》文化發展的綱要中去，不失時機地申遺，為燦爛無比的中華文化再譜新篇章。

所謂「泡棗」、「牝甘」，古代的正式稱呼應該是「陰棗」。《玉房秘訣》稱其此名，《拾遺記》對於這件事也略有記載。《拾遺記》中描寫西王母在周穆王東巡之際，下凡而來，在人間與穆王共享雲雨春宵之樂。在兩情繾綣之際，王母把塞入陰道中的乾棗取出，勸穆王即時服下，以作養生壯陽之補品。《拾遺記》乃前秦人王嘉所撰，那麼食用陰棗以養生的做法少說也有一千五百年左右的歷史了。

在近代著名筆記小說《夜雨秋燈錄》裡，也有與之相近的描寫。這則故事的名字是「巫仙」，說是一個叫金鼎的人，誤入一江湖大盜的巢穴。這個汪洋大盜有個嗜好，他專門掠來兩個女子，扃於內室，就是為了能夠吃到「泡棗」。這兩個女子向金鼎訴苦道：「主人……所嗜太奇，喜食牝甘」、「渠以大棗塞入婦女陰中，匝日銜出，飽啖以為甘。」

陳忠實的《白鹿原》中有個郭舉人，娶下了叫小娥的二房，「不為睡覺要娃，專意兒是給他泡棗的。每天晚上給女人的那個地方塞進去三個乾棗兒，浸泡一夜，第二天早上掏出來洗乾淨，送給郭舉人空腹吃下。」《白鹿原》中還說「郭舉人自打吃起她的泡棗兒，這二年返老還童了。」

在賈平凹的《廢都》裡，方之蝶也喜歡把荔枝放入柳兒的陰道，然後吃掉。雖然是千年古方，但至今仍有許多人對其「療效」深信不疑，可見祖國醫學的博大精深。

我想，如果此事申遺成功，陝西有成千上萬的勞動婦女，打一場陰棗壯陽的人民戰爭，每日的產量一定會非常可觀。為國增加ＧＤＰ，出口可以創滙，內銷可以增強國民體質。

作為中國人，我真是感到很驕傲，溫總理都說了，四大文明就只剩下咱中華文明這根獨苗了，很了不起。所以，除了摸奶之外，其餘各項我都舉雙手贊成申報世界文化遺產。

有些事情只有女人能做

著名作家張賢亮在他的回憶錄裡寫道：「那時，最常見的娛樂是談性交、性騷擾和打撲克。性騷擾不止男性對女性，竟然以女性對男性的性騷擾居多。……常常是幾個女農工追打一個調皮的男農工，捉到了就把他摁倒在地，扒下褲子扯出他的生殖器，用黃土、泥沙、碎草葉在那個部位狠命地亂抹亂揉。女的愛抹，男的更喜歡讓她們揉，一直到雙方盡興，笑的趴在地上滾成一團才算罷休。這種娛樂一天要演出好幾場。」

據中國新聞社舊金山二月十六日報導：當地時間二月十六日下午約一時二十七分，身穿白襯衫繫條紋領帶並捲著袖子的美國總統奧巴馬，走進舊金山中國城傑克遜街一家中國飯店，直接向前臺經理打招呼問好：「請幫我準備一些點心，打包帶走。」

前臺經理為奧巴馬裝了蝦餃、燒賣、叉燒包、豆苗和小籠包等廣式點心，大約八個飯盒分裝在兩個白色塑膠袋裡，上面印著紅色花朵和「謝謝」英文字樣。

奧巴馬掏出錢付帳，隨後奧巴馬自己拎著兩大塑膠袋走向店門。餐館顧客感到驚喜，紛紛迎上前去握手、照相。奧巴馬懷抱顧客的寶寶，一大媽熱情地上前擁著總統的臀部表示驚喜。另一大媽不甘示弱，把總統的臀部摟得更緊，笑得嘴都合不攏，而站在總統右側目不轉睛的保鏢看得口瞪目呆。接著奧巴馬才拎起外賣打包的塑膠袋走出店門。看到門外有些圍觀的人群，奧巴馬又上前向民眾握手問好，之後才再次拎起外賣打包的塑膠袋離開，白宮發言人也跟在後面。

按照歐美社會的理念，上述故事平淡無奇，基本不算新聞，主流媒體都不會報導。如果一定要講新聞價值，上述圖片「另一大媽不甘示弱把總統的臀部摟得更緊，笑得嘴都合不攏，而站在總統右側目不轉睛的保鏢看得口瞪目呆」勉強可以算有一點，至少情景有點出乎意料，保鏢也看得口瞪目呆。因為按照西方的禮儀，即使是年長女性喜歡晚輩，不論性別也只可以摸臉而不能摟摸臀部。

據美國《紐約每日新聞》二〇一四年四月三日報導，在邀請二戰時期美國女工「女子鉚釘工（Rosie the Riveter）」前往白宮做客時，美國總統奧巴馬遭到其中一老太太強吻。對此，奧巴馬戲言要請第一夫人米歇爾・奧巴馬（Michelle Obama）原諒。

我初在臺北如廁，嚇了一跳，一個女人站在裡面，我一下就懵了，當時只有一個念頭，我走錯門了，趕緊跑出來一看，沒錯呀！過了一會，那女人走了出來，還自在地照了照鏡子，天哪，是穿便衣的保潔員！我就想：你是保潔員，就能在沒有任何警示的情況下進入異性的廁所嗎？

在臺灣，還有一些廁所是男女混用的，男人小便時，女同胞在後面走來走去，讓人好不自在。導遊吩咐大家，入廁後要插好門，以免異性闖入。有一次，我就忘記插門，一少婦與我照面後，尷尬退出。

還有一次，我正在小便，一清潔女工勸我再往前站，以免尿在尿斗外。泰國也是這樣，男的在方便，女保潔員就在旁邊擦地，各幹各的互不影響。

我常常想，若以上幾件事情男女換位，效果會如何呢？試想一下，幾位壯漢摁住一位少婦，將褲帶解開，內褲褪下，爭先恐後地把手伸入她的襠中，用黃土、泥沙、碎草葉在那個私墳隆起的部位狠命地亂抹亂揉，行嗎？或有女性中央領導來地方視察，有男性公民蜂擁上前，輕攬細腰，進而撫摸人家的玉臀？更不敢想，普通男性公民有機會見到女性中央首長時，衝上前去，嘴對嘴地強吻，保安人員不用警棍打的半死才有鬼呢！

即便男性保潔員，在女衛生間隨意進出，四下窺探？也很難設想！因此，許多事情只有女人能做，男性決計不能為也！

令人驚駭的檔案

一九〇九年由德國泰來洋行承建的蘭州黃河第一橋——中山橋的合同保修期是一百年。中間雖然歷經戰火洗禮，但是從未做過「大手術」，至今依然保存完好。幾年前大橋一百周年時，建橋的德國公司給中國的有關部門寄來了一封信，說保修期已到，合同完成，提醒中方關注橋的某些部位，以及哪些地方需要修整，等等。感歎德國人的風格，真的能守信譽一百年。

人民網哈爾濱電，二〇一二年八月二十四日五時三十二分，通車僅十個月的陽明灘大橋發生重大事故。三環路高架橋洪湖路上橋匝道處，四輛滿載石料和飼料的重型貨車同時行駛在匝橋外側，造成連續鋼混疊合樑側滑，四輛重載貨車側翻。事故當場造成二人死亡，六人受傷，其中一名傷者送醫院後經搶救無效死亡。

事故發生後，記者試圖查詢斷裂橋樑部分的施工單位信息，但哈爾濱市建委表示，因為陽明灘大橋施工指揮部已經解散，所以無法查詢到是哪家單位負責這段事故橋樑。

二〇〇四年十月，青島檔案館人員在德國發現了一批記錄青島城市建設的原始檔案，其中一部名為《膠澳發展備忘錄》，係當年膠澳總督府組織編寫的。自一八九八年十月起，每年一記，直到一九一四年，不間斷記錄了十七年，完整記下了當時德國殖民者建設地下管網的意圖、理念及施工進度。

按照和清政府的租借條約，德占青島九十九年。所以，德國殖民者登陸之初，它的城市規劃建設幾乎完全按照一百年的高標準設計、施工。一九一四年德國人敗走青島，帶走了全部青島城建檔案，其中包括所有的上下水管網分佈圖紙。

去年維修，有一個零部件要更換，青島去找德國問這個零部件怎麼配，德國人去查找了一下圖書館的原始記錄後，告知青島方面，在下水道某個位置存放著當年建設時備用的配件，青島按照指示找到了存放了一百多年的配件，看看德國人的嚴謹，再看看我們中國雨後的城市，真悲哀啊！

當年赴法時，鄧小平年齡雖小，卻打過各種各樣的工，在法國巴黎、蒙達爾紀、克魯梭等地均留下了足跡。

二〇一一年三月，中國「海外尋檔」組，來到了鄧小平剛到法國時補習法語的諾曼地巴耶中學。目前巴耶中學仍然留有一張一九二一年三月的學生費用單據，上面排列著十九個中國學生的姓名，鄧希賢在名單中位於第十八位。

在中國留學生的幫助下，他們又在現今的世界五百強公司、法國施耐德電氣集團的前身，即鄧小平當年務工的施耐德工廠，見到了鄧小平當年的雇傭登記卡原件。登記卡原件的內容非常詳盡。

後來，他們又來到蒙達爾紀，探訪當年鄧小平工作過的工廠。夏萊特市市長德莫蒙接待了他們，並向他們展示了一張鄧小平當年在夏萊特市政府填寫的居留登記卡。登記卡上詳細記錄著：國籍、姓名、到達日期和離開時間。

在歐美各國，任何一個人都能在醫院裡查到自己的出生日期；出生時的身高體重及迎接你出生的助產士姓名，可以查閱到任何一個人一生的病歷及死因。呼和浩特市立醫院是比利時人於一九二一年創建的，他們的醫療檔案也是如此管理的，但在偉大的無產階級文化大革命中被毀於一旦。

一九六一年，糧食部陳國棟、周伯萍和國家統計局賈啟允三人受命，讓各省填寫了一個有關糧食和人口變動的統計表，經匯總以後，全國人口減少了幾千萬！這份材料只報周恩來和毛澤東兩人。周恩來看到後通知周伯萍：立即銷毀，不得外傳。周伯萍等三人共同監督銷毀了材料和印刷板，事後周恩來還打電話追問周伯萍：銷毀了沒有？周伯萍回答銷毀了，周恩來才放心。

周恩來關注的主要是城市糧食供應，然而死亡幾近都在農村！顯然周恩來考慮的是政治影響而非人的生命，城市人特別是幾個類似北京的大城市如果餓死人，一旦傳播出去，政治影響不可估量。但農村即使餓死人，由於地處偏僻，在中共當時的封鎖體制下，很難像大城市那樣容易傳播出去。

正因為如此，直到如今，我們也無法獲悉那三年餓死人數的具體檔案資料。

不要對中國的檔案管理枉自菲薄，在明清，皇帝老兒的性生活都被記錄在案。直到出現了偉大領袖，此舉才算消失。

也不要認為新中國不重視檔案管理，我們許多人曾經因檔案裡的「污點」而貽害終生。甚至被壓了一輩子、兩輩子、甚至幾輩子！就因為背負著一個「地富反壞右」的帽子！成為千古奇恨。中國人為此活得很累，活得很驚恐。

北京某單位有一人很是積極，歷次運動也沒有問題。他從五十年代一直申請入黨，總是通不過，但組織上也不說具體原因。直到八十年代初，還在申請。後來黨委書記找他談話，問他一件事：某年某月某日，你是否在蘇聯大使館附近來來回回地走過？他說沒有。黨委書記請他仔細想想，並重申那個日期。他突然想起來，因為那是他兒子的生日。那天他妻子去的產院正是在蘇聯大使館附近。妻子臨盆，他心裡著急，在外面的馬路上來來回回地走，就這事被人彙報寫進檔案裡去了，三十多年成了他的一個無法擺脫的疑點。

誰敢說我們不重視檔案！中國人真真切切地為檔案而活著！一個看不見的東西卻著實地控制著中國人的一生，這才是中國檔案的令人驚駭之處。

關於領巾的隨想

據說紅領巾是革命先烈用鮮血染成的。它是怎麼用先烈的人血染紅的呢？人血需要先熬過嗎？要加水嗎？直到小學四年級，我和我的同學還在為這個用人血染紅紅領巾的工藝問題在困惑。我相信，今天依然會有小孩子為這個問題困惑。

我曾以為紅領巾廠中的紅領巾是一群烈士用刀子放血在盆子裡，盆裡放著製作紅領巾的布，真血腥！那會兒就是不明白那麼多紅領巾要多少血才夠染啊！非常好奇。我還聞過舔過，確定上面沒有血味兒。我因此天真地問老師說，為什麼紅領巾上面有股顏料味？然後光榮地在教室外被罰站了一節課！

不過老師後來還是告訴我說，紅旗帶著烈士的鮮血，紅領巾是國旗的一角，戴起來是用來緬懷烈士的，之前的都是血染的，後來改用染料染了。

但是，我對紅領巾是國旗的一角始終沒有理解，我一直以為每年有新的小朋友入學的時候，老師就從國旗上面撕下新的紅領巾來給小朋友，哈哈！

其實，在這之前，像什麼比喻啊，象徵啊之類修辭手法，我們都學習過，但對於落實到「鮮血染紅紅領巾」這個問題上，卻把它當作真實的事情而深信不疑了。

我現在回憶，至少我有一個同學是知道事情真相的。因為他的母親就是紡織廠的，我們的紅領巾其實就是他母親的廠裡生產的，但是，他沒有說，他不願意說，他也不敢說，誰都不願意用「紅領巾其實就是一大群平凡的勞動婦女在一個亂糟糟的車間裡，生產出來的」這樣一個事實真相，來煞風景。

我相信，在他小時候，他一定像守著「皇帝的新裝的祕密」一樣，一直在忍受著煎熬。不過，雖然我們深信我們戴著用人血染成的領巾，但我們似乎沒有一點害怕的感覺。這得益於我們良好的革命英雄主義教育。

近日在成都，鮮豔的紅領巾勒死了一個八歲的小男孩，可謂是「殺人不見血」。殺人不見血的確是我臆測的，因為我想紅領巾勒死一定會是這樣的情景：沒有白刀子進紅刀子出，大概也就是舌頭外伸眼球突出吧？沒有血算不算是謀殺呢？反正看到了這篇報導後我有點後怕，自己竟是帶著紅領巾長大的！也有了擔心，到處都是紅領巾的影子，誰能保證意外不再發生呢？

紅領巾殺人並非是因為它的紅，而是它套在少年兒童脖子上的方法。有人在GoGo論壇發了一篇帖子，題目是「紅領巾威脅中國兒童生命」。

我今天看了騰訊新聞，新聞裡確實是一名兒童被紅領巾勒死了，至於有多少人死於紅領巾，我不敢妄言，但我確信紅領巾的繫法都是一樣的。紅領巾繫在脖子上是一個死結，我想這一點不會有人反對吧？它的的確確就是一個死結，套在脖子上兩頭一拉能讓人窒息，小時候打架時我就有過抓住紅領巾制服別人的經驗。

藍領巾是共產國際兒童少先隊的佩戴標誌，相當於紅領巾、綠領巾。

在古巴，一至三年級的小學生戴藍領巾，四年級起戴紅領巾。據說紅色代表切・格瓦拉；藍色代表何塞・馬蒂。毛澤東爺爺說過中國的紅領巾是用革命先輩的鮮血給染紅的；而菲德爾爺爺說古巴的革命先輩都是掉到海裡面淹死的，所以古巴人用藍色的海水來染藍領巾紀念先烈。

匈牙利的少年兒童也佩戴藍領巾。據說是為了紀念在民族解放戰爭中犧牲的小英雄費爾科。小費爾科生前，胸前總是繫著一條鮮豔的藍領巾。

前德意志民主共和國，也曾採用藍領巾作為少先隊的標誌。

日前，陝西西安未央區第一實驗小學為部分學生發放綠領巾，要求這些學生進行佩戴。據該校教師解釋，學習、思想品德表現稍差的學生沒有紅領巾，所以該校便為這部分學生發放了綠領巾以資激勵。但家長並不認可這一做法，指責此舉會對孩子心理造成極大創傷。我對這種看法不敢苟同：綠色代表生命，代表生機，代表環保；而紅色代表血腥與暴力。

孩子們說，綠領巾是仙人掌的一角，是用細胞中的葉綠素染綠的；家長們說，綠領巾是校長帽子的一角，是用他們的激情染綠的；學校說了，用紅、綠兩種領巾是一種激勵舉措，綠的變優秀後也可以變紅的，這估計也是光合作用的結果，綠葉能變紅花。孩子們都需要紅花，因為看上去很美。這種激勵舉措完全是視覺系的，孩子們，如果一直朝著那一塊紅布努力，就會跟巴西的小公牛一樣。

自從網絡遊戲《魔獸世界》（World of Warcraft）裡，把流血效果改成綠色之後，有的孩子就認為烈士的血都是綠的了，紅領巾也變綠領巾了。

世界各國都明文規定：未成年的孩子不得參與政治組織，宗教與政治理論一律不得進入中小學課堂。立文的目的在於警告：孩子們不是任何執政黨的私有物，政府想怎麼塑造就怎麼隨心所欲地塑造。西方人始終認為：用政治思想和信仰理論來影響與啟蒙未成年人，無疑就是一種道德犯罪。

不才認為：無論紅領巾綠領巾還是藍領巾黃領巾，作為服飾它都是漂亮的，小孩子戴上這樣的領巾的確是能體現少年的青春與活力，但這首先要做到的是給紅領巾去政治意義化，讓它從一種政治身分象徵走向一種精美的服飾。小孩子戴紅領巾是因為他喜歡而非是被強迫，人們看到紅領巾首先想到的是它的藝術美而非它是優等生的標誌。我們的孩子不僅應該享有戴紅領巾的權利，也應該享有戴綠領巾藍領巾的權利，以及不戴領巾的權利。

「曹全碑」的啟示

曹全碑是漢朝的碑碣，東漢靈帝中平二年（公元一百八十五年）十月二十一日丙辰造碑。

東漢時代，自然災害頻泛，政治腐朽黑暗，外戚宦官交相秉政，君道暗亂，朝綱凌替。東漢的流民、災荒問題，都是歷史上較為嚴重的問題。可是，東漢王朝卻在風雨飄搖之中享祚近二百年之久，其中因由，史家已有較多論述。無庸置疑，東漢政府貧弱群體的社會保障政策，對於維護王朝的長期統治，發揮了至關重要的作用。

曹全碑文中寫道「恤民之要，存慰高年，撫育鰥寡，以家錢糴米粟，賜癃盲」（體恤民眾的急需，慰問年老之人，撫育鰥寡孤獨。還以自家之錢買來米糧，贈送體弱多病和盲目之人）。於是，「惠政之流，甚於置郵」（好的政聲，四下流布，比起信使，傳播還快）。古來官吏懂得的道理，當今公僕不一定懂得。

五年前下崗工人廖某的妻子患尿毒症，花光積蓄。為了讓妻子活下去，廖某找人私刻了醫院公章，並用這個假公章到醫院給妻子做了將近四年的「免費」透析治療。七月十一日，廖某因詐騙罪受審。

警察去廖某家拘捕廖某時，看到廖某家一貧如洗，都紛紛解囊，將口袋裡的錢悉數留給了廖某的妻子。據記者採訪被廖某詐騙的醫院的院長時，該院長說，他們發現了廖某的行徑後，也沒有驚動他們，仍在默默地為她進行透析。廖某的妻子已命懸一線，如果聲張，廖某的妻子很快就會死亡。

不妨再複述一遍那個耳熟能詳的故事：一九三五年的紐約，一位老太太因孫子飢餓而偷盜麵包在法院受審，旁聽的紐約市長脫下帽子，往裡面放進十美元，說道：「請諸位每人交五十美分的罰金，這是為我們的冷漠付費，以處罰我們生活在一個要老祖母去偷麵包來餵養孫子的城市。」如今，面對一個只有依靠詐騙才能為妻子治病的丈夫，誰又該為自己的冷漠付費？

一個在藥店超市偷藥的老太太當場被逮個正著。保安拖著她的布袋說：「已經第二次抓到你了，你這麼大年紀了，幹啥要做這種丟人的事？」

這是個獨居老太太，年紀七十多歲了，滿頭白髮，顫顫巍巍的樣子，有嚴重的糖尿病和高血壓病。很多人都在圍觀並指責她，老太太面無表情，一副木訥神態。我想，沒病誰願意吃藥呢？她不僅是個老人、病人，還是個孤獨的老年病人，有病無錢醫治不是她的錯。

六十九歲的老人付達信靠補助金度日，自稱為了「不愁吃穿」在北京站持刀搶劫，終於進了監獄，他說：「我在這兒挺好的，已經胖了十斤。」

付達信在北京站廣場持刀連搶兩名旅客。與其他搶劫犯不同的是，他搶劫完了不逃跑，反而在等待被搶者喊叫，以便引警察來抓。接受審訊時，付達信要求辦案民警把罪行寫重些。當法官宣佈付達信因犯搶劫罪被判決二年有期徒刑時，他竟認為判得太輕了，要求法官再好好審審。

記者採訪時，他說，當聽到法官判自己二年有期徒刑，他非常不滿。他說已經在看守所裡諮詢過其他犯人，人家說按照他搶劫物品的價值，再加上是持刀搶劫，最少也應該判五年的刑。付達信說，他也知道這樣不好，應該靠勞動養活自己，不應該給政府添麻煩，但是他實在是老了，幹不動了。他以為因搶劫進監獄，這樣自己的後半輩子不用愁吃穿了。

這些生活在社會底層的人們，本應有著和常人無差別的愛與尊嚴，但當他們的境遇與「疾病」、「社會保障救濟」等詞語關聯時，尊嚴往往分崩離析。即便是表達最樸素的一份親情，也往往只能出賣自己的人格與尊嚴，甚至走上違法犯罪的道路。這恐怕不僅是一位貧窮農民的悲情，更是社會救濟的悲哀。

據一個開飯店的朋友說，一般大的酒店，每天的剩菜剩飯有上千斤。不乏海參魷魚、燕窩魚翅。尤其北京，每天的高檔剩菜就有好幾千噸。當普通白領都常常在家吃剩飯的時候，高檔酒店卻在暴殄天物。他們剩飯菜的去向是養豬場，污水的去處是「地溝油」再生，經過如此循環，又進了「國家主人」的肚子裡。

今年兩會代表們的穿著都珠光寶氣，尤其電力「一女」，三天換了十五套高級套裝，她還聲言要給全中國人民建立道德檔案。我則想，每天代表們的剩菜剩飯一定不少，為什麼不在人大會堂的側門設立一個剩菜剩飯施放站呢？北京有眾多的家庭貧困者、外地流浪者和外來打工者，如果央視一宣佈這個消息，他們一定會趨之若鶩，歡呼雀躍，把兩會真正看成他們的盛大節日。

最近，經濟學家茅于軾建議中國人在下館子就餐完畢後，將剩菜剩飯打包，由餐館擺在明顯處供需要的窮人和乞丐免費取食。我聽了以後好感動、好激動，並認為這個觀點如果被社會廣泛採納，可能具有劃時代的意義。

泉如竹逸曾經說過，中國文化最大的劣根性就是宏大敘事邏輯，製造了大批皓首窮經、侃侃而談的人。身邊啼饑號寒的窮人們，他們不屑一顧。

竊以為，政府要以窮人的心態來救助窮人，像號召人們冬季捐出舊棉衣棉被給窮人禦寒一樣，要求各酒店聯繫一批貧困戶，將每餐的剩菜剩飯打包後送給他們。同樣菜場經營戶和各大賣場也應聯繫貧困戶，賣不了的剩菜、快要過期的食品和用品都可以送給貧困戶……對於窮人來說，這樣得到的比每月發給他多少錢要實惠得多！

傳說釋迦牟尼逃出王宮到迦嘟山當了和尚以後，學習經典，在深山之中苦度了六年。他學經完畢的時候，正是臘月初八日，也就是一般的佛教所說的「釋迦牟尼得道日」。

東漢佛教傳入中國以後，臘月初八給窮人施粥，就是為了紀念尼連河畔牧牛女子救濟釋迦牟尼的故事。

據說當年威虎山的座山雕，每逢年節也要邀請附近德高望重的鄉黨來威虎廳喝酒。地主在年關臨近時，也要給那些窮困的鄉親送米送麵，使他們能夠安然渡過年關。

飛船上天了，北京的大道通衢上竟能淹死人；在江蘇省，三十座的校車能塞進六十人時，我們正在給非洲援建一千所希望小學。

真令人唏噓呀！

吃地溝油，過低碳生活

食用地溝油好處多多，不才經過深思熟慮，歸納為如下幾條：

一、據達爾文「適者生存、用進廢退」的理論，中國人在經常食用地溝油的大環境下，可以大幅度地提高免疫功能，經過幾代人的進化，將會百毒不侵。因為中國大陸境外沒有這樣的環境，外國人抵禦各種風險的能力明顯低於華人，所以未來的戰爭可能根本不用槍炮，只要把地溝油滲透到敵國，就可將敵人給消滅了。所以，我們應該逐步地讓大家在惡劣的環境下進行鍛鍊。

二、有利於低碳經濟的發展。試想，飯店，街頭小吃攤都用好油，那要增加多少碳排放？中國人吃掉大量地溝油，不僅是對本國作出貢獻，也是對全人類的一種貢獻。可望在下一次全球氣候高峰會上，將中國人的這一壯舉彪炳史冊，當令世人望塵莫及，交口稱讚。

三、有利於「循環經濟」的發展。像「重慶胖媽爛火鍋」那樣，把前面客人吃過的火鍋油湯回收過濾，再供給後面客人循環使用的做法值得提倡。既節省資源，不致浪費，又符合國家循環經濟的大政方針。火鍋行業的「零排放」，這可是新生事物，簡直稱得上是一項偉大的創舉。

四、有利於控制油價。中國這麼多人口，耕地不斷減少，食物卻越來越豐富，靠什麼？靠的就是勤勞的雙手和非凡的智慧。如果沒有地溝油，食油的價格就會上漲三分之一，那是個什麼概念？推廣地溝油還有利於節約外匯，很好地控制食油進口，從而讓外國少賺中國人的鈔票。

五、有利於減少我國油料作物的播種面積。把更多的原來種花生、油菜、大豆的耕地用來開發房地產，既改善了人民的居住條件又充實了地方政府的財稅收入。

六、有利於環保。全國這麼多地溝油處理起來很困難，建設正規工廠企業進行處理，需要大量投資：購買設備、人員培訓、技術支持。產品剛面市，成本高，國家還得予以政策扶持、資金補貼，政府部門也不勝其煩。因此索性把它吃掉，則一勞永逸。

地溝油是廢棄食用油的精製品的俗稱。對於這種油的回收利用精製技術，中國已經達到了國際領先水平，以至於中國農大食品學院副院長說：「目前科學還無法分辨地溝油。」也就是說這種油的成分和正品油的成分無異，既然用科學手段都無法檢測。所以，老百姓就可以大吃特吃了。

七、有利於抑制公款吃喝，降低了一些有潔癖的官員大吃大喝的頻率。

八、地溝油加工生產技術應當屬於開拓食源的範疇，建議中央財政在人民群眾生活還比較困難的現實條件下，安排專項技術攻關經費，繼續深化溝油技術研究，使其技術更加成熟，食用更加安全，以至於可以在國宴上使用。

地溝油的回收、提煉需要一支龐大的隊伍。食用地溝油可以拉動第三產業，解決一部分人的生存問題，拓寬了就業門路。

九、即便專家說的是真的：「地溝油中的黃麴黴素是劇毒，毒性是砒霜的一百倍，是目前發現的最強的化學致癌物質。實驗證明，長期低劑量使用黃麴黴素可以使動物百分之百患上肝癌，而且，在其他部位也可以發生癌症，如胃腺癌、腎癌、直腸癌及乳腺、卵巢、小腸等部位癌腫。」但中國人口壓力這樣大，食用地溝油是減少中國人口的最好辦法，正好為減少人口作出貢獻。人口減少，全國的加薪，就業、醫療、社保、子女上學、住房等問題的形勢就可以大為改觀。

十、儘管買回來的各種蔬菜上有大量的農藥，儘管買回來的米麵裡有各種添加劑，儘管買回來的水果上有膨大劑、增紅劑及農藥，儘管買回來的各種肉類使用了危害人體的瘦肉精；儘管買回來的各種海鮮都曾被有害人體健康的藥水處理過；儘管我們穿的各個檔次的新衣服都含有甲醛；儘管一次性木筷都是「毒筷」……，但我明白，這些都是國家為了培養全民堅強的體格和百毒不侵的肌膚，所以我還是含淚說：「我愛你，祖國！」

在哪裡做窮人好？

我去過美國，給我的第一印象是那裡的胖子非常多，那裡的胖子不是一般的胖，而是超級的胖，難看死了。在好萊塢我見過一位白人婦女，身材就像高腳玻璃杯，不理解她單薄的雙腳，怎麼能支撐得起上身沉重的身軀？據說，美國成年人中患肥胖症的比例為百分之三十四，而窮人患上這種「富貴病」的比例還要高。在人們的印象裡，瘦骨嶙峋才是窮人的特徵，人越窮還越胖，就有點「倒行逆施」了。

如果你看了他們的吃相和食物的構成，就不難得出他們肥胖的原因。首先是麥當勞，麵包、薯條、可樂，全是醣類的，不變成脂肪才怪呢！我發現美國人吃自助餐，滿盤的烤肉、雞蛋、雞腿，就著大杯的可樂拼命吃，吃完了還吃一大盤的水果，水果完了還有甜食、糖水，這下我以為總算吃完了，誰知他們又吃起雪糕來了，真令人目瞪口呆。

我的同事裡不乏大胖子，有的體重也超過二百斤，看上去就像一座山。但是來到美國，和人家美國的胖子一比就顯得小巫見大巫了，人家的胳膊比他的大腿還要粗。

過去我一直認為，脂肪、蛋白質攝取量高就等於生活好，肥胖、營養過剩的都是富人。但聽導遊說，其實美國貧困家庭的孩子和中產階級的孩子在攝取蛋白質、維生素和礦物質方面幾乎沒有什麼差別，而且在大多數情況下，貧困家庭的孩子平均蛋白質攝入量超過政府衛生部門建議攝入量的百分之百。美國窮人不是吃不飽，而是營養過剩。他們愛吃大魚大肉，是因為魚肉的價格便宜，蔬菜水果價格高。這樣的飲食結構註定導致美國窮人中的胖子比有錢人要多。

美國現有接近四千六百萬人靠食品券度日，占總人口的百分之十五，食品券是美國政府為保證低收入家庭能夠達到政府規定的飲食健康標準而實施的營養資助項目。食品券提供的食品大多是高脂肪、高熱量的食物，例如漢堡、熱狗、炸雞塊等，很容易造成身體肥胖。再加上窮人沒有時間和金錢去健身房健身，每天吃完這些高熱量的垃圾食品，就躺在沙發上看弱智的電視節目，不肥才怪呢。

而那些富人則是受過高等教育，懂得怎樣吃才是營養的，甚至還特地花高薪聘請營養師為他們調配可口營養的食物，因此肥胖的並不多，只有少數的富人才患有「肥胖症」。

我的最新理解是，美國政府用高熱量的食物來供給窮人，其實也是對無產階級的迫害，只是看起來溫和些，因為肥胖能使人短命。再說胖成那個樣子，哪還會有革命鬥志？有精力去推翻萬惡的資本主義呢？

北韓的糧食嚴格實行配給制。由於實行先軍政治，進入一九九〇年代，糧食定量逐年減少，到一九九四年，一般勞動者口糧定量為每天四百五十克。一九九五年北韓以水災為由，口糧定量減半，一九九六年口糧定量又削減三分之一，現在的口糧供應為每人每天僅有一百克左右。

每天一百克的口糧是無法維持生命的，於是北韓提出國家解決口糧的三分之一，單位解決三分之一，個人解決三分之一。單位較好的人可以從單位分到一些糧食，有錢的人還可以從黑市買高價糧。但無錢無勢的人只好吃野菜、樹皮。北韓的中央電視臺則宣稱根據科學研究結果：少吃飯有利於長壽，野菜營養更豐富，多吃有利於健康。

在亞洲二十多個國家當中，北韓的平均每日營養攝入量最低。包括碳水化合物、脂肪等每人每日平均營養攝入量，經濟合作與發展組織的指標為三千三百七十四大卡；韓國為三千七百三十大卡；而北韓只有二千一百四十六大卡。根據世界糧食計劃署的報告，北韓「每三個兒童中就有一個長期營養不良或發育遲緩」，這意味著他們往往比同齡人更矮。

我沒去過北韓，但從網上看過北韓窮人的照片，都是瘦骨嶙峋，面色萎黃。尤其兒童，孱弱的四肢，頂著一顆大腦袋，呈現病態。依我看，削瘦的人經不起一陣風吹。

從上世紀五十年代起，金日成就發誓讓老百姓吃上米飯，喝上肉湯。現在家族世襲已經到了第三代，這個夢想依然遙遙無期。

如果你問我喜歡做哪國的窮人，我會毫不猶豫地告訴你是美國。因為我經歷過一九六〇年，知道挨餓的味道。因此我寧可被撐死，也不想被餓死，因為飢餓的滋味太難受了。

肥胖症是影響人類健康的重要因素，肥胖症可以引起多種慢性病，例如高血壓、心血管疾病、糖尿病等。美國現有五千九百萬肥胖者，每年因肥胖症導致各種疾病死亡的人數約有三十萬。

根據二〇〇六年的數據，美國每年花在治療肥胖症上的醫療開支高達一千四百七十億美元，但北韓人民卻鮮有這些疾病。聽說飢餓可以清洗體內的細胞，從而可以使人長壽。現在如果你再問我願意在哪個國家做窮人，我還真的要琢磨琢磨再說。

這山望見那山高

有個叫林默的人寫了篇博文，叫〈這山望見那山高〉。文中說到現在的世態百相：農民羨慕工人、工人羨慕廠長、廠長羨慕稅務、稅務羨慕大款、大款羨慕學者、學者羨慕醫生、醫生羨慕律師、律師羨慕藝人、藝人羨慕官人、官人羨慕市民、市民羨慕農民。

市民羨慕農民估計是因為憂心於食品安全，唯「官人羨慕市民」著實讓人難以理解，也許是東窗事發，身陷囹圄才想到了做市民的可貴吧！

新華網消息，臺北市敦煌路突然出現一排五星紅旗迎風飄揚，附近的居民都對此議論紛紛。據臺灣TVBS報導，原來是一黃姓屋主和地主有拆遷糾紛，官司敗訴，他痛批臺灣司法和行政「都為資產階級服務」，就故意插五星紅旗表達抗議，並且對此很自豪。

鐵皮平房屋頂上的五星紅旗一共有七面。記者問：「掛『中華民國國旗』沒有用嗎？」黃姓屋主：「我問你有沒有用？五星紅旗有用，我要突顯（不公），不管有沒有用，臺灣的行政司法在為資本主義、資產階級服務。」

黃先生對大陸的拆遷一定一無所知。

網上得知，前一陣子，河南的一位農民兄弟被當地的幹部欺負，四處申告鳴冤，但「叫天天不應，喊地地不靈」。萬般無奈之下，生得一計，混進去臺灣旅遊的團隊之中，突然跑到臺北的「總統府」，大呼冤枉。結果，臺灣輿論大嘩，紛紛給予報導，影響倍增。這位河南的農民伯伯回鄉後，被光榮地「落實了政策」，臉上綻開了春天般的燦爛笑容。

共產黨治下的農民竟然去找國民黨的總統做主，滑天下之大稽。

南京要改造城市，欲把生長了近百年的梧桐樹砍掉，惹出市民們的一片噓聲，反對者眾。有好事者，輾轉搜尋出國民黨高官的網絡聯繫方式，向其疾呼：「你們當年在南京種下的梧桐樹要被這兒的政府給砍了，快點兒想想辦法吧。」結果如何，我這兒不用多說了，南京的市民自然又是「臉上綻開了春天般的笑容」啦！

有問題不去找市長，卻去找國民黨的高官哭訴，而且卓有成效，此例一開，今後我人民公僕有何顏面？

江蘇泰州的一戶人家，公開掛起美國國旗抗議拆遷，是可忍，孰不可忍！有網友說：「作為政府，作為官員，執政為民的第一要務是防微杜漸。今天懸掛美國國旗的房子沒有拆遷，明天就會有懸掛英國國旗、日本國旗、俄國國旗、北韓國旗、越南國旗的……，如此一來，我堂堂五星紅旗的國度，豈不淪為聯合國的天下？泰州政府加油！江蘇政府加油！中國政府加油！你們一定不能讓懸掛美國國旗抗議拆遷的陰謀得逞！」

臺灣作家李敖說：「中國人的生活水平與美國等西方國家相比，絕不是許多人所認為的天上地下般的差距。如果這些人有幸到『四小龍』實地生活體會一下，就會發現『四小龍』的絕大多數老百姓並非他們想像的那樣富得流油，日子艱難的大有人在。即使是歐美發達國家，大多數老百姓生活同樣是緊巴巴的，基本上在銀行沒有存款。歐美國家的居民通常只生一個孩子，絕不是他們有計劃生育的意識，而是難以負擔兩個孩子的供養和教育費用。」

李敖的話也許有點道理。但如果他親身經歷了「反右」和「文革」，坐過共產黨的大獄，目睹了那些血腥，有許多話一定不會這樣說。

大陸人羡慕臺灣人，臺灣人羡慕大陸人。其實老百姓們都在「水深火熱」中活著呢！

中國人的思維方式

我曾經碰到過這樣一件事：好幾年前的一天，我去鄰居家玩，正好碰到老大爺看病回來，一進門就對醫院破口大罵，說檢查個骨質增生就用掉幾百塊錢，醫生沒有一個不是黑心爛肝的狗東西。過一陣子我和他兒子談到了高考，老大爺聽到了，斬釘截鐵地說：「一定要考醫學院當醫生，只要當上醫生，工資一分不要都行，單拿紅包和提成就幾輩子吃不完。」

傳說，在某黨校的一次大會上，主持人突然說：「下面請認為社會主義好的同志坐到會場的左邊，認為資本主義好的同志坐到會場右邊。」

大部分人坐到了左邊，少數人坐到右邊，只有一個人坐在中間不動。

主持人：「那位同志，你到底認為社會主義好還是資本主義好？」

回答：「我認為社會主義好，但我更喜歡資本主義的生活方式。」

主持人慌忙說：「那請您趕快坐到主席臺上來！」

一九九九年五月八日中國駐南斯拉夫大使館被美國轟炸以後，那麼多學生義憤填膺地去包圍美國大使館，去打人、燒東西。幾個月之後，甚至一個月之後，又是這些學生來到美國大使館，整整齊齊地排著隊，低著頭。幹什麼？苦苦哀求，申請簽證！

很多人以為，北大和清華是不同的。例如北大是理想主義，清華是實用主義；北大學生是反抗型，清華學生是乖乖型。其實在出國問題上，北大和清華學生是完全一致的。唯一的不同是：北大學生一邊罵社會，一邊出國；清華學生一邊讚揚社會，一邊出國。然後他們中絕大多數讀博、找工作、入美國籍、定居……

鳳凰網九一一十周年策劃，記者採訪一畢業大學生：

記者：「你對九一一事件做何反應？」

大學生：「很高興，因為它是霸權主義，跟美國對著幹的都是英雄。」
記者：「你喜歡小布希嗎？」
大學生：「他不就是一個腦殘分子嘛！」
記者：「給你機會去美國你願意嗎？」
大學生：「我喜歡美國，我馬上就要去美國留學了，已經申請去了。」
記者：「對未來的憧憬是怎樣的？」
大學生：「能不回來就不回來了。」

中國大陸年輕的一代，對美國是既愛又恨。他們愛國，卻又不時表露對美國的欣羡。一九九八年美國前總統克林頓走訪北京大學，和北大學生進行別開生面的對談。當時有一位名叫馬楠的學生，曾當面痛斥美國「人權」狀況惡劣，事後，馬楠和其他六位發問的學生，因挑戰美國總統和美式的民主價值，而被冠以新一代反美學生的先鋒。兩年後本科畢業，馬楠選擇到「人權狀況惡劣」的美國去留學，還嫁給一個美國人。

據報導，時至今日，雖然馬楠還是一如當年愛著她的祖國，但她坦誠喜歡美國的價值觀。她喜歡紐約，更喜歡波士頓，認為波士頓具有真正的「貴族氣息」，並用自己的子宮為美帝喜孕後代。

誰敢擔保，這次把來華訪問的米歇爾詰問的啞口無言的北大女生，過幾年就一定不會懷上美國佬的孩子？生活中，這種自相矛盾的思維方式無處不在：我們對貪官恨之入骨，可同時我們又不顧一切地報考公務員，夢寐以求地要做官；我們對壟斷國企罵不絕口，可同時我們又削尖腦袋地想到那裡求職就業，拿不合理的高工資；我們對辦事情要找關係送東西深惡痛絕，可一旦自己要辦事，首先想到的就是要找關係送東西；我們對特牌車憤憤不平，可當我們偶然有機會坐在裡面風光一把的時候，又覺得無比的痛快與神氣……

如果你說中國不好，可能被視為西奴；如果你說美國好，就會被視為美狗；如果你說不想做中國人，想做美國人，你將是十惡不赦的漢奸。但如果你什麼都不說，只是悄悄把中國國籍變成美國國籍，你將會是一個成功人士；若你同時能獻身於主旋律文化，教導中國人怎樣才算愛國，你就是一個海外赤子了。

歎息那些被毀掉的詞彙！

如今許多過去非常好的詞彙被人們濫用了，詞義篡改了，我為此感到無限的悲哀。

比如說老總這個詞吧，以前是總司令的簡稱。總司令帶領革命志士們浴血奮戰，「天涯處處是芳草，何必馬革裹屍還」，令我們慷慨悲歌，讚嘆不已。可現在，老總們不再是身穿戎裝，南征北戰的軍中大將了，而是變成了大腹便便，每天喝酒吃肉，高興時賞錢，不高興時罵人的一幫腦滿腸肥的傢伙。

再比如打炮，本是很正常的軍事名詞，炮彈上膛，撼天動地，摧枯拉朽，使敵人望風披靡。敵人如果膽敢來犯，我們就用大炮猛烈轟擊，給他來個滅頂之災。電影《英雄兒女》裡王成的一句「向我開炮！」曾經讓我們多少人感動的淚流滿面。可現在這麼好的詞也被人們轉了義，變成了男女交媾的代名詞。

再比如小姐，本來是對年輕女孩的尊稱，意即大家閨秀、亭亭玉立的淑女，含有無限高貴的意味在裡面，可現在竟成了妓女的代名詞。以前叫人家小姐可能會贏得甜甜一笑，現在叫人家小姐沒准會遭到白眼，甚至辱罵。有一位年輕女郎，被人稱為「小姐」之後，柳眉倒掛，杏眼圓睜，雙手叉腰，粉面生嗔，怒沖沖地回敬一句：「你媽才是『小姐』呢！」

再比如同志，本來是革命戰友，為了一個共同的信念一起出生入死，不知什麼時候竟變成了同性戀的代名詞。

再比如農民，本來是一種職業，自古以來農工仕商，農一直是排在首位的，皇帝老兒都知道吃飯的重要性，可不知道什麼時候農民也變成了粗俗、低下、淺薄的代名詞。

還有雞，我們須臾不能離開的家禽竟變成了妓女的代名詞。

還有鴨，變成了男妓的代名詞，善良的動物招惹誰了？怎麼對牠們也這樣不公平？

大千世界紛繁複雜，萬萬千千隻蝴蝶在撲棱翅膀，誰也不知道下一場龍捲風會起於何時何地，什麼東西會被毀掉。所以人們發明了「躺槍」，來形容命運的不確定。

最近被毀的一個好詞是「女同學」，只因江蘇鹽城某官員被網友曬出一張ＫＴＶ不雅照，照片中，主角雖不像許多前輩一樣赤膊出鏡，但觀一男一女的摟抱動作，正常人只需一眼就會給它蓋上「少兒不宜」的戳兒。網帖說「官員小姐如何如何」，面對記者採訪，當事官員澄清說：「我抱的是我女同學，不是什麼小姐。」

該事件中，「摟的是女同學」的解釋是否屬實，還有待查證，可那親密動作和不雅畫面，讓不少人篤信此處的「女同學」是頂缸界的新一屆代言人。

這幾天，一些精力旺盛的網友，迅速拿「女同學」玩起了造句接龍遊戲：「臨時工之後，又有女同學」、「叫我同學可以，但你叫我女同學，你就過分了，我和你無冤無仇的」、「你才不是一個沒有故事的女同學」……

自央視女主播涉嫌性交易、性賄賂的新聞頻頻爆出，街頭吵架的婦人們又有了新的武器：「你是女主播！」「你才是女主播，你們全家都是女主播！」女主播一詞危在旦夕！

不才私下盤點了一下近年來被毀掉的詞，感到無比的惋惜，如「秤砣」（從量器到兇器）、「乾爹」（從長輩到老公）、「美女」（從驚豔到性別）、「臨時工」（從無能到萬能）、「表哥」（從親戚到貪官）、「校長」（從榜樣到禽獸）、「奶粉」（從食品到毒品）、「鞭炮」（從炸鬼到炸橋）、「房事」（從個人隱私到大眾痛苦）。

若有人編纂一部網路漢語詞典，這些舊詞新意一定要收錄。每一個被毀的詞，周圍都有散落一地的節操。

唉，不才扼腕痛惜，又有多少無辜的詞彙被毀了呀！

中國式打劫

文革期間，上海港有一個裝卸工在為一艘瑞典貨船裝卸貨物時，不慎被墜物砸死。中國政府要求瑞典政府按瑞典貨船大副的收入、瑞典人的平均壽命進行賠償。瑞方對此毫無疑義地進行了賠付，賠付金額為一百四十六萬人民幣。後來，這位裝卸工的家屬實際拿到的錢僅為人民幣六萬元。瑞方對此提出質疑，中國政府的解釋是：「中國人根本花不了那麼多的錢。」

幾年前，耶路撒冷發生了一起公車爆炸的恐怖襲擊，炸死了十來個人，其中包括兩名中國人，這兩名中國人都是福建人，是去打工的。以色列政府立刻與中國方面聯繫協商賠償事宜，但經過中國領事館的核實，此兩人係偷渡客，屬於非法入境，於是使館方面不再配合。

後來，以色列政府專門開了一個會，會議認為，在以色列國土上無辜死亡的人，政府都有責任對其負責，至於這個人偷渡與否，那是另外一回事。會議最後決定，對兩名死難的中國人一視同仁地按照國民待遇善後。會後，以色列政府派專人到福建找到兩位農民工的家人，撫恤金標準如下：

死者健在的父母按照每月一千一百美金的標準發放，直到老人去世；未成年子女按每月一千一百美金的標準發放直到成年；有妻子的按照每月一千七百美金發放，直到去世。死者家屬要求一次性支付，以色列政府也同意了，最後支付的金額是每位死者賠償七十萬美金。所有相關的調查費用全部由以色列政府負擔。

消息傳開，在福建掀起了去以色列打工的狂潮，福建省政府的官員說，怎麼擋也擋不住。以色列政府就是這樣對待偷渡打工者的：沒發現，你就在那兒打工；發現了，政府出錢購買機票送你回國；死了，按照以色列國民標準撫恤。

而中方有關部門唯一的作為是，對死者家屬徵收了二十八萬美金的所得稅。

據大陸媒體報導，今年十一月份，廣州市民盧先生遠赴歐洲旅遊，在搭乘挪威班機時，不慎遺忘了一部iPad。這是其女友劉小姐早前在中國大陸購買的，裡邊有很多私人文件及照片，外觀上有明顯的使用痕跡。盧先生及女友十分著急，本以為徹底找不回了，沒想到回到國內之後，iPad竟失而復得。

事情說來頗為巧合，劉小姐在十二月份收到一封郵件，對方聲稱在飛機上撿到一部iPad，詢問其是否丟過、在哪丟過？原來，一位好心的挪威男子撿到了失物，通過iPad中的個人信息找到失主郵箱。在搞清楚情況之後，該好心的老外竟默默掏了郵費，將iPad寄給萬里之外的中國失主。

十二月下旬，劉小姐收到廣州石牌郵局一個通知，叫其到該郵局領取歐洲寄來的包裹，同時附有一張海關繳稅單。這張稅單名為廣州海關「旅客行李、個人郵遞物品進口稅款繳納證」，列出了該物品的具體名稱、完稅價格、稅率及進口稅金額，其中稅率為貨價的百分之十，進口關稅兩百元。

劉小姐頗為氣惱，幾次與石牌郵局溝通，但對方聲稱是代海關收錢，如有問題請直接找海關。考慮到自己要急用機子，劉小姐只好交了兩百元關稅拿回失物。

劉小姐及男友認為，自己領回失物天經地義，本身就是使用已久的舊iPad，不該被當成進口物品徵稅，何況機子裡邊還有個人資料，足以證明是自己的東西。廣州海關熱線人員回應稱，對不在減免稅範圍之內的入境物品徵收行郵稅合法合規，尤其是對iPad這樣的不予免稅電腦品種。

至於當事人提出的質疑，廣州海關熱線人員解釋稱，除非是當事人提供相關證明，證明該物品是在國內購買的或者是出境時攜帶的，比如商品購買發票以及出境物品申報單，海關方面才會給予相應減免稅。遺憾的是，劉小姐手中已無該物品發票，其男友在出境時亦未及時填寫申報單。

網友「bg-hgj」評論說：「海關掙錢掙到百姓身上了。」

網友「浪子」說：「好在丟在外國，要是丟在我國你出兩千元都要不回來。算了，知足了，兩百元就當買狗糧餵狗了！」

醫生與屠夫

看著醫院大廳的大牌子上寫著希波克拉底的誓言，覺得真夠諷刺。什麼人道主義，什麼醫德，什麼一切為病人著想，統統都是鬼話，不知誰會相信。

「病人走進醫院就感覺頭懸利劍」，陳部長這個比喻非常形象。一個國家的看病怪圈竟然讓她的衛生部長如此憤怒，可見，醫院已經糟糕到了何種程度！

我國衛生部公佈的第三次全國衛生服務調查數據表明：在城鎮有約百分之四十八・九的居民有病不就醫，百分之二十九・六的患者應該住院而不住院。

患重病之後不是不想住院，而是不敢住院，因為一旦住院，弄不好天價醫藥費會使你傾家蕩產。

一位在醫院工作的朋友告訴我：出於求生的本能，每一個癌症患者都不甘心坐以待斃。殊不知，他們的求生欲望與求治要求，竟讓自己成為某些不良醫院各科室之間搶奪的「唐僧肉」，他說：

> 現在許多三級甲等醫院的腫瘤科的工作流程，簡單來說就是這樣的：來個癌症病人，先介紹到外科給他做手術，讓外科把手術的錢賺到了，再把病人轉到化療科化療，然後再轉到放療科放療，等這些科室的錢都賺到了，再把病人扔到中醫科喝中藥。
>
> 一般來說是什麼貴上什麼藥，兩個月能花四十萬。因為醫院的大夫要買房、買車，領導要包二奶，錢都得從患者身上來。有些病人是在大夫的說服下，賣了房子來看病的。最後房子也沒了，命也沒了。
>
> 患者和大夫的信息是不對稱的，大夫的話猶如聖旨，你無法討價還價。穿白衣的不都是天使，有時候還是惡魔。

有些病人屬早期癌症，術後即使不做化療也可以長期生存。其實化療有很大的副作用，尤其是對那種年老體弱的癌症病人來說，副作用更是致命的。有的病人勉強挺過四個月療程的化療，但免疫力急遽下降，癌也隨之復發，並出現轉移。醫院又給做了伽馬刀手術，結果導致了更大範圍的腫瘤轉移……如此折騰了一年，患者終於在痛苦中死去了！

有消息稱，國產心臟支架出廠價一般為三千元，賣到醫院價格漲到二・七萬元；進口心臟支架的到岸價是六千元，用在病人身上價格就上漲到近三・八萬元，利潤堪比毒品。而這一點，記者也從業內人士那裡得到了證實。

中投顧問高級研究員郭凡禮告訴《法治週末》記者：「心臟支架的溢價體現在流通環節。一個心臟支架從生產企業生產出來到消費者手中，要經過獨家代理商、省級經銷商或是地市的次區域各級經銷商、醫院等多個環節，環節越多價格越高。」

中間的加價部分，很大比例給了醫院和醫生，包括回扣、贊助學術會議等。於是，在高額回扣的刺激下，醫院和醫生就更願意推薦患者安裝心臟支架。據報導，我國一年被植入心臟的支架達四十萬個。

錢鍾書先生在〈驢子和狼〉中說，驢子見狼，假裝腿上受傷，對狼說：「腳上有刺，請你拔去了，免得你吃我時舌頭被刺。」狼信以為真，專心尋刺，被驢子踢傷逃去，因此歎氣說：「天派我做送命的屠夫的，何苦做治病的醫生呢！」錢鍾書說：「這當然幼稚可笑，它不知道醫生也是屠夫的一種。」

梁實秋先生在散文〈醫生〉裡說：「可是醫生一不小心，或是雖已小心而仍然錯誤，他隨時也有機會減短人的壽命。據說庸醫的藥方就可以避鬼，比鍾馗的像還靈。膽小的夜行人舉著一藥方就可以通行無阻，因為鬼中有不少生前吃過那樣藥方的虧的，死後還是望而生畏。」

哲學家周國平在其作品中也有這般痛斥：「現代醫學不缺乏知識技術，而是缺乏人性責任和自律……雖然他們名義上是知識分子，我卻覺得自己面對著一群野蠻人。」他大聲疾呼：「希望有一天，醫學院培養出的醫生中，多一些有良知和教養的真正的知識分子，少一些穿白大褂的蒙昧人。」

列舉這些不是對醫生有什麼偏見，我只想說，這世間有一些名義上救人的人也許就扮演著殺人者的角色。

孟子曰：「無惻隱之心，非人也。」然而，一些醫生卻可以理直氣壯地反問：「良心多少錢一斤？」這與莎士比亞給「人」的美好定義——「宇宙之精華，萬物之靈掌」，形成了鮮明的對比！

據專家分析，老百姓明明一百塊可以治好的病，給你花一千塊治好，然後假悻悻地給你報銷六百塊，讓你自己出四百，這其中，一百塊治病，一百塊養藥代表，一百塊歸政府，一百塊歸領導。老百姓還要感恩戴德地說：這社會真好，幾千年來，只有現在的社會給我們報銷醫藥費。一切皆大歡喜！

國家雖然在力推全民醫保，但是很多老百姓對醫保並不感興趣。只要醫院從患者的利益考慮，醫生把醫德放在首位，不亂開大處方、亂收費，他們寧願不要醫保。因為現在的醫生與屠夫已經沒有本質的區別了。

應用數學題集錦

我是臨時工，他是領導。我月薪兩千，他月入二十萬，我們人均月收入十•一萬；我的宿舍十平方米，他的別墅二百九十平方米，我們人均住房面積一百五十平方米；我一餐八元，他一餐八萬，我們人均每餐消費四萬；我有八十元的單車，他有八十萬的奧迪，我們人均四十萬的座駕；我是光棍，他有一個老婆九個二奶，我們人均五個性伴侶。

新聞說，這場暴雨是六十一年一遇。以六十一作為一遇的標準，這個說法很奇特，有整有零，貌似很嚴謹。因為正常情況下，一般都取整數，如十年一遇，數十年一遇，百年一遇等等。在我的記憶中，北京大暴雨，似乎去年就有過，當時也是水漫金山，死沒有死人，我不記得了，只記得大家都嚷著去北京看「海」。當時的報導說，是六十年一遇。這一下我突然明白了，去年大暴雨是六十年一遇，今天比去年多一年，當然是六十一年一遇啦！如果明年再下大暴雨呢？當然是六十二年一遇啦！恭喜我自己，我都會搶答了。以此類推，可以想見，以後六十三年、六十四年、六十五年……一遇，都是可能的。

對於老百姓來說，一套價值二百五十萬左右一百平方米的房子究竟意味著什麼呢？

如果不發生自然災害，一個耕種某大小中等地塊的農民，需要從唐朝開始攢錢，到現在才買得起房，唐朝結束於公元九〇七年。

一個月均工資一千五百元的中國藍領工人，如果放棄週六日休息，要從十九世紀中葉的鴉片戰爭開始攢錢，才能買得起自己的住房。

妓女需要接客一萬次，如果每天接一次客，她們需要一天不停地從十八歲接客到四十六歲才能完成這一馬拉松式的「壯舉」，期間還不能來例假。

而搶劫犯如果要想攢夠買房的錢，每次一千元，需要搶劫兩千五百次，還不能失手。

以上估算還不包括裝修、家具和家電費用。

依文企業集團董事長夏華和當當網董事長俞渝十八日在「商界木蘭」年會上向任志強抱怨房價太高，稱「一套房把三輩子的收入都掏進去了」，任志強反問夏華，一個房產項目從開發到最終完成要好幾年，你做一套衣服用多久？再說，「胸罩那麼大一點，要好幾百塊錢，按平米算，比房子貴多了」。

我學過高等數學，胸罩看起來不大，但如果要計算面積，必須用剪刀剪開後平攤計算，否則就得使用微積分。但無論用何種辦法，平米造價都要比房屋高得多。

用胸罩面積算房價，偷換概念誤導了購房者。大家都知道房價是民生話題，而胸罩並非人人所需，供應需求就不一樣，所以之間沒有可比性。任志強把房子當成胸罩，邏輯上當然是成立的，但胸罩是房子嗎？答案都不用明說，以小搏大的謬誤而已。

一對普通農村兄弟，因在八個月內瘋狂偷逃三百六十多萬元的過路費，哥哥被法院判處無期徒刑。這一發生在河南平頂山市的離奇案件披露後，引發了一連串更為離奇的故事：哥哥翻供弟弟自首，主審法官被撤職……隨著事件持續發酵，越來越多的謎團進入民眾的視野。

已經失去自由的時軍鋒對這段路程並不陌生。就在一個月前，他的二哥時建鋒被平頂山市中級人民法院判處無期徒刑，罪狀是雇傭他人假冒軍車，從平頂山市魯山縣下湯鎮向許昌運送沙石，僅在長葛西收費站，他的車輛就通行了一千一百七十二次，逃費三百四十三・三七萬元。

張明（化名）曾給時建鋒當過司機，起初大多是走三一一國道將河沙從下湯運往許昌、鄭州等地。「一車沙本錢大概七百元，賣到外面大約一千五百元，除去路費和人工，一車沙大概能賺三百元，是微利。」他在接受媒體採訪時說。

平均每次偷逃過路費兩千九百三十元，我不知道這個數字是怎麼算出來的？

據報載，美國每年有兩千三百萬名十五歲以下的孩子在急診室裡離開人世，而其中有七百萬是因意外傷害所致。有網友質疑說：美國總共人口二・九億，〇到十四歲人口占百分之二十・六，也就是五千八百萬人。按照你的數據每年美國十五歲以下死掉差不多一半兒，你當是非洲？

看來媒體從業人員需要惡補數學！

家屬情緒常被「穩定」！

中國人歷來以「情緒穩定」而聞名於世，最起碼在各「主流媒體」上總是如此：遭受「X年一遇」的重大災害而流離失所，廣大群眾「情緒穩定」；親人在安全事故中喪命，新聞報導中也不忘強調「遇難者家屬目前情緒穩定」；食品安全事故頻頻「謀財害命」，廣大消費者「情緒穩定」；物價飛漲CPI指數破六，買菜的老大媽面對鏡頭，依然滿面春風「情緒穩定」。就連一艘載有十九名中國籍船員的新加坡籍貨輪，在亞丁灣海域被海盜劫持之後，記者從有關部門獲悉，船長表示「全體船員目前的健康狀況良好，海盜的監控較為寬鬆，大家情緒穩定」……

縱觀中國的媒體，受害家屬情緒被「穩定」的例子不勝枚舉：

《人民日報》記者獲悉：火車事故各項善後工作正穩步推進。今天上午，已有四名遇難者家屬與善後工作小組簽訂賠償協議，賠償金額均為人民幣五十萬。四名遇難者遺體火化。截至記者發稿時，溫州相關部門已累計接待遇難者家屬八百八十多人。在心理干預小組和現場志願者的陪護下，家屬情緒總體穩定。

（新華網消息）九月二十一日十四時許，一名男子闖入位於平南縣平南鎮水果街一幢名叫紅蘋果午間託付的居民屋，用柴刀將屋內的三名兒童砍死，十三名兒童砍傷。公安民警接到報案後趕到現場進行處置，並將犯罪嫌疑人吳業昌當場抓獲，同時將受傷兒童送往醫院搶救。目前受傷兒童得到妥善的救治，病情穩定，受害者家屬情緒穩定。

遼寧盤錦警察開槍一死一傷，官方通稿講家屬情緒穩定。

《人民網》慶陽十一月十七日電：甘肅慶陽榆林子鎮『十一・十六』校車事故每名遇難人員將獲四十三・六萬元賠償。記者從正寧縣政府獲悉，本次特大交通事故的善後處理目前積極穩妥。目前，遇難者家屬情緒穩定。

河南駐馬店正陽縣三十八歲女子李莉在阻止當地水利部門施工時被挖掘機軋死，正陽縣政府認定李莉屬「自己不慎滑落挖掘機下」意外死亡。對此，社會輿論予以強烈質疑，當地多數受訪居民也表示李莉是被故意碾壓致死。但據《山東商報》報導，正陽縣委宣傳部相關負責人表示，死者家屬已經接受「意外死亡」的認定結果，十分配合縣政府的工作，並稱「目前死者家屬情緒穩定」。

《羊城晚報》訊：「湖南邵陽沉船事故遇難者家屬已全部與政府簽署完『善後賠償協議』，賠償標準為每人二十萬元。據邵陽沉船事故新聞發言人、邵陽縣副縣長段紹興介紹，目前十二名遇難者家屬的善後賠償協議，在十二日上午前已全部簽署完畢，家屬對協議『非常滿意』，『情緒非常穩定』。」

（金羊網訊）：廣東省人大代表、高州市雲潭鎮源興木業有限公司總經理龍利源，於十二月二十三日下午在陽春市八甲鎮八甲火鍋城與人吃火鍋時出現中毒症狀，經送當地醫院搶救無效死亡，一起吃火鍋的另外兩個人也出現中毒現象，但經醫院搶救已脫離生命危險。目前，各項工作正在有序進行，死者家屬情緒穩定。

（中新網四月一日訊）：確山縣農民彭公林因購買假水稻種子損失慘重，長達半年時間裡索賠無果的情況下，在該縣種子站大院內自縊身亡。據介紹，目前死者家屬情緒穩定，相關部門正在積極與家屬協商善後處理事宜。

五月十日，雲南巧家縣白鶴灘鎮花橋社區便民服務大廳發生爆炸案。案件發生約五個小時後，巧家縣政府網站發佈了此案的「情況通報」。該通報有用的信息雖然只是「致三人死亡、十四人受傷」這幾個字，但通報的最末一句仍然是：「死者、傷者家屬情緒穩定，社會秩序穩定。」

中國人習慣做奴才太久太久了。《紅樓夢》中，王熙鳳在賈母那裡慶祝她的生日。賈璉買通丫環，讓鮑二的老婆來他房間偷歡。不料，王熙鳳途中回來，被捉了個正著。賈璉和王熙鳳不好對打起來，都拿平兒出氣，打罵平兒，平兒有冤無處伸，氣憤得要拿刀子來自殺。賈母傳話：知道平兒受委屈了，今天是主子的生日，不允許哭！有多少委屈的平兒，一下子就都沒有了。僅僅是主子的一句的話，讓平兒「情緒穩定」了，讓平兒幸福無比了。偉大領導的話都是這樣的重要！

喪親乃是人生至哀至慟之事，古人就曾將「喪父、喪妻、喪子」列為人生三痛，以常理度之，豈能「情緒穩定」？然則內心悲傷的家屬，卻屢次被官方描述為「情緒穩定」。

面對慘烈傷害的中國人似乎都能保持「情緒穩定」，不斷展現出中國人無與倫比的穩定風采。可是，但凡略有常識和良知的人都心知肚明，所謂的「情緒穩定」不過是為了粉飾太平，文過飾非的托詞罷了。面對親人的死屍，哪個死者家屬能「情緒非常穩定」？何止不近情理，簡直違背人性！

莎士比亞的《王子復仇記》中有一段臺詞，父王剛死，母后改嫁，哈姆雷特怒斥：「無知的畜生還會哀痛得久一點！」是啊！無知的畜生還會哀痛得久一點，校車事故的親生父母怎麼可能孩子死了三天就情緒非常穩定？

這種冷血的八股式公文，會令人們懷疑當地政府處理此事的態度，更令人懷疑起草公文的政府工作人員是否有七情六欲，是否食人間煙火——家人在爆炸中身亡、受傷，家屬的情緒怎麼會如此神奇地迅速穩定，換了你，試試看？

出於國人的所謂「維穩」思維方式，有些地方將此做到了令人震驚的極致，盡其所能要掩蓋「不穩」的可能，往往到最後理智盡失。事實上，無論出多大的事情，地方長官的情緒才是最穩定的，不信你看看西安楊表哥（見附註）在事故現場笑容燦爛的面龐。中國人唯有在偉大領袖駕崩時才能呼天搶地、悲痛欲絕，如喪考妣。

若干年前，有位雜文家痛心疾首地質問：「中國人，你為什麼不生氣？」是的，不敢激動、不敢生氣、不敢表達自己真實情緒的人是可悲的，也是卑微的。同時恰如有學者指出的那樣，「一個不會憤怒的民族，將註定承受更多的悲傷」。面對「情緒激動」的公眾，相關部門是不是有點過於「情緒穩定」了呢？

積弊不除，冷血難消。希望公眾面對冷血公文的「情緒不穩定」，能從根本上激發一些官員自省，撼動一些地方的官場陋規，讓冷血公文儘快絕跡。

附註：二〇一二年八月二十六日，陝西省包茂高速安塞段發生特大交通事故。一張新聞圖片拍攝到陝西省安監局原局長楊達才面帶微笑出現在事故現場，引發網友憤怒聲討，網友又「人肉搜索」出楊達才佩戴名錶的各類圖片。此後，楊達才被撤銷陝西省第十二屆紀委委員、陝西省安監局黨組書記、局長職務，逮捕法辦。

關於「有染」的隨想

有染：指男女有姦情。如《水滸傳》第四十五回：「海闍黎和潘公女兒有染，每夜來往。」雖然這個詞到今天依然在廣泛地應用，且經常見諸於報端，但今日的意思已經從貶義變為中性詞，指一方被另一方所深刻吸引，並相互融合。

今天新華網爆料，薄熙來與多名女性有染！英國《星期日泰晤士報》也說，薄熙來曾經與一百多個女人有不正當關係，其中有二十多位是著名影星、歌星及女主持人。

「薄熙來與多名女性發生或保持不正當性關係」，是誰？不得而知。文強九泉之下一定會抗議，刑不上大夫，情婦不公開政治局，只管厚不管薄，連紅二代紅三代搞的女人都享有特權，能被當成機密。甭說中國人不理解，就連北韓人也看不下去。「平壤崔小姐」在微博發問：「『多名女性』究竟是多少個？一車，兩車？一個連，一個團？」

不難想像，能靠近薄這一級別的女人，不用說肯定是「非同凡響」的，姿色、文化、素質、氣質等方面，最起碼不會遜色於「許三多」的「四有女人」吧。

王婆曾對西門慶說：「大官人，你聽我說，但凡『挨光』的兩個字最難，要五件事俱全，方才行得：第一件，潘安的貌；第二件，驢兒大的陽具；第三件，似鄧通有錢；第四件，小，就要綿裡針忍耐；第五件，要有閒工夫。」

潘安就不提了，大家都知道。「鄧」為鄧通，西漢人，有一天這廝對文帝說算命先生對他講，他這輩子會窮死，文帝就讓他「鑄天下錢」，即西漢時期的中國人民銀行行長，於是他成了比陶朱公還有財的人。

不知道薄書記有多大的魅力，難道薄書記像西門慶一樣，具備「潘驢鄧小閒」的超級功夫，能誘使「多名女性」投懷送抱？

從相貌上看，薄書記是著名的「帥哥」，的確貌似潘安，被稱之為「魅力男人」。至於他的那個部件是否像驢屌，此事不可考，只有李丹宇、谷開來和「多名女性」知道。雖然他「直接和通過家人收受他人巨額賄賂」，確實像鄧通那樣有錢，但是，他搞女人肯定不會花自家的錢。「小」，他不需要討好女人的小功夫。「閒」，閒工夫是肯定不具備了，他一直擔任重要領導職務，難得浮生半日閒。但總體來講，薄書記在「潘驢鄧小閒」之外，更有要命的功夫：權力！

自古以來，「與多名女性發生或保持不正當性關係」的男人不可勝數，有像高衙內一樣，「在東京倚勢豪強，專一愛淫垢人家妻女」，但高需要依仗權勢「霸王硬上弓」，違背婦女意志強行插入，薄書記用不著這麼下作！也有像西門慶一樣，需要花錢設計來俘獲良家女人，薄書記也不需如此。

如今官員與女人的關係，不外乎就是，官員主動親自玩弄女人，或者女人心甘情願送上前被官員玩弄，左擺右擺都是權力惹的禍。官員利用權力，女人看上權錢，中間法治與道德又遮擋不力，情慾獸慾自然就像放煙花一樣，光芒四射，繁花亂墜迷人眼了。

而且，官員一旦有了編外女人，成為石榴裙下的俘虜，從此會不擇手段、不計後果地斂取錢財，逐步滑向犯罪的深淵。身體力行地踐行著、詮釋著「權力是最好的春藥」，樂此不疲，忘乎所以，比脫韁的野馬還野。

如今，與多名女性「發生或保持不正當性關係」的男人太多了。如果你在百度輸入「有染」一詞，鋪天蓋地的官員淫邪信息盡收眼底：

安徽貪官爆性愛日記，與五百多名女性有染。
劉志軍與多名女性有染。
貴州落馬「艾滋」副縣長被證確有性病，和多名女子有染。
廣州公安局副局長何靖被雙規，與多名女子有染。
雲南一州長有二十三套房，國外有六套還與多名女性有染。
副縣長強姦女教師且與三十多名女性有染。

海南文昌原市委書記藏兩千五百萬與多名女性有染。

湖北仙桃原發改委主任受賄，與多名女性有染。

綿陽雷！「玩女人」也有年度計劃，安慶一幹部被爆與五百多名女性有染。

網曝職校董事長與多名女生有染。

副校長和多名美女教師有染玩弄。

我不由地感歎：中國特色的社會主義，難道真的就體現在人民公僕特別「色」嗎？「性」是經久不衰的話題，而官員的桃色新聞，尤其是「性」中的經典之作。薄熙來的「多名女性」，因為它的朦朧和不確定性，就很值得人們玩味，為此而生發出來的「意識流」，使得更多的女性惶恐不已。其中的諸多誤傷，帶著明顯的中國特色的捕風捉影、幸災樂禍和挾嫌報復。因此，男人風流，女人中槍，女人為男人頂缸，就成為妹喜、妲己、褒姒以來的千古不變話題。

如果不把權力關進籠子，不以制度效力和監督效用來推動作風轉變，控制欲望的「源動力」，想讓如今的官員自己做到道德自律，幾乎是不可能實現的事。

如何抑制官員的性慾？

據說每個男人終生都在與自己的性慾做鬥爭：

號稱「千古文人祖，百代帝王師」的孔子，也留下和南子曖昧的佳話；

封建主義的楷模曾國藩在咸豐大婚期間納小妾，藉口是，晚上背部搔癢，無人給抓撓；

網上爆料，孫中山在日期間，曾多次去紅燈區狎妓。即便如雷貫耳的國母孫夫人其實當初也只是個女秘書；

蔣介石在日記中多次記載自己去上海的十里洋場，找妓女廝混。每次歸來都懊悔萬分，痛恨自己意志的懦弱；

魯迅先生停妻再娶，其實許廣平也不過是個二奶；

偉大領袖自己也承認，娶江青就是為了解決性慾。

抵擋女性誘惑，也是人生一大挑戰。官員都是偷腥的貓兒，一有機會就去吃野食。當門徒禱告的時候，耶穌所教的禱告文中就有「不叫我們遇見試探，救我們脫離險惡」這句話。這句話在公禱文裡，千百年來一直在各教會和信徒中流傳。

中國有句俗話，叫「飽暖思淫慾，貧窮生道心」。如今中國的官員每天錦衣玉食，身邊美女如雲，如何能讓他們守身如玉呢？其實不管在哪個國家，女色對男性官員都是一種難以抗拒的誘惑。前不久，美國中央情報局局長帕特雷烏斯（David Petraeus）爆發婚外性醜聞。《時代週刊》專欄作家喬爾・斯泰恩（Joel Stein）笑稱，帕特雷烏斯這種人，是以「忠誠、犧牲、榮譽、紀律和意志力」著稱的人物，不是超人，也近似超人。超人尚且在女色面前潰不成軍。遑論自古以來就三妻四妾的天朝大員了。官員也都是肉體凡胎，「軟弱無底線」，在誘惑面前，大多數人不能自救。

俄克拉荷馬有家煉油設備公司，制定了一項獨特的政策：員工出差的時候可攜帶家屬，費用由公司支付。這個報銷政策的出發點是怕員工出差時，配偶不在，會去幹壞事。當然，如果員工覺得自己能守身如玉，而帶家屬影響工作，也可以選擇不帶。

官員出差帶老婆，是個好主意，我雖然不是官員，但外出時常常把愚妻帶在身邊。一次在酒店裡，半夜有小姐打電話來，我回答：「老婆在呢！」誰知小姐反唇相譏：「先生，你真缺德，到處都是快餐店，你還自帶方便麵！」

還有一次，是我老婆接的電話，她搶白說：「老娘比你先到了！」誰知第二天一早，小姐帶領幾個保安怒氣衝衝地來了，詰問：「昨晚的那個小姐呢？」

據說有的省市，紀律檢查委員會已規定：官員不許任用女秘書。這其實只是一種善意的規則。在中國古代，大家閨秀大門不出，二門不邁，深藏繡樓，竟然也能珠胎暗結。清禁毀小說《綠野仙蹤》第八十一回裡就有「跳牆頭男女欣歡會，角醋口夫婦怒分居」的章節：

> 四更的時候，周璉將兩張新做的桌兒疊做兩層，擺在高牆下，牆對面是蕙娘閨房的一丈高的炭堆。周璉夜半跳將進去，落地便和蕙娘雙口做了一個「呂」字，插好門閂後，便急如星火地將惠娘的內褲褪下……

中文有個說法很形象，叫「不近女色」，凡知道自己意志力薄弱，戒色而不能用忍，那麼乾脆錯開瓜前李下難脫嫌疑的場合，不要接近好了。但在「婦女能頂半邊天」的當今，哪裡有清一色的淨土呢？

按理說，領導幹部性慾強，也不是什麼壞事。若把這股子勁頭用在工作上，必然是創優爭先、模範典型。但是，當今吃了狗鞭驢鞭王八鞭蛤蟆鞭的領導幹部，性慾強了，思想意識卻陽痿了——以薄熙來為首的領導幹部，胡亂發情、胡亂交配；隨處發情、隨處交配。包養情婦二奶小三不算，還要「與多名女性保持或發生不正當性關係」，這個「多名」，竟多至成百上千名！而這個「保持」、「發生」，竟把女同志劃分成「日常類」和「快餐類」，真是豈有此理！

不知國內有沒有抑制性慾的藥物？據說宇航員是要用的。那麼京津滬的市面上有沒有呢？

有專家說，抑制性慾的最直接辦法就是減少每餐食量，禁絕葷食，（如有可能）定期進行絕食。這個在《甘地自傳》裡有詳盡記述。根據我個人的經驗，杜絕肉食一個月左右，看異性時感覺就會發生變化，自控力差的官員不妨一試。

中新網二〇一二年五月二十三日電綜合報導，韓國法務部二十二日表示，將對一名曾數次強姦女童的罪犯進行化學閹割（又稱藥物去勢），這是韓國去年七月施行相關法規以來的首例化學閹割。

現行韓國法律中規定，化學閹割僅適用於對未滿十六歲兒童進行性暴力的徒刑或被宣判治療監護、保護監護的十九歲以上患有性倒錯症的罪犯且有可能再犯的情況。經本人同意後進行化學閹割，時間最長為十五年。

「化學閹割」聽上去聳人聽聞，但事實上它並非傳統意義上的「宮刑」。實施「化學閹割」，不會以物理切割的方式除去人體的任何器官，也不會讓男性終生不孕。西方很多國家目前施行的「化學閹割」，實質上只是一種荷爾蒙療法。普遍的做法是為犯人注射抗雄性激素物質，從而控制性衝動並抑制勃起能力，因此又稱「藥物去勢」。

在歐洲和美國大受追捧的抗雄性激素藥物主要為醋酸甲羥孕酮、醋酸環丙氯地孕酮。通過口服或皮下注射這些藥物，調節激素分泌。下丘腦和腦垂體就會認為體內雄性激素水平已經足夠，停止分泌，人們在接受這些藥物後，體內的雄性激素水平就會下降到青春期之前的狀態。因此會出現慾望衰減、性幻想減少、性行為中的快感降低的現象，從而達到「根」治性犯罪的目的。

據瑞典、挪威、丹麥和冰島四國的統計數據顯示，採用「化學閹割」的懲罰手段後，當地性侵犯兒童的案件已經從百分之四十減少到百分之五。許多人經過一段時間的「治療」後，即便看到生活中的「裸女」，也不會再有「性衝動」。

我常常想，如果對我黨的部分性機能亢進的官員施行化學閹割，不失為一個好辦法。為此我們可以作為一種技術引進，用以對那些性慾望過強、性能力過旺的人群，特別為包養情婦過多的官員和老闆排憂解難，以便預防犯罪，遏制腐敗。

據說，百分之九十五以上的腐敗分子，都有一個或幾個情婦，有的甚至有幾十、上百個，官員性能力過強已帶來諸多問題。我們的監察部門雖然發現了官員包養情婦的巨大危害性，也提出了思想教育、監督八小時之外、家庭紀委書記等辦法，惜乎效果不彰。在此情況下，轉而追求技術上的突破，不失為一個創新的思路。當然，具體執行上，應該制定相應的制度，由紀檢監察部門根據群眾舉報，調查核實，凡是查實官員包養情婦經教育不改的，一律強制注射藥物，實行「化學閹割」。

在對已經包養情婦的官員強制進行「化學閹割」的同時，我們還應該貫徹「預防為主」的原則，這就是引進義大利「戒色癮」技術。據說義大利有專門戒除色癮的治療中心，「患者」只要住院一至兩星期就可能戒除色癮。專家曾經呼籲引進此技術，可惜至今未引起有關部門的重視。

不解決好領導同志的性慾問題將亡黨亡國。我的這句話，決非妄言！聽說已有人大代表，預備將「化學閹割」作為下一屆人代會的首要提案，我為此感到非常欣慰。

有多少男女在半推半就？

曾有一位聊天者給我說起她和婚外情人的第一次。說是兩對男女相約外出旅遊，那一對是戀人，而她和另一個男人「為了節約房錢」同居一室。這個理由真是讓人瞠目結舌。接下來就更有意思了，開始兩人各睡一床，後來男人說被子太薄，於是兩人擠上了一張床。這位聊天者說：「那天我之所以同意和他住一間，後來又睡一張床，是因為我那兩天不方便，肯定不會發生什麼事！」她的理由真是奇妙，不過，男女關係僅限於「方便」嗎？這在男女關係上，算個什麼理由呢？等她「方便」的時候，一切就水到渠成了……

再舉個例子——潘金蓮。也許不大恰當，但這並不表示我就此認定婚外情存在即合理，或者「隨風潛入夜，潤物細無聲」。潘金蓮之於西門慶，也是一種真情，從挑窗竹竿打中西門大官人的腦袋，到在王婆家裡「吃花酒」成事，金蓮什麼時候拒絕過呢？一切不過是半推半就！

前幾天網上有一篇安徽一男子十七年期間強姦百餘名留守婦女的文章。文章發出之後，許多網友留言說：那些被強姦的婦女，多數是男人常年在外，在家孤獨也寂寞，男子強姦她們，想必婦女們大多是半推半就的吧。

世有陰陽，人分男女，每個人都有一個性別。即使在同一種文化中，「男人」「女人」的性別角色也具有文化特點。在同一個社會文化中，我們也在扮演著各自的性別角色。由於性別角色的差異，男女之間也就具有了類似跨文化的特徵。比如：男人要堅強，男兒有淚不輕彈，男人在戀愛中要主動追求；女人要溫柔，女人即使愛上誰，也不能主動地去表達，只能含羞地看男人一眼，然後臉色緋紅地低下頭，含情脈脈地等待著男人的主動追求。生活中，我們經常聽說，某女孩，在戀愛中發生了性關係。具體說來，最經典的場景是，男孩子主動說出想做愛的要求，女孩兒最開始總是不肯答應，在男孩的強烈要求下，女孩兒還是不說話，也不逃避，繼續默默地坐在那裡，頭低著，臉越來越紅。這時候，如果男孩進一步採取行動，女孩兒雖然被動，但並不拒絕，就這樣「半推半就」地與男朋友生米做成了熟飯。

據新聞媒體報導，某地建設局局長于某在任職期間，收受賄賂近二十起，其中有十四起是在半推半就的情形下收下的。

在中國文化中，如果有人給你送禮物，你首先要克制自己，表現出不肯接受禮物的樣子，然後對方就會更加熱情地堅持要把禮物送給你，當然經過一番客氣之後，最終，你還是把禮物收下了。收下禮物後，你嘴裡還要叨念著「真不好意思」，然後把禮物暫時放在一邊，先不要著急打開，要等別人走了之後，再悄悄打開，看裡邊是什麼東西。經過這般客氣的推讓之後，最終你收下的，不只是禮物，還有對方的誠懇和熱情，還有自己的矜持與尊嚴。

半推半就，恰好反映了那些上了賊船的官員扭曲的心理狀態。長期以來，在反腐問題上，有的官員只是停在嘴上、會上、紙上，而靈魂深處卻依然認同「禮多人不怪」、「當官不打送禮的」等腐朽思想。在他們心目中，只要是推了，哪怕只是半推，自己也就沒有責任了。正是這種腐敗邏輯，許多官員在「半推半就」中越收越多，甚至最後連推都懶得推了。常言道，千里之堤，毀於蟻穴。腐敗分子都有過「痛心疾首」的第一次，有的官員第一次收受的或許只是一套普通茶具、一盆花卉、一幅字畫。然而，正是這些不起眼的第一次，向行賄人發出了一個個進攻的信號，於是有一就有二、有二就有三……天長日久，日積月累，結果把官員一步步推向罪惡的深淵。

被迫出軌，多麼冠冕堂皇的理由，多麼乾淨的推脫。如果我們認真分析那些情感故事，一定會發現，被迫出軌的機率，真是少得可憐，除非真的失去了意識，任人擺佈。就算所謂的酒後亂性，也不過是順水推舟。因為要拒絕，在清醒的時候是很容易的，所以一個女人在控訴丈夫出軌，又面對他「酒後失德」的理由時，最痛恨的是——酒醉亂性，那酒醒之後呢？其實她已經明白，所謂酒後亂性，真的只是個太勉強的理由……不提也罷。

幾乎每個人，在講起自己感情出軌的時候，都會找一大堆理由來為自己開脫。比如喝醉酒上錯了床，比如女人勾引男人死纏，或者乾脆說是不由自主著了道……人的感情難於控制是事實，但畢竟都是智慧動物，真的無可奈何嗎？像詩人伊沙的那本書名——《被迫過著花天酒地的生活》？顯然不是，所謂被迫，不過是半推半就罷了。

好一個「半推半就」！在性愛之前的推讓，可以更進一步激發男人的做愛熱情；當性愛過後，女人更要讓男人對此次性愛負全部責任。在這半推半就中，女人也把責任推給了男人，把性愛享受留給了自己。這反映了女人的智慧，也反映了中國文化的性別特徵。

當豔遇即將發生時，女人是怎麼想的呢？從女人的面色桃紅來看，她顯然是已經明白了男朋友想要做什麼，她已經意識到了將要發生的「後果」。她的呼吸已經開始急促，心臟跳動正在加快，如果這時給她測一測血壓的話，血壓也正在上升。女人的性生理正處於激活過程之中，很可能她的心中正在渴望著性愛的發生。

其實許多官員都是在這種「呼吸急促」、「心跳加快」與「半推半就」的狀態中倒下的，男人的受賄過程與女人的豔遇很有相似之處。待到醒悟過來時，已經成了貪官、巨貪。他們深陷腐敗泥淖而不能、不敢，也不願自拔，結果自然是越陷越深，墜落馬下了。

官員猶如一個淑女，如果不能堅守，每次都「半推半就」，最終就成為了一個蕩婦。

特色收藏

收集火花、郵票、煙標和古幣，這樣的愛好大家都很嚮往；喜好收集三寸金蓮的繡花鞋、煙燈煙槍、春宮圖也不奇怪；但喜好收集文胸、內褲、絲襪、裹腳布和衛生巾這些古怪東西的人則讓人有些難以理解了。

蘿蔔白菜各有所愛。不管人們怎麼看，各類收藏者們往往樂此不疲，藏品的奇葩更是讓人眼界大開：

一、一個老婦人，三年前她的丈夫去世了，他們的感情很深，所以對她的打擊也很大。從那以後，她就熱衷於把家建立成一個丈夫遺物的博物館：丈夫常用的餐具、鋼筆、打火機、以往書寫的材料，都被她保留著，甚至臨終在醫院穿過的病號服和便盃她都要帶回家。一次，女兒扔掉了一個很普通的塑料袋，她居然哭了四個多小時，說那是她丈夫曾經用過的……

二、有人喜歡積攢紙巾，每次遇到一種新的紙巾或廁紙牌子，就會買一盒，找出花紋最完整的一張夾在本子裡。甚至出國，要做的第一件事也是買到所有牌子的紙巾和廁紙，然後挨個兒夾在本子裡，標明產地、品牌、購買地、日期等等。

三、網上有人透露，某人從高二開始積攢各種避孕套，夜光的，果香的，異型的……他的哥哥在國外，每次回國都能大大地豐富他的收藏。可是，只要女孩子們看過他的藏品，立刻就會對他的人品產生懷疑，把他看成花花公子。這件事真讓他憋氣，為什麼人們不能理解他的收藏習慣呢？

四、英國利茲大學的高材生本內特有個特別愛好——收藏蜥蜴糞便。在菲律賓讀書的五年中，本內特對蜥蜴的排泄物開始著迷起來。他一共收集了三十五公斤的蜥蜴糞便，並把它們存放在學校的實驗室裡。不幸的是，這些來之不易的收藏品在學校的一次例行大掃除中被當作不潔物扔掉了，本內特為此非常傷感。

六、麥當娜在電影《赤裸驚情》中穿的黑色蕾絲內褲，早前曾被擺上拍賣網站eBay拍賣，不過網站以該內褲曾被穿過為由禁止拍賣，交易只好在私下進行，最後有一名影迷出價一千英鎊，成功購得此內褲。五天後，有一個來自美國的買主出了一萬英磅價格。但是內褲現在的主人湯尼・考克雷恩仍然不願意出手。

七、廣東省茂名市委原書記羅蔭國，喜歡收藏女人的內褲。據媒體披露，辦案人員從羅蔭國的辦公室裡搜出了「五十八條沾有女性陰液的內褲」，他也因此在民間獲得了「內褲書記」的榮譽稱號。前不久他因涉嫌職務犯罪已被刑拘。

這真是一個令人充滿好奇的噱頭！辦公室裡藏點什麼不好，鈔票啦、金條啦、古董啦，都在正常人可以想像的範圍之內，偏偏要藏內褲，而且是女性的內褲，而且是沾有女性陰液的內褲，實在是太有才了，以普通人的智商，絕對無法想像。

弗朗斯・德瓦爾在《黑猩猩的政治》一書中指出：「雄性的興趣集中在性與權力上。他們謀求權力的動力來自雄性的等級地位決定性的優先權這一事實。」也就是說，在原始族群裡，男性的權力越大，地位越高，佔有的女性就越多。佔有女性數量的多少，成為衡量男性權力大小、地位高低的標準。羅書記雖然不是原始社會的人，但卻過著原始社會的性生活。那麼，他喜歡收藏女性的內褲，恐怕也有炫耀權力的心理因素吧，因為一條內褲，就代表一個女人啊！

八、原河南開封市委組織部長李森林私下收藏三百多名女性陰毛，清一色來自下屬之妻和女公務員，大多是良家婦女。李部長是搞組織工作的，自有搞組織工作的精細，他與每一個獻身的女人雲雨之前，首先執刀擇優剃下少許陰毛，然後根據粗細長短疏密顏色分門別類，精細包裝，最後寫上陰毛主人姓名單位存檔，留作存根。案發時，李森林已經收集陰毛三百份，如果晚幾年倒臺，他的藏品一定會更大豐富。有可能成為「陰毛大亨」。

三百份陰毛的收藏量，使李部長一舉成名，刷新了全國記錄，穩坐全國官員陰毛收藏藝術家的首把交椅。李部長的狂想是：準備通過藝術加工，要把陰毛做成「貢女陰毫筆」，再次提高陰毛的品味與檔次，他還準備用這支筆批文件或者是練書法，假若李部長運筆之前先用口水潤之，豈不重溫了三百女人不同的滋味？

九、我有一朋友現在穩坐高官，他私下悄悄對我說，他也曾收藏過情婦的陰毛，都是她們作為禮物而主動拔下來贈送他的，總共有六十多根，紮成一束，煞是好看，恰似一朵美麗的墨菊。他將其放入錢夾，隨身攜帶著，十分愜意。誰知天不遂人願，不到一年時間，錢夾失竊。丟幾百塊錢倒不甚在意，最讓他心疼的就是那朵墨菊……

十、關於集物癖的研究現在還是太少太少，人們既容易把它與戀物癖混為一談，又喜歡把它簡單地歸入強迫症。而它的成因究竟是什麼？易發人群的性格特質是什麼？什麼樣的藥物會對這種集物癖有效？似乎還沒有相關的研究成果。

部分以收藏怪異物品為榮的人有一定的癔病型人格傾向，他們力圖給自己一個特殊的標簽，與其他人保持著刻意的不一致。如果常常以自己的古怪收藏作為炫耀，甚至在觀者的驚恐中獲取某種滿足，則更證明收藏者已經擁有某種特異的心態，但願在不久的將來此疾有藥可醫！

最美麗的×部

汶川大地震之後，四川出現了「最美麗的胸部」。女警蔣曉娟為嗷嗷待哺的嬰兒解衣餵奶的照片感動了無數中國人。當狗仔隊相機的焦點聚焦在女明星們的胸前尋找「美乳」的時候，永遠發現不了在中國，蔣曉娟的胸部才是最美麗的胸部。她敞開了莊嚴的警服，露出了潔白如玉的胸脯，儘管她沒有像明星大腕們用華麗的晚禮服刻意地擠起一道乳溝來炫耀她的高貴，但她的胸部讓所有的中國人為她感到偉大驕傲。她看去並不豐滿的胸部，也許趕不上明星們所謂「香豔」的美乳，但她芬芳的乳汁沁人心脾，噴發的是人性的源泉。

偉大的祖國總是與時俱進，時至今日，「最美麗的」已經有了新的含義。尤以「最美麗的陰部」、「最美麗的屁股」，轟動整個網絡。

近日媒體曝出，北京市朝陽區農委腐敗窩案連續判決，農委原書記王寶軍、原副主任董金亭先後被判十年和九年有期徒刑。其中最引人關注的是「公款美容女貪官」董金亭的贓款去向，其曾私下自曝，用於美容的費用為十七萬元，僅陰部美容就花了八萬，打造出中國「最美麗的陰部」。

常言說，「女為悅己者容」，如果說女人在其他部位美容，還有多方面因素的話，那麼，在會陰部大興土木搞「裝修」，則目的性更單一，更明確，就是為了取悅和自己有性關係或即將發生性關係的男人！說白了，女人陰部美容的價值觀，就是朝向男人陽具的。而取悅男人的目的又是啥呢？意義多了，或誘惑男人「大幹快上」，使自己身心愉悅；或因「上面有人」，而使自己仕途通達。如果是後者，則區區八萬元，絕對不多，絕對是一條一本萬利，「多快好省」的升官捷徑。

最美麗的陰部還在熱議之中，網上又曝出，原遼寧省鞍山市原國稅局局長劉光明為了討得上級官員們的歡心，便於仕途升遷，不惜花費五百多萬元鉅資，先後幾十次到香港、韓國、澳大利亞等地國際知名美容會所，通過削、隆、吸、補、縫等手法把眉、眼、鼻、唇、臉、下巴、腰肢、腹部、肚臍眼兒、胳膊、大腿、屁股蛋子、手指腳趾、大小修理個遍。其間，劉光明又花五十萬元遠赴香港把自己的屁股全部美容一遍，成為鞍山市「最美麗的屁股」！

據說，臀部之美在於豐滿、圓滑且富有彈性。美麗誘人的臀部，其輪廓應該明顯地隆起，成為柔軟的波狀形，臀部下面彎入的曲線最好柔美、圓渾、緊滑。人們用像滿月的月亮一樣神秘美妙來形容女人的臀部美；阿拉伯人形容女人的臀部是一座能旋轉的天堂。

短短幾年時間直步青雲，一個小小的副科長，不到兩年便突然竄升為正處級的鞍山國稅局長，靠的就是這臀部功夫，將一個個好色的男領導整得疲軟不堪！最關鍵在於她的屁股美，有女人味，遇到多次查處腐敗問題也都是用屁股擺平的。

民眾嘲諷，如今「鞍山最美麗的屁股」已取代「北京最美麗的陰部」，中國的先進「性教育」與時俱進！

女為悅已者容。不要以為粉黛捲燙，衣物裝飾就是美，現在的女官員已經不滿足於環佩叮噹、秀髮雲堆霧卷了，她們有勇氣、有能力把自己隱秘之處的溝溝坎坎都精雕細琢，這才是時代的最強音。

記得《漢秘事雜辛》一書中，曾形容處女陰部的美麗：「私處墳起，為展兩股，陰溝渥丹，火齊欲吐。此守禮謹嚴處女也。」

「火齊」是「玫瑰」的意思；「欲吐」——成熟了，將要開放、等待開放。玫瑰在古代，曾為玉石和寶珠的名稱，《說文解字》：「玫，火齊，玫瑰也，一曰石之美者。」《夢溪筆談》卷二十五：「予在漢東得一玉琥，美玉而微紅，酣酣如醉肌，溫潤明潔，或云即玫瑰也。」所以說這火齊還是指寶石的意思。

不知道董女士花了八萬，打造的中國「最美麗的陰部」是否能達到這種效果？

一說起為私處美容，我就想起那些為了多賺錢的性工作者，她們為了吸引客人，狠抓自己的基礎建設，在確保臉蛋漂亮的同時，有的還要做隆胸術、乳頭紅暈術、處女膜修補術和生殖系統緊縮術等相關的美容手術，從而保證顧客看得舒服，用得滿意。可是一個女官員，她也給私處美容就有些荒誕了！

人們都說，小姐是一台剛柔相濟，高效耐磨的印鈔機，只是外觀易衰，進料口容易損壞。她們給私處美容完全是出於生意的需要，是為了給顧客以更好的享受。

但女官員也如此行事，豈不是把自己淪為了妓女？把男官員陷入了嫖客的境地？

狼音篇

何為政治？政治就是管理民眾的事情，基督教的神職人員叫牧師，牧師就是放牧的人，民眾就是羊群。

每個無產階級國家都有一個偉大領袖，偉大領袖都是幾千年才誕生一個的大救星。因此，偉大領袖都是要睡水晶棺的，都需要民眾天天膜拜。

美國每隔幾年就要獲得一個諾貝爾獎；中國每隔幾年就要產生一種新的理論：毛澤東思想、鄧小平理論、三個代表，科學發展觀……

共產主義雖好，但如果一國只有廿幾個人過上了共產主義生活，那麼這種共產主義和李自成同志的打家劫舍又有什麼本質的區別？

大人無錯

我念初中的時候，一天，我對語文老師說：魯迅也有病句。老師問：在哪裡？我把書拿給他看，老師說：魯迅可以這樣寫，你不能，因為你要考試。

一次，鄧小平為四川朱德故居題詞，「德」字的「心」上面少寫一橫，立刻有革命家、文字學家、語言學家、考古學家忙亂了起來，遍查數千年以來的碑文，終於考證出，在大明宣德年間，德字就曾經這樣寫；現立於北京國子監孔廟的清朝康熙皇帝御書〈大學碑〉中的「德」字也沒有一橫；生活在與仝聚德創立同期的清代畫家鄭板橋本人書寫的「德」字，有的帶一橫，有的不帶一橫。這說明，在過去「德」字的兩種寫法都是正確的，於是大家懸著的心才終於落地。

一九五七年，毛澤東手書〈菩薩蠻〉，將末句「把酒酹滔滔，心潮逐浪高」的「酹」誤寫為「酎」。結果，全國所有大大小小的報紙照抄照轉，無一人敢改，催生出領袖永遠正確的真理。

一九六五年十月一日，在慶祝新中國建國十六周年和新疆維吾爾自治區成立十周年的大喜日子裡，毛主席重新題寫的套紅新報頭出現在面貌一新的《新疆日報》上，正式與廣大讀者見面了。然而，「疆」少了「弓」和「土」寫作「畺」，是堂而皇之的錯別字。

偉大領袖怎麼會寫錯別字呢？是我們孤陋寡聞吧？有人趕忙出來分析：新疆地理地形的基本特點是三山夾兩盆，面對地圖上的新疆，最北面阿爾泰山脈，中間天山山脈，最南面由西向東是昆侖山、阿爾金山；三條山脈中間夾著塔里木與準噶爾盆地。如果把三條山脈看成三橫，兩個盆地看成兩塊大田，再把它們組裝起來，豈不正是一個分毫不差的「畺」嗎？

有人甚至責怪漢字簡化的同志，認為這是他們的重大失誤。一九五六年漢字規範化的時候，怎麼會把筆劃複雜的異體「疆」訂為正體，捨正取異，棄簡求繁，與漢字規範的基本要求相違背呢！

還有哲學家分析，當年蘇方曾就新疆問題說：「新疆原本不是中國的，是他們新開闢的疆土！」偉大領袖在題寫《新疆日報》報頭時，使用「畺」字而不寫「疆」，畺無疆土之意，更顯示偉大領袖超人的智慧。

一九三一年十月十一日，偉大、英明、正確的史達林同志在讀了高爾基的《姑娘與死神》後，信手在書末寫了：「這本書寫得比歌德的《浮士德》還要有力——愛情戰勝了死亡。約・史達林。」按當時慣例，凡是史達林寫過的文字，除了需要保密的以外，都得及時公佈，讓大家貫徹學習，以便和偉大領袖時刻保持高度一致，這次當然也不例外。可批示上的「愛情」一詞俄文拼寫有誤，少了末尾的一個字母。也就是說，史達林寫了一個就是小學生也可以判斷的錯別字！怎麼辦？那些水平遠比小學生高的宣傳大員一下子傻了眼，大家都知道這是個錯別字，但是史達林的錯，當然也就不是錯了——偉大領袖是不會犯錯誤的！可這玩意兒又要對外宣傳……怎麼辦？他們最後的辦法是在發表史達林手跡的同時，由兩位教授在《真理報》上撰文論證：「世界上存在著腐朽沒落的資產階級愛情，也存在新生健康的無產階級愛情，這兩種愛情絕然不同——其拼寫豈能一樣?!」看到沒有?在那裡，因為這拼寫錯誤是最高領導犯的，就不僅不錯，而且還對得一塌糊塗。最後，還是史達林在看到《真理報》這兩個教授的大作後，輕蔑批了這麼一句話：「笨蛋，什麼兩種愛情？那是我的筆誤。約・史達林。」

毛澤東生前的俄語翻譯師哲在其回憶錄《我的一生》中，曾給我們回憶過這麼一樁事：一九二七年，師哲留學蘇聯，在位於基輔的軍官聯合學校學軍事。當時教他們俄語的是一個叫伊萬諾夫的教授。師哲的同學雷放，英文、俄文都比較好。有一次，他從《列寧文選》上抄了一句話寫在黑板上，然後問伊萬諾夫教授：「這句話是否合乎文法？」教授不知來自何處，也不知前言後話，看了以後說：「文法不通，俄文不能這樣講。」雷放便把《列寧文選》拿了出來，指給他看。教授看了，面有難色，可是他馬上又有了說辭：「這句話是不合文法，我們不可以這樣說。但是列寧可以這樣說。」換言之，在蘇聯，只要是領導，只要是列寧，拼寫錯了，那也是對的。

我終於悟出一個真理——大人無錯！

禮儀中國

一九七三年，西哈努克到訪上海，要求在豫園吃飯。城隍廟為此封了三天三夜，九曲橋邊一片寂靜。

為了讓西哈努克親王吃到地道的雞鴨血湯，要求一碗血湯中的雞卵達到「三同」標準，即直徑相同、色澤相同、形狀相同，這下苦了廚師，他們只得三下南翔，殺了一百零八隻雞才找到如此高標準的雞卵。誰料西哈努克親王推遲了來豫園的日期，只好第二天再殺一百零八隻雞。誰想到這天親王心血來潮，跟莫尼克公主打網球停不下手，燒好的雞鴨血湯只得倒掉。第三天二月十九日，親王總算大駕光臨，對十四道美點大加讚賞，尤其是雞鴨血湯，吃了一碗不過癮，又來了一碗。

一九七二年，美國總統尼克森第一次訪問中國。當時的總理周恩來，為了迎接這位貴賓，可說費盡心思，派人到全國各地找尋名菜，要用至美佳餚來「征服」尼克森。

清遠雞也因機緣巧合，幸運地被選中，可能幾個月前「基辛格雞」的影響猶存，尼克森在吃到清遠雞時，對此物贊口不絕，又問此為何雞。這可難壞了翻譯，他一時語塞，不知該怎樣形容這只花樣年華的「她」，此乃國宴，不可說出「處女雞」之類的詞，只好把這層意思小聲向周總理報告，總理靈機一動，便對尼克森說，這是清遠一隻公雞的未婚妻。於是乎，賓主歡顏盡展。

早在一九七一年底尼克森訪華前，周恩來打聽到美國人喜食海味，便吩咐有關部門準備一千公斤新鮮鮑魚。為了拿出中國品質最好的黃海野生鮑魚，國務院將採捕鮑魚的命令層層下達至遼寧省大連市長海縣漳子島人民公社的潛水隊。

從不在這一季節捕鮑的潛水隊員，冒著零下二十攝氏度的嚴寒和被鯊魚襲擊的危險，經歷上百次深海捕撈，終於趕在一九七二年一月底前完成了這一政治任務，鮑魚如期出現在尼克森一行在京期間的宴會上。

在零下二十度嚴寒下，命令十個漁民在冰凍的海面上一天打上五百斤鮑魚。當天，他們完成了任務，可有三位漁民卻因此被凍死了，其中一位年僅十七歲，他叫何高。後來，《紐約時報》記者馬托夫把這一事件報導出來，尼克森夫婦活在深深的自責之中。

一九七二年九月二十五日，田中首相乘坐日航專機踏上了前往中國的征程。陪同田中訪華的除外相大平正芳、內閣官房長官二階堂進外，還有陪同官員、翻譯、秘書、速記、醫務人員、安全保衛和衛星技術人員、文字和廣播記者等共二百三十餘人。

田中首相愛喝大醬湯，他在日喝的大醬湯是日本新縣傳統名牌。一日午宴，他在人大會堂宴會廳喝了一口大醬湯，突然大驚失色：這是我家的大醬湯呀！他因此對周恩來的細心佩服的五體投地。原來，他在中國喝的那碗大醬湯，是周親自安排從日本用專機空運過來的。

一九七三年，中國人過的是什麼日子，現在的年輕人想像不到。那會兒的中國和今天的北韓差不多。我不知該如何感慨此事，突然想起慈禧的一句名言，用在這裡頗為合適，那就是「量中華之物力，結與國之歡心」。

愚昧的愚公

我小時候讀到的第一個寓言故事，是《愚公移山》。說的是遠古的時候有一位九十多歲的老漢，苦於有太行、王屋二山阻擋，出入迂迴繞遠，想把擋在家門前的大山搬走。他帶著兒子孫子，長途跋涉，把一筐筐山石倒進渤海之濱。後來這件事驚動了天帝，就派了神仙過來，把兩座大山背走了。

我實在哀歎愚公的愚鈍，如果嫌住在深山裡出行不便，與其把山搬走，還不如修一條出山的路呢。或者乾脆搬到山外的平地或海邊去，背上一卷行李走就行了，為啥非要與高山大嶺去較勁兒呢？

愚公所移的是什麼山？是「方七百里，高萬仞」的太行王屋二山！高萬仞，是個什麼概念呢？經查：一仞等於周朝尺七、八尺，一周朝尺等於二十三釐米，萬仞即等於一萬六千一百米或一萬八千四百米，等於珠穆朗瑪峰的兩倍！

這麼個遙遙無期不見效益的勞民工程，愚公的子孫雖然當初雜然相許，久而久之，如五代六代之後，誰能保證他們還會戰鬥在愚公的路線上？這麼個遙遙無期不見效益的勞民工程，每天挖山不止，不種莊稼、不養牲畜，全家人吃什麼，穿什麼，喝西北風嗎？

再說有哪家姑娘願意嫁他的子孫？哪家的小夥願意招贅來此？久而久之，光棍會愈來愈多，人丁會越來越稀，怎麼會無窮盡呢？

愚公移山工程若成，河北冀州的大山就搬到了現在的山海關遼寧一帶，等於在那裡建造了個「周七百里高萬仞」的大山。這樣一來，涉及拆遷任務之巨，可想而知！況且此山落成，又阻擋了關內關外之人的往來，會不會激起民變？

太行、王屋二山，本在冀州之南，河陽之北。山清水秀，茂林修竹，沒有官家收稅，屬於世外桃園。活在山裡有什麼不好？人家廟宇、道觀還偏要建在深山裡呢。你看五臺山、武當山、普陀山、九華山的環境有多好！山裡沒有污染，空氣裡所含的負氧離子高，喝的是礦泉水，吃的是沒有污染的食物，那裡的和尚道士個個都能活到高齡。

愚公所謂的改造自然，其實是在破壞自然。搬掉一座山去填一個海，破壞了山和海的自然生態，將是怎樣災難性的後果。人與自然的關係根本不是征服與被征服，改造與被改造的關係，人與自然應該是相互和諧地存在。再說移山不知需要多少代人，而生命對每個人來說只有一次，這僅有一次的生命難道就應該用來移山嗎？因此愚公犧牲的不止是一兩代的利益，他是要把世世代代的利益都犧牲掉！

按照寓言裡的說法，太行山後來被力大無比的神仙背到了如今河南與山西交界的地方，也就是現在太行山所在的山西高原，不過是換了一個地方而已。愚公為了一已私利，害的人口眾多的山西、陝西兩省人承受著很差的自然條件。「已所不欲勿施於人」，愚公幹的是以鄰為壑的壞事，那個神仙也是愚蠢的神仙。

如果不是那兩個神仙幫忙，客觀上愚公移山也不可能成功。「太行、王屋二山，方七百里，高萬仞」，兩座山約合土石二百三十四萬億噸。愚公欲把土運到「渤海之尾，隱土之北」，就算每年往返一次，每次五噸，也要五千個一百億年。而地球的壽命總共是一百億年左右，也就是說當地球已不在的時候，愚公還不曾毀山之一角啊！

愚公移山這則寓言故事，只強調精神，不講究科學。這就好比一個人投入了畢生的努力，要把一塊煤炭洗白。正因為如此，將其搬到現實中應用，就會幹出許許多多與天鬥、與地鬥、與人鬥的蠢事、惡事。

曾幾何時，《愚公移山》成了中國人民的聖經，國人始終把愚公作為學習的榜樣。在黨的號召下，全國湧出了無數個愚公，幹出了無數件荒唐的事情。比如大煉鋼鐵，全國人民都上陣，地裡的莊稼沒人收割，可惜沒有神仙給我們送鐵來，鐵沒煉出來反倒餓死了不少人。

所有像我這個年紀的中國人，都知道太行山區，也知道太行山區有個叫大寨的村莊，那裡出了個當代愚公，叫陳永貴。愚不可及的陳，竟然混到了國務院副總理的位置，成了國家領導集團的一員。

一九五〇年代，他帶領村裡的幾十戶村民修梯田，把山下的土擔到山上造地種莊稼，他三戰狼窩掌溝，屢戰屢敗。山地不搞水土保持，大雨來了立即山洪爆發，把梯田沖的亂七八糟，沖完再修，懵懂的大寨人也從不反思毛病究竟出在了哪裡！

毛澤東非常欣賞愚公，也欣賞陳永貴，儘管陳當過漢奸。一九六四年的《人民日報》登載了大寨事蹟，毛指令全國農村必須向大寨學習，改造自然和征服自然。由此形成的農業學大寨運動，十多年裡，竟成為中國的主旋律。

那些年智叟都不敢說話了，全國都是愚公們在胡鬧，領頭的最大的愚公就是毛澤東！

央視的良心

關注央視新聞的網友，一定會有一個發現，那就是央視對美國的熱愛，對美軍官兵的熱愛甚至超出了對中國的熱愛，對中國軍隊官兵的熱愛。央視熱愛美國，從不放過一個美軍士兵陣亡的消息。

那些年，央視一直對美軍在伊拉克、阿富汗的人身安全保持著高度的關注。一旦出現美軍陣亡或是受傷的消息，央視會第一時間像打了雞血一樣地興奮。這種白求恩式的國際主義精神，正是國內民眾所缺少的，正是社會所急需的。在這裡我要為央視歡呼，歡呼央視博大慈愛的人道主義精神。

央視也非常熱愛資本主義國家的人民。每當那裡有了什麼災害，哪怕這個災害比國內同時段發生的災害要小，央視也總會即時地播報，記得二〇一二年初，央視曾用大篇幅天天關注報導歐洲、日本和韓國的大雪極寒天氣，每天都是哪裡哪裡的暴雪成災；哪裡哪裡的交通癱瘓；哪裡哪裡的百姓被困家中，而且被凍死的人是一天一刷新，最新刷新是歐洲被凍死無家可歸者二百六十人，日本六十人。

讓人奇怪的是，二〇一二年初，內蒙古的呼倫貝爾極端氣溫達到了零下五十多度，這個寒潮如果擱在美國不知道要凍死多少人呢，但在我們這裡沒聽說凍死過一個人，央視也沒報導一例被凍死的人，真是奇跡！其報導都是哪裡哪裡的機關幹部幫助牧民救了多少多少牛和羊；哪裡哪裡打通了多少多少公路，解決了多少多少百姓取暖問題，電視裡經常出現牧民感謝黨感謝政府的畫面！我想，說到底還是社會主義制度好呀。

美國校園槍擊案新聞，央視如獲至寶！

二〇一二年十二月十四日美國康涅狄格州一所小學發生槍擊案，造成至少二十八名人員喪生的重大傷亡，這起校園槍擊案成為了中央電視臺當日《新聞聯播》的頭條新聞。

就在同一天，中國三十六歲男子閔應軍持刀砍傷河南光山縣文殊鄉陳棚村完全小學二十二名學生，但央視不關注同胞的慘劇，對此置若罔聞，可見央視更熱愛美國的孩子。莫非美國的孩子比中國的孩子更有價值？

讓國際新聞成為頭條新聞在《新聞聯播》歷史上較為罕見。一九八六年一月二十八日，美國「挑戰者號」航天飛機爆炸，二十九日，當時的台長楊偉光親自拍板在《新聞聯播》頭條播發這一消息，打破了該欄目多年不變的「先國內，後國際」的慣例。

央視，不僅是國際災難新聞台，如今更被網友譽為「美國的良心」媒體。二〇一二年秋，央視又無視國內的人禍，異常熱心地關注起美國的天災來。不但從一開始就全程追蹤報導美東的颶風，更是大手筆派出多路記者趕赴紐約，冒著狂風暴雨拍攝現場災情。那幾天，不論新聞聯播的頭條，還是新聞滾播的畫面，都只有一個地方，那就是颶風肆虐的紐約。主播像誤食了興奮劑一樣，看起來非常地開心，紐約這裡積水，那裡爆炸，到處都在淹水與停電。

我非常心疼央視的記者，看著新聞聯播裡出現在紐約颶風現場的記者們，站不穩還要手執話筒，頭髮亂飛還要聲嘶力竭地報導，就像瘋狂跳針的CD，我為他們的安全捏著一把汗。

說不出北京七・二一雨災究竟淹死多少市民的央視，卻可以侃侃而談這次颶風成災的美國、紐約死了多少人。雖然紐約州長的微博每兩分鐘更新一條，不但有最新災況，並同時轉播有關交通與物資等重要民生資訊。但那些親臨現場的央視記者們，從不提及美國政府是如何積極救災與速遞的資訊。不由得使人想到幸災樂禍一詞。

許多國人都知道美東吹颶風，而不知道廣西有山洪。廣西從二十八日起至今，因特大豪雨造成北侖河嚴重山洪暴發，截至目前已有七十艘船舶失蹤，六艘沉沒，人員死傷不明。一個國家的電視臺，竟然迴避國內的實況，而原本應現身自家災區的記者，卻又不辭萬裡涉險海外做連線報導，這就是所謂的國際主義精神？

央視，什邡不報，啟東不報，寧波不報，卻可以遠到非洲最偏僻的部落去採訪。

還記得之前挪威槍擊案，央視也派員前往，並如喪考妣地報導，但卻漠視著不久後發生的溫洲七‧二三動車追尾。還有今年的倫敦奧運會，所有外國記者一共才兩千名，但以央視為班底的中國記者團就占去八百多名。而此期間發生北京暴雨，許多災難現場完全不見央視的記者。

近日，央視又開始亢奮了，中央一台每天在新聞聯播節目中不厭其煩，連篇累牘，毫無羞恥地報導歐洲馬肉風波。所以，強拆算什麼！貪腐算什麼！請問央視，你們吃喝都是國人的供養，卻徹底無視國人寶貴的生命。反而關心外國人，甚至野生動物，都勝過中國人。

請問央視，你們的良心何在？

去美國幹什麼？

一、李肇星說：「你是一個中國公民，還有什麼比這更光榮和驕傲的？」

奇怪！李肇星自己光榮驕傲了，卻不允許自己的全家光榮驕傲，他讓自己的老婆兒女都加入了美國國籍。看他笑得那麼燦爛，是為全家在美國過上幸福生活而笑？還是笑國內老百姓都是傻逼被他忽悠了？

二、反美名嘴、國務院發言人袁木的女兒是美國籍。袁木女兒申請美國簽證的故事曾傳遍北京。某天，袁木的千金到美國使館申請簽證，使館中方官員接過申請書一看，來者竟然是中國國務院發言人袁木的女兒。於是他故意把桌子下邊的麥克音量調大，他要讓這裡的中國雇員和其他排隊等候簽證的中國人都能聽見他們的對話。他大聲地問：「你真的是袁木的女兒？」這位女子把身子朝窗口靠，低聲回答說：「是的，我就是袁木的女兒。」然後，美國官員用更大的聲音說：「我不敢相信這麼討厭美國、天天詆毀辱罵我們美國的袁木，會要他的女兒來美國留學。」袁木的女兒怯生生地說：「他是他，我是我。」使館官員又追問，袁木怎麼會准許女兒到這麼邪惡的國家念書呢？這時，那些放下手中工作豎起耳朵聽他們對話的中國雇員都忍不住爆發出笑聲。最後，袁木的女兒得到了簽證，因為她的成績不錯，還得到了美國一所大學的獎學金。

三、一九七七年，恢復高考和研究生考試以後，江姐的兒子彭雲以優異的成績考取了中國科學院計算所的研究生。隨後，他又考取了第一批公派留學生，赴美國，先後在密歇根韋恩州立大學和馬里蘭大學學習，取得碩士和博士學位，從此之後他一直在美國工作和生活，現在已經是馬里蘭大學巴爾的摩分校計算機系的終身教授。他的妻子易小冶也先後在美國取得了社會學碩士和博士學位，目前在一家研究所工作。

江竹筠烈士的孫子彭壯壯，哈佛大學數學學士、普林斯頓大學數學博士，麥肯錫全球董事、大中華區電信及高科技行業的核心成員，現在美國定居。

中國人很忠貞，如果是徐鵬飛或者甫志高的後人成了美國佬，無所謂，老子反動兒混蛋；革命家的後裔應唱紅歌，走紅路，代代相傳。革命江山一片紅，紅色煙火怎能在江姐身上中斷？再說，江姐在歌樂山的渣滓洞受盡了「中美技術合作所」的荼毒，她的後人應該和美帝國主義不共戴天才是，怎麼會心甘情願地為美國人效力？因此在我心中總有一個問號，江姐的後代變身美國人會不會是「潛伏」？

四、一九九八年，北大中文系女生馬楠在克林頓訪問北大時，曾當面痛斥美國「人權」狀況惡劣，兩年後本科畢業，馬楠選擇去「人權狀況最惡劣」的美國留學，還嫁給了一個美國人，為美國鬼子生了娃。

五、天安門上給領袖戴「紅衛兵」袖章的宋要武，係宋任窮之女，原名宋彬彬，毛賜她「不要彬彬，要武」，當即改名宋要武。從此武鬥開始，全國大亂。此人早已移居美國多年，既不「彬彬」也不「要武」，連姓都改了。

六、極端毛左、烏有之鄉的精神導師馬賓同志，天天叫囂要再來一次、N次文革，但兒女都定居在馬賓同志極端仇視的美國——不知是去潛伏呢，還是去和平演變美國？總不會是去為爹地的敵人添磚加瓦吧？

七、就連視美國為寇仇的無產階級革命家薄熙來同志，也把愛子瓜瓜送到美國哈佛大學深造，不知在哈佛大學這個資本主義的「黑染缸」裡能學到啥？

八、中新網二〇一二年二月十三日電，據香港《文匯報》報導，「基地」組織頭目賓拉登於去年五月被美軍擊斃，雖然生前對美國恨之入骨，但賓拉登的小舅介紹，賓拉登曾囑咐其兒孫到美國讀書，安享平靜的生活，不要「追隨父親聖戰的道路」。

九、上海小貓二十一天不吃不喝成功偷渡美國。一艘從上海開往洛杉磯的貨輪，週三（十一日）抵達當地海港後，船員竟在貨櫃中發現一隻三個月大的小貓咪，它在二十一日航行中沒有進食和飲水，仍奇蹟存活，船員們無不嘖嘖稱奇。獸醫為它做緊急治療後，將它取名為「你好（Nihao）」。它「奔美」大概是明智選擇，因為西安有兩隻流浪狗狗慘遭活埋！

十、據中央組織部在職、退休、離休高級幹部登記表，公安部門和駐外使領館所匯總的不完全資料統計：一百二十萬高幹家屬境外定居，其中二十餘萬在歐洲、美國、加拿大、澳洲和紐西蘭定居，有十五萬高幹家屬已經加入了所在地的國籍。

據美國政府統計，中共部級以上官員（包含已退位）的兒子輩擁有美國綠卡或公民身分的占百分之七十四‧五，孫輩則達到百分之九十一或以上，他們在身份上早已是美國人了。要不人家美國人都說，中國現在是由一群美國人的爹媽在領導著呢！

關於食物的「偉大教誨」

德國人喜歡吃香腸，飯後飲用檸檬茶消除油膩成為一種習慣。由於德國不產檸檬，每年都需要花費外匯，從外國大量進口。一九三五年，納粹德國由於大量進口戰略物資而引起了外匯危機，便停止了用外匯購買檸檬。

顛倒黑白是政治家和御用專家慣用的伎倆，當某一事物影響到他們的利益時，他們的欺騙本能就會顯現出來，首先將事物妖魔化。為了消除德國人對停止進口檸檬茶的憤怒，一九三五年七月二十八日《法蘭克福日報》發表的題為〈血液與土壤〉的文章中有這樣一段文字：「別了，檸檬，我們不需要你！我們德國的大黃葉梗將充分而完全地代替你……它味道辛辣，可以用來給沙拉和青菜調味；略加點糖便可以成為可口的點心……讓我們用大黃葉梗來補償我們犯下的使用外國檸檬的罪孽吧！」

僅有輿論宣傳是不夠的，要想給公眾徹底洗腦，最好還是讓專家站出來論證。納粹德國時期的宣傳部長戈培爾便拉出一些科學家進行詭辯，聲稱進口的檸檬不是我們德國土生土長的，它並不適合德國人的口味和腸胃，甚至還荒謬地將檸檬與種族理論聯繫起來，胡說什麼食用外國檸檬是「一種罪孽」，因為它影響了「德意志民族的血液和靈魂」。

北韓因過去兩年天氣好轉，食物供應有所改善，但一位周姓難民表示，現在還是很難獲得食物：「去年，我們在江原就有一個每天只吃兩頓飯的運動。士兵有時候一天只有三個馬鈴薯。」

目前，北韓有一半以上的家庭每天最多就吃兩頓飯，越來越多的人顯著依賴採集野物充饑。

為解決糧食不足，北韓二〇〇一年開展了「馬鈴薯革命」、「種子革命」，提倡大量種植成熟期短、產量高的農作物。科技人員還培育出無病毒、高產的新品馬鈴薯，力圖「以豆薯補米」。

北韓最高領導人金正日更是提出了「馬鈴薯如同大米」的口號，號召人民栽培並食用這種食品。北韓各部門紛紛響應號召，在全國範圍內掀起了一場轟轟烈烈的「馬鈴薯革命」。

平壤市的一些老百姓說，國家想得真周到，開發出那麼多「滿漢全席」式的馬鈴薯食用方法，解決了糧食不足的問題，很了不起。當被問到由吃大米白麵改吃馬鈴薯是否習慣時，不少人都說：「我從小就是吃馬鈴薯長大的，沒什麼不習慣。」

北韓的孩子們都知道：去年美國餓死了一千萬個孩子，是進口北韓的大米、馬鈴薯、主體思想才使他們勉強過關！北韓永遠不會饑荒！北韓永遠不需要別人的糧食援助！

上世紀八十年代之前，玉米麵曾是多數中國人的主要食糧。原因很簡單，中國人多，吃飯的也多，要想填飽這麼多肚子十分困難。因為玉米的產量高居所有糧食之首，所以政府給居民配給的口糧就以玉米麵為主了，這種狀況在東北尤甚。

當年，人不分老少，不分貴賤，不分貧富，皆吃政府的「定量」，而「定量」中絕大部分是玉米麵，玉米麵屬於粗糧，而細糧則只在過節時才少量供應。

毛澤東時代的飼料玉米麵窩頭，在嘴裡越嚼越多，很難下嚥。

一九七二年，國家用出口大米換回美國的飼料玉米，粉碎成玉米麵。據說那些從國外換回來的玉米都是去除了胚芽的，沒什麼營養。蒸出的窩頭又硬又掉渣，用酵母也發不起來，真難吃。

但中科院的科學家們說：「玉米雖然是粗糧，但其營養價值並不低於細糧大米。除澱粉和鈣的含量略低於大米之外，所含蛋白質、脂肪、磷、鐵以及B族維生素都高於大米。」

醫學家也信誓旦旦地告訴我們：「玉米其味甘淡，其性平和。《本草綱目》說它有『調中開胃』的功效；《本草推陳》則稱『煎服有利尿之功』。」

那個年代，種不種玉米已經被提高到是否忠於毛澤東無產階級革命路線的高度上來了。

「忙時吃乾，閒時吃稀，不忙不閒時半乾半稀。雜以番薯、青菜、蘿蔔、瓜豆、芋頭之類。」現在的年輕人大多不知道這句話。

這是偉大的無產階級革命領袖、思想家、軍事家——毛澤東同志在閉門思考了許多時日後，得出的偉大的真理！並向全國人民下達的最高指示。

建設美好的明天，就必須嘴巴留情，節約糧食，勒緊褲腰帶。掄起鎬頭和鐮刀，時刻警惕著階級敵人的入侵。因此「忙時吃乾，閒時吃稀，不忙不閒時半乾半稀。」這是符合經濟學原理的，符合投入產出比的，看來毛澤東是偉大的經濟學家！

「忙時吃乾，閒時吃稀，不忙不閒時半乾半稀。」也是符合人體新陳代謝的規律的，即能量消耗大時，補充也要多些，看來毛澤東還是偉大的生理學家。

或吃大餐或吃大便

一九六一年七月二十九日至九月二十三日，著名作家葉聖陶參加「文化參觀訪問團」赴內蒙古自治區進行參觀訪問，其《內蒙訪問日記》記述飲食方面的內容，幾乎天天都有，盛宴之豐、之奢侈，令人吃驚之餘又鬱悶，原因是一九六一年正值我國三年大饑荒時期。

七月三十一日團到達海拉爾，赴宴，「菜甚好。有禽名飛龍，其肉視山雞更嫩。有甲魚，昨在哈爾濱嘗食甲魚，不意北邊亦有之。有烤羊腿，殆是主菜，而餘不能嚼之。賓主互勸酒，余飲稍多」。同時，「有政協組織之六十餘人在此，到已將一月，其中熟友頗多，元善夫婦、頡剛夫婦亦在內。」

八月六日倫池，「晚餐又是盛宴。勸飲而外，座中客起而吹奏歌舞」。

八月十一日奶品廠參觀，「遍嘗其所制之各種食品，奶油粉、糖果、冰糕、奶油點心，凡七八色。余雖留意少吃，而已感其飽。回旅舍吃晚飯，只能勉進半碗耳」。

八月十六日通遼參觀，晚上「六點宴飲，治肴甚講究」。

八月十八日公社生產隊參觀後，「午餐又殊別致，菜凡十六盤，全是魚。惜廚師手法不多，均為紅炙，其味無甚差別」。

八月二十一日，「餐時麵飯而外，復有蒸煮之新鮮苞谷。昨夕則陳涮羊肉。餐食甚精，時有變換，招待無微不至，誠有愧矣」。

八月二十六日某處後，「回至研究所，先嚐奶豆腐奶茶，次食全羊。又是盛餐」。

八月二十九日煤礦、機車修配廠等處，「回到礦物局已午後一點，又受豐盛之款待，飲酒頗久」。晚上，「未及六點，又邀我們進晚餐，菜肴仍甚豐。余實在吃不下，僅進少許，酒則絕未飲」。

八月三十一日盟座談後，「晚餐。又是大吃大喝。食後分兩批娛樂，跳舞，看電影」。

九月六日呼和浩特，吃「全羊席，烤好一羊，抬至席間供客一觀，然後抬去臠割之，如吃烤鴨然。初嚐駝峰，其味略與魚肚相似，無甚好吃。又有髮菜，亦稱珍品」。

九月十三日呼和浩特前，「吃烤羊肉，又吃駱駝之蹄筋，為平生初嚐。飲酒較多」。

一葉知秋，異地皆然。想當年，大饑荒時期，全國人民都在餓肚子，民生艱難，可是在塞北草原經濟凋敝的內蒙古，竟然有這麼一批黨政官員和文化人，駝峰、全羊、葡萄酒、大吃大喝，享受天堂的日子。有葉聖陶的詩為證：「奶茶奶酒勸殷勤，掘地烹羊牛糞薪。歌意舞姿多頌美，健兒駿馬草原春。」如此窮奢極欲，哪裡還有心情考慮生民之艱？

《金橋路漫》是甘肅省通渭縣政協文史辦公室副主任張大發，用縣檔案館的材料，經過十五年的努力，寫成的七十萬言的著作。他拜訪了許多當事人，書中記錄了許多人吃人的事情。

張大發在接受記者採訪時說：「我當農村小學教師的時候，有人就指著一個老漢說，這個老漢吃過人屎。那些年餓的實在沒有辦法，去要飯也沒有地方要，還不讓出門，說給紅旗縣丟人。吃草根樹皮也找不上，一個村子的榆樹皮都被刮光了。有一天，這個老漢就拄了個棍子，搖搖晃晃走到村外轉，找到一塊凍硬的人屎，就拿回來，在爐子上烤一烤，燒著吃掉了。吃了以後，就不那麼餓了。他第二天又去找，找回來燒著吃。也不迴避人，當著人面就像吃饃一樣地吃。當別人問他的時候，他說，要找幹部拉下的屎，人家是吃糧食的，品質高，能養活人。這老漢算是活下來了。」

「大牛溝有一位婦女，家裡人都餓死了，女人已經餓得面黃肌瘦、髮枯如草，村裡來了幹部，人家走到哪裡，她跟到哪裡，步步不離，等那些幹部一解完手，她就去搶人家的屎吃。她是大饑荒過後的倖存者。」

當說到這些，農家出身的張大發先生的眼淚溢出眼眶，悲痛地說：「我們種地的農民一年勞累到頭，過的什麼生活？不寫出來，對不起他們，對不起自己的良心。」

關於吃飯的意淫

《人民日報》記者赴北韓參觀訪問，回國後在報上連發三篇文章盛贊北韓的民生，字裡行間充滿溢美之詞。就拿吃飯來講，他們說，北韓幼兒園裡的孩子們一天要吃五頓飯，飯菜專門有營養師給研究搭配。聽罷，許多國人羡慕的眼紅，都說，一樣地搞社會主義，為什麼我們就和人家差距那麼大呢？有些人還說，他們那裡的孩子們已經「一天吃五頓飯」了，而「一天吃三頓飯」的問題還不能算徹底解決好了的我們，還要援助他們，太不合理了。

不才則認為，即使那裡「一天吃五頓飯」是真的，那又有什麼可值得炫耀的呢？五十多年前我們的偉大領袖就下達過每天吃五頓飯的最高指示。一九五八年《人民日報》刊出湖北麻城縣建國農業一社早稻畝產三萬六千九百五十六斤的報導，偉大領袖聞訊後愁得睡不著覺：這麼多的糧食該如何處理呢？於是他建議大家每天吃五頓飯，如果糧食仍然消化不了的話，就用來造酒吧！

我看過北韓幼兒園孩子們的照片，一個個面黃肌瘦，怎麼看也不像一天吃五頓飯的樣子，一天吃五頓飯相當於「填鴨」，孩子們豈不要肥胖的滿地打滾了？

以上話音剛落，媒體又曝出冷門，中國記者親蒞北韓官方宴會，肉食被北韓官員一搶而光：「平壤四月之春友誼文化藝術節閉幕式結束後，北韓方安排晚宴和聯歡舞會。參加這次活動的不光有外賓，還有北韓方的官員、陪同和翻譯。二十餘人圍著一張桌子，舉著餐盤和酒杯自助用餐。由於是冷餐，此次宴會更偏西式一些，豬肉牛肉均切成薄片，雞排魚排也都單獨陳列。然而，剛動筷不久，就發現肉食被北韓人一搶而光，所有北韓人都只夾肉吃，我們這桌的肉食吃完後，同桌的北韓人又轉移到隔壁桌開始夾肉。生平第一次面對這樣的場景，覺得十分荒誕。按理說能在這裡吃飯的北韓人都來自相對富庶的階層，居然為多吃幾塊肉哄搶到這種地步，若非親眼所見真是難以相信。」

記者後來聽一個中國的北韓朋友說，他在平壤的親戚，普通幹部家庭，已經許多年沒吃過肉了。他們此時才意識到，高麗飯店的晚宴已是傾舉國之力奉獻的，此後每次在飯店用餐都多了一份愛惜和感恩。

無獨有偶，上世紀八十年代初，中國市長雲集深圳參加世界級城市開發研討會，與會的還有許多發達國家的市長及各國記者。在吃自助餐時，發生了令人瞠目結舌的一幕，來自大陸的市長們圍著菜盆瘋搶。有的市長就在菜盆旁大口朵頤，還有的冒尖地盛滿一大盤基圍蝦，邊走邊往地下灑落，邊走邊吃的市長也不在少數。會後有記者大肆報導餐廳盛況，使得中國的市長們顏面盡失。

我想，如果這樣的會議今天再次召開，中國的市長一定會溫文爾雅，富於紳士風度。因為國人眼下不再飢餓，已經不再把吃喝當回事了。

一九六〇年時，我也有過夢想一天能吃五頓飯的美好日子。雖然現在我們有了每天吃五頓飯的條件，但不少人反而連晚飯都不吃了，因為身體肥胖導致疾病叢生，為了減肥，許多人費盡了心機。

山西有個萬泉縣，是個極度缺水的地方，縣名的起因是為了表達一種美好的願望。我由此知道，吃五頓飯其實只是個美好的願望，對別人這樣張揚一定是在意淫；說此話的人，一定腹中空空如也。歐美人對吃飯從來不大肆張揚，他們即便與來訪的國賓一起進餐，最後也要用麵包把碟子擦得一乾二淨，全然不顧國家的顏面。

聽說在日本的小學，每天上午課間要給兒童免費供應一杯牛奶。北韓的兒童一天吃五頓飯，不僅孩子們營養過剩，還要累死廚師，太不現實。

據報載，前幾年北韓運動員在上海參加國際比賽，中間訓練時買不起水喝，往往撿拾中國運動員喝剩的瓶裝水。我因此想到，其實人在無奈時，尊嚴是擺在第二位的，此舉也說明他們不像來自每天吃五頓飯的國家。

我非常感激一貫實事求是的《人民日報》記者們，他們是如此熱愛社會主義制度，熱愛宇宙真理。一九五八年九月十八日，中國最大的一顆水稻「衛星」就是他們報導的，報導說：「廣西壯族自治區環江縣紅旗人民公社，成功地運用了高度並禾密植方法，獲得中稻平均畝產十三萬四百〇四斤十兩四錢的高產新紀錄（當時一斤為十六兩——引者）。這塊高產田面積一畝零七厘五，黑壤土，二等田，共收乾穀十四萬二百一十七斤四兩。」只是他們太健忘了，此報導出籠沒幾天，祖國大地上的草根樹皮就被人們蝗蟲般地一掃而光。

古今腐敗談

唐代詩人杜牧〈過華清宮〉詩云：「長安回望繡成堆，山頂千門次第開，一騎紅塵妃子笑，無人知是荔枝來。」說的是唐玄宗的貴妃楊玉環喜食荔枝成癖，唐明皇特令人從長安修驛道通川南荔枝產地，千里飛騎用快馬傳送鮮荔，以供楊貴妃食用。又據《新唐書・楊貴妃傳》記載：「乃置騎傳送，走數千里，味未變已至京師。」不過，無論是史籍或是民間傳說，談到貴妃所食荔枝的產地，都是眾說紛紜，各執一詞，莫衷一是，鑄成歷史上的千古懸案。

在上世紀六、七十年代毛澤東特別喜歡吃長沙東方紅漁場的活魚。有關部門為此特別安排專機，每週定期往返北京——長沙，專門為毛澤東空運活魚。為防止階級敵人破壞，還專門在東方紅漁場通過政審，挑選祖宗三代出身貧下中農的農場農民組成基幹民兵連，專門負責活魚的捕撈、挑選、裝箱、押運。往返數千公里，用國家專機為個人運送活魚，而那個年代，正是廣大農民被要求「糠菜半年糧」的悲慘時代。

電視劇《天地民心》中有這樣一段情節：道光皇帝即位之後，為推行新政，極力倡導儉樸。因為皇上帶頭，一時間滿朝文武都以穿舊朝服為時尚，甚至很多大臣都穿著帶補丁的朝服上朝。見此情景，皇上甚是欣慰。一天，侍讀大臣祁雋藻向皇上奏報當下朝廷流行的儉樸之風乃徒有其表的形式，因為市面上的舊官服已經賣得比新官服都貴了。此時，恰好內務府官員給皇上送來補好的褲子，皇上便問起補褲子花了多少錢，內務大臣回報說是三千兩銀子。皇上一聽，不禁勃然大怒：為補一條褲子竟然要花費這麼多銀子，用這些銀子能買多少條新褲子！花三千兩銀子補一條褲子儘管有些誇張，但還是有事實根據的。

據說以往到過中南海毛舊居的參觀者，無不為偉大領袖的儉樸感動不已。但近年網上資料顯示，毛此睡衣的累累補丁，俱由上海高級裁縫一針一線綴上。這些超級工匠均曾在舊上海灘為巨富顯宦效勞，其薪酬與民國時期的大學教授相比不遑多讓。如果加上睡衣來回專機運送的費用，其「縫補代價」幾何？相信這屬於永遠不會披露的「國家機密」吧！

常言道：「飽暖思淫慾。」平民百姓尚且如此，何況有帝王之尊的武則天呢？歷代皇帝可以有三宮六院七十二妃嬪，難道女人就應該從一而終嗎？長長黑夜，孤寂一人，這哪裡像個女皇呢？於是武后廣選「妃嬪」，當然這些「妃嬪」都是一些高大英俊的男人。武氏大權在握，至高無上，文武百宮無一敢抗命。一些朝廷大臣為討好女皇，自薦為武氏廣擇「美男」，如挑選美女一樣，挑選貌美體健的男子，被選入宮中的，個個貌比潘安。

我先前還認為，「君子好逑」，男人好色，這是由男性荷爾蒙所決定的，稍有不慎就可能動盪淫念，男人有錢就學壞嘛。但令我沒有想到的是，女貪官也好色，而且基本無人能倖免。據坊間傳出的信息，撫順市國土資源局順城分局原局長羅亞平就是一個貪財好色之徒，第一個倒在她石榴裙下的就是她身邊的下屬，小她十二歲的葛鋒；第二個就是她的上司，順城區一位主要領導。除此之外，羅亞平還包養了兩個社會小青年，供自己輪流受用。

江蘇省財政廳原副廳長張美芳離婚十多年始終不再婚，但卻一天都沒有停止過「談戀愛」。據知情人披露，張美芳經常以談對象為名，包養小白臉。至於包養了多少，未見實數，只能由人們去猜。我想張美芳有的是錢，臉子也還靚，估計包養的小白臉不在少數，足夠其受用了。

蔣介石夫人宋美齡以一百零六歲高壽於夢中辭世，多年來一直照顧著姨母宋美齡的孔令儀（孔祥熙女）在接受記者訪問時，談到宋美齡的一些小事情，她說，因為姨母皮膚過敏，故用鮮奶灑身。方法是沐浴後將鮮牛奶灑在皮膚上，邊灑邊搓，使牛奶汁滲入皮膚，每次全身用量約半磅，每週最多兩次……

有關宋美齡用牛奶洗澡，多年來始終在坊間眾說不一，被人視為謎團的傳聞，終於得到了證實。我覺得每次半磅，每週兩次的醫療性用奶，費用極低，算不上腐化。

據說宋美齡在美國沒有房子，她住的是她姪女的房子；她每天晚餐前都要稱體重，如果體重超過標準，這頓晚餐就不吃了。也就是說，蔣夫人經常是餓著肚子上床的。試想一下，如果天天山珍海味，她能活到一百零六歲嗎？

九・一三事件後，有人揭批林彪喜食綠毛烏龜，經常由東海艦隊負責打撈，空軍負責運送。但據毛家灣服務員披露林彪家庭生活內幕，林彪的飲食卻十分簡單。主食有麥片粥、玉米粥、饅頭等。吃饅頭時，先要把皮剝去，然後切成幾片，用開水泡著吃。副食常常是用開水燙過的大白菜葉，不加油鹽。有時吃蒸肉餅和魚。平時不喝水，不吃水果。

我對林彪喜食綠毛烏龜之事心中存疑，因為林彪從來不講究吃喝。即便有過此事，估計也不會是他的本意，多半是吳法憲之流的強行巴結。

王洪文喝茅臺是今天的年輕人都不知道的故事，當年揭批四人幫時，此乃王洪文的罪狀之一也。王洪文本是一個上海工人，當了中央副主席之後，不再粗茶淡飯，開始追求享受。他愛喝茅臺，可是一瓶茅臺要六、七塊錢，他的月工資只有六十八元，喝不起。但當時人民大會堂，每次國宴結束後，都要把瓶中、杯中剩下的茅臺酒並在一起，然後重新裝瓶內部供應，兩塊錢一瓶。王洪文看中這個機會，去買了許多次，一些人知道後很看不起他。

杯裡沒有喝完的酒一定有別人的口水。一個黨的副主席喝別人剩下的酒，而且還要花錢買，不知能否算作腐敗？

吳桂賢任中央政治局候補委員時，仍拿西北國棉一廠七十六元的工資。無論是在政治局開會或在國務院開會，喝茶水都要交二角錢的茶葉費。在第一次被扣了茶水費後，吳桂賢從此開會時只喝白開水，不喝茶水。服務員問她：「吳副總理，您為什麼不喝茶？」她笑笑說：「我不愛喝茶，怕睡不著覺。」一個副總理喝不起茶水，不知諸君作何感想。

有人認為凡屬高官就一定會腐敗，其實，情況因人而異。有的高官確實廉潔自律，但更多的高官的確腐敗透頂。權力天生有一種自利的衝動。絕對的權力造就絕對的腐敗，作為一條政治學規律，在那個時代都一樣。

當官與發財的隨想

佛家在弟子入門的時候會向其詢問：「……戒，能持乎？」我也借之詰問從政者：「做官不為發財，能持乎？」

古人有云：「見十金而色變，不可治一邑；見百金而色變，不可統三軍。」

袁世凱在天津小站訓練北洋新軍的時候，教育部隊的口號就是「忠君報國，升官發財」。忠君報國就是儒家傳統的「君君臣臣父父子子」，是冠冕堂皇的表面文章，而升官發財才是袁世凱他們人生奮鬥的最高目標。在忠君報國上，袁世凱先背叛清朝，後背叛共和，他的部下也以他為榜樣。最後袁世凱眾叛親離，取消帝制、嗚呼哀哉。但在升官發財上，袁與他的手下個個都不含糊。

安徽第一貪——原阜陽市市長肖作新曾自白：「當官不發財，請我都不來。」

胡長清最初參加工作時的想法無從查考，但他曾有個表白：「現在我花你們幾個錢，今後我當了大官，只要寫個條子，打個電話，你們就會幾千幾萬地賺。」

上海笑星周立波挖苦深圳市長許宗衡說：「許市長在位時最喜歡講，我是人民的兒子。可憐人民養大一個，捉進去一個。以後要敢於講：我是人民的老子。因為老子是不問兒子要錢的。」

一九一六年，新文化運動的先驅者陳獨秀在《新青年》中以犀利筆觸寫道：「充滿吾人之神經，填塞吾人之骨髓，雖屍解魂消，焚其骨，揚其灰，用顯微鏡點點驗之，皆各有『做官發財』四大字。做官以張其威，發財以逞其欲。一若做官發財為人生唯一之目的。人間種種善行，凡不利此目的者，一切犧牲之而無所顧惜；人間種種罪惡，凡有利此目的者，一切奉行之而無所忌憚。」

陳獨秀以民眾啟蒙為己任，對國人「做官發財」的意識進行了深刻的批判。他指出，「此等卑劣思維，乃遠祖以來歷世遺傳之缺點（孔門即有干祿之學），與夫社會之惡習，相演而日深」，結果是，「無論若何讀書明理之青年，發憤維新之志士，一旦與世周旋，做官發財思想之觸發，無不與日懼深。濁流滔滔，雖有健者，莫之能禦。」

抗日英雄吉鴻昌將軍給下屬軍官們都送有非常普通的粗瓷大碗，所不同的是，每個碗上都燒製了這樣一行字：「當官即不許發財！」肯定會有人說，這隻碗有點古色古香，這行字也顯得「古色古香」，都市場經濟時代了，還不過時？也許有人會為闡釋這行字提供一個完全不同的平臺：「當官不發財，請我都不來！」

馮玉祥也有句名言「當官不許發財」。

美國加州核桃市有一位華裔市長林恩成頗具傳奇經歷。他三次出任市長，三次光榮退位，現在又準備幹第四任。這位華裔市長「既無權，也無錢」，像個義工一樣，勤勤懇懇，任勞任怨地為市民服務。勤奮敬業，處事公道，在市民中口碑甚佳。他說：想掙錢就不要當市長。

日前，普京在俄羅斯護法機構領導人協調會議上指出：「金錢必須與權力分家。」他強調：「這也是對每位官員，每位國家機關工作人員或者護法人員的要求。想要掙錢，那就下海經商；想要為國服務，那就靠工資生活。」

做官發財是官僚政治從娘胎中帶來的一種古代「官場愛滋病」。從傳統上，中國人提倡「萬般皆下品，唯有讀書高」。為什麼要讀書呢？學而優則仕，讀書當官。當官有什麼好處呢？「三年清知府，十萬雪花銀！」

從某種意義上說，做官就是要用苦心、嚐苦味、使苦勁、出苦力。鄭板橋有一首〈青玉案〉，述說他的做官之苦：「十年蓋破黃綢被，盡歷遍，官滋味。雨過槐廳欠似水，正值潑茗，正當開釀，正是文書累。」把當官的苦處描寫的淋漓盡致。從現有的史料上看，鄭板橋為官確實很苦，他後來在揚州過著「宦海歸來兩袖空，逢人賣竹畫清風」的苦日子。這種做官苦，其原因很清楚：一則廉潔自律，不貪錢財，經濟上苦；二則勤政為民，排憂解難，工作上苦；三則為民謀福，嘔心瀝血，精神上苦。在「黑海沉浮」「物慾橫流」的封建時代，像鄭板橋這樣，獨步清流的好官固然有一些，但畢竟是少數。

其實不在其位不謀其政，沒當官不知道當官的苦處，就像天上不會掉餡餅一樣，很多官都是經過父子兩代人的苦心經營才有了如今的錦衣玉食，風光無限。當然貪官也不是隨隨便便把鈔票往口袋裡裝那麼簡單，即便是巧取豪奪也是有風險的，大家都知道重慶公安局副局長文強在位時是大權在握，耀武揚威，呼風喚雨，名車美人，享之不盡。可現在是落網之魚，曾經好不容易收集起來的巨額財富，到頭來還不是一場空？折騰了一個大圈圈，又回到了一窮二白，還搭上卿卿性命，早知如此，何必當初！

官好當嗎？現在許多官員的疾病和職位成正比，許多官員因為酒池肉林把身體早早吃垮了，五十出頭心臟就搭橋、放支架。其實許多飯局他們也是不得已而為之，為此苦不堪言。據不完全統計，為官者大多是健康欠佳，短命之人，都是這山珍海味給害的，誰說當官的風險不大呢？

其實為人處世，要看盡這世態炎涼。大官也好，小官也罷，不過是場骯髒的交易，只要手中有一點權，就想以權生財。所謂人為財死，鳥為食亡，世上能有幾人見財不起意呢！

據說，我們的政府官員是人民的公僕，但是在歷史上，偷盜主人的錢財、霸佔主人妻妾的僕人不勝枚舉呀！

戰國時代莊子曾說：「鷦鷯巢林，不過一枝；偃鼠飲河，不過滿腹。」人的一生，食不過三餐，衣不過五尺，何必那麼貪婪呢？

我常常想，如果老山天天打仗就好了，官員就職之前先送到老山前線考驗一下，恐怕絕大多數人會對官位躲避不及，買官賣官也就絕跡了。

「溥天之下，莫非王土！」

如果你有機會去國外觀光，只要稍加留意，在東京、華盛頓、紐約都可以看到釘子戶。比如在幾十層的高樓大廈旁，有一個小樓，那就是釘子戶。他不願意拆遷，誰也拿他沒辦法，大樓只好圍著他建，你還不能剝奪他的採光權，這就是私有財產神聖不可侵犯的標誌。

聽在美國定居多年的朋友講，如果在紐約買房，是永久產權，終身屬於你。不但地皮是你的，地底下八百英尺之內也是你的，八百英尺之下才屬於國家。天空在一定尺度內屬於你的，高於多少尺的時候才屬於國家。

大家可能不太明白這個概念，我在美國聽到時也一頭霧水。天，我要它幹什麼？實際上它是在保護你的空間，否則哪天市政府高興了會再收天的錢！你想想，如果這個天不是你的，旁邊就可以建一個中央電視臺那樣的樓。現在天是你的，就可以保證沒人在你家那兒建電視臺。地是你的，真的八百米之內挖出石油、挖出煤礦，你自然而然成為股東，也就可以分紅。在美國國有的概念是，當你處在一個州，這個州發現一個大油田，你又有這個州的居住權，你就跟著分紅了。

如果中國也實行這樣的政策，你的房子幸好在油田的地面上，那麼中石油每賣出一桶油就會分你一毛錢。國家老說我們是國企的主人，所以退一步講，我們無論住在哪裡也自然佔有國企的股份，但是國企給你分過一分錢紅嗎？

據報載，二〇〇五年二月，湖南漣源市吳某在沒有辦理任何手續的情況下，擅自在自家雜屋內開採了一個小煤礦。之後，同村其他幾人加入並負責煤礦的一些管理工作，同年六月，該煤礦開始出煤。當地鎮國土資源所發現後，先後三次向他發出《制止違反礦產資源法規行為通知書》，要求其立即停止違法行為，該煤礦才於二〇〇五年八月停止生產；但至二〇〇五年十一月，煤礦又重新開始開採，當地國土部門又於二〇〇五年十二月七日向該煤礦發出《責令停止國土資源違法行為通知書》，令其立即停止違法行為，但該煤礦無視通知內容，一直斷斷續續進行開採，直至二〇〇六年二月才停止生產。

法院審理查明，煤礦開採期間，吳某分得紅利七千元。經湖南省國土資源廳鑒定委員會確認，該煤礦破壞的煤炭資源價值為五萬三千六百九十九元。二〇一一年八月二十五日，吳某主動到漣源市公安局投案，如實供述了自己的罪行。

近日，湖南漣源市法院開庭審理了這一非法採煤案件。法院審理後認為，吳某在沒有辦理國土、採礦等任何許可手續的情況下，擅自在自家雜屋內開採小煤礦，經國土部門責令停止非法開採後，仍然繼續非法開採，其行為已構成非法採礦罪。鑒於其有自首情節，遂判處吳某有期徒刑六個月，緩刑一年，並處罰金三萬元。

昨天還說你是國家的主人，須臾間便成了罪囚。

確立拾得物的歸屬是一個有爭議的問題。拾得物返還的有償與返還無償，無人認領的拾得物歸公還是歸己，這是各國法律都有的社會問題。各國法律在調整這一社會關係時，採取了兩種截然不同的態度：

中國法律規定：「返還無償，無人認領的拾得物歸公。」

除了社會主義國家外，各國法律都規定：「返還有償，無人認領的拾得物歸己。」

日本《民事法》第二百四十條規定：「遺失物，依特別法所定，在公告後六個月內不知其所有人時，拾得人取得所有權。」

《瑞士民法典》第七百二十條規定：「拾得遺失物的人應通知失主，如失主不明，應將拾得物交付警署或自行採取適宜的招領方法。」該法第七百二十二條規定：「已履行拾得人義務的人，在公告或報告後逾五年仍不能確定所有人時，取得該物的所有權。」

臺灣《民法》第八百零三條至八百零七條規定了遺失物的權屬問題。該法第五條規定的主要內容為：「拾得遺失物，應通知其所有人；不知所有人，或所有人所在不明者，應為招領之揭示，或報告警署或自治機關，報告時，應將其物一併交存。遺失物拾得後六個月內，所有人認領的，於揭示及保管員費受償後，應將其物返還之。前項情形，拾得人對於所有人，得請求其物價值十分之三報酬。遺失物拾得後六個月內，所有人未認領者，警署或自治機關應將其物交付拾得人，歸其所有。」

《德國民法典》第九百六十五條至九百八十三條對拾得物的歸屬作了規定，主要內容為：「拾得人拾得遺失物後，應進行公示，或交警署。所有人未認領的，拾得物歸拾得人所有。」

英美法系國家的判例法也認為：「拾得人對遺失物享有『佔有權』，如有真正的所有權人放棄追索（在時效期間內未追索者推定為放棄），則由拾得人取得對遺失物的絕對權利。」

在中國，凡是地下挖出來的、地面上撿拾的無主的東西都屬於國家。因為「溥天之下，莫非王土；率土之濱，莫非王臣」。

七十年代山東姑娘撿到的常林鑽石重一百五十八・七六八克拉，長十七・三毫米，顏色呈淡黃色，質地純潔，透明如水，晶瑩剔透。晶體形態為八面體和菱形十二面體的聚形，比重三・五二，一時震驚世界。至今發現的天然鑽石無有能與此比肩者。

常林鑽石是由山東省臨沂市臨沭縣岌山鎮常林村農民魏振芳於一九七七年十二月二十一日在田間鬆散的沙土中翻地時發現的。她把這塊寶石獻給了國家，國家只給了她三千元錢的獎勵。

雖然魏振芳在那個年代辦理了農轉非戶口，由一個農民變成了一個有了鐵飯碗的工人，但在後來的國企改革中，單位倒閉，也遭遇了下崗。一九九〇年，她的丈夫李洪軒到臨沂城辦公事，被扒手掏走了數百元公款。不久，由於李洪軒在單位的壓力太大，又因公款被偷精神受了刺激，精神失常了。

前些年，魏振芳又遭遇了一場嚴重的車禍，受傷很嚴重。雖然經治療已經痊癒，但眼下仍過著捉襟見肘的生活。

我曾經卑瑣地想：此事若發生在任何一個民主國家，所拾寶物都屬於當事人。誰讓魏振芳不幸生在中國呢？

據報載，近日澳大利亞維多利亞一名「業餘探礦者」意外發現一塊重達「五・五公斤」的天然金塊，價值約達二十萬英鎊（約二百萬人民幣）……真險……幸好不是在中國大陸。

「英雄」輩出的年代

牛田洋，位於廣東省汕頭市內港，距汕頭市區只有一千米。牛田洋原是一片大海灘，漲潮時淹沒，退潮時乾出，面積萬畝以上。二十世紀六十年代初期，解放軍響應毛澤東「向海洋進軍，向海洋要地要糧」的號召，廣州軍區某集團軍一個師的兵力開進了牛田洋，對牛田洋實行圍墾造田。

一九六九年七月二十八日，汕頭地區革命委員會辦公室接到了一個非同尋常的電話：「喂！我是周恩來！告訴你們，第三號颱風，正以每小時二十公里的速度前進，……希望各有關部門注意，要積極做好防風抗災的準備工作！」十一點以後，颱風中心登陸，這一天恰是農曆六月十五，正午的潮水是漲得最高的。大風、大潮、大雨，三合一，組成了一股無堅不摧的力量。汕頭部隊明知在如此強颱風（十二級以上）面前，人是無能為力的，卻提出了「人在大堤在」的口號，命令全體官兵和全體接受「再教育」的大學生去與大堤共存亡。

颱風過後，水裡到處浮著屍體。大多數屍體只著背心和褲衩，那是搶險突擊隊的隊員們。屍體中有的三個五個手挽著手，扳都扳不開。最多的有八個戰士手挽著手，怎麼也扳不開。最後收屍的時候，只好動用了鉗子。從蓮塘避風回到司令部幼兒園的孩子們，看到一卡車一卡車的屍體，不知道發生了什麼。他們大聲地喊叔叔，可是卡車上沒有回音。「叔叔們怎麼了？」他們問老師。「犧牲了。」老師說。「叔叔沒有死，他們在招手喊再見呢！」原來，那些屍體的手隨著汽車的開動在搖擺，看上去確實像生硬的招手。孩子們紛紛向屍體招手：「叔叔，再見！」四百七十名解放軍戰士和八十三名大學生壯烈犧牲……。

七月二十八日，是牛田洋無法忘卻的日子。每年這一天，緊挨牛田洋生產基地的蓮塘小山包上，總有一群人聚集這裡，在一塊紀念碑前久久駐足，神色黯然。

這是一塊極為普通的紀念碑。「七・二八烈士永垂不朽」，九個不大的金字隸書鏤刻在紀念碑中間一條黑色直幅上，出自誰之手筆已史無可考。

英雄輩出的民族是不幸的民族，有誰的父親，會希望自己的孩子成為英雄？世俗的很多東西，耀眼而毫無價值。

社會主義國家好像都容易發生此類可歌可泣的事情：

北韓的飛行員因飛機失事，怕撞倒岸上的金日成銅像，毅然將飛機調頭墜入大海；

為了搶救落水的金正日的畫像，數位北韓海軍戰士跳海打撈不幸遇難；

據說，北韓在抗日戰爭時期，參加抗日游擊隊的老戰士們在北韓的叢山密林中把一些樹的樹皮刮掉，再刻上革命標語，例如「金日成將軍萬歲！」、「朝鮮革命萬歲！」等等。北韓人認為標語樹集中表現了人民和軍隊對金日成主席的忠誠、尊敬以及革命必勝的意志。這些樹經過幾十年時間先後被發現和保存下來，就成為「北韓革命的寶貴財富」（猶如神話！），所以北韓從軍隊中抽調專人駐紮在深山老林中，保護這些珍貴的標語樹。幾年前發生了一場山火，威脅到了一些重要的標語樹。這時候，為了保衛這些標語樹，駐守在那裡的十七個人民軍戰士就每人用雙臂抱住一棵標語樹，用自己的身體來阻擋猛烈的火焰。更感人的是，每一個戰士摘下胸前的領袖像章，把像章緊緊握在手心裡，這樣，就算他們的手被燒焦，也要保證領袖像章完好無損。就這樣，為了保衛標語樹，十七個戰士裡的十四個人都英勇犧牲了。

在二〇〇六年北韓遭遇洪水災害時，北韓中央通訊社曾報導，北韓東部的一名林業研究所官員在房子被泥石流襲擊時，因奮力搶救領袖金日成和金正日父子的肖像而英勇犧牲。還有一名礦工手拿著金正日的肖像畫爬上屋頂，並將畫像交給前來搶救的礦工們，自己卻與房子一道被洪水沖走。北韓中央通訊社評論稱：「像這樣激動人心的事蹟在洪水肆虐的災區隨處可見。北韓人民深明大義，為了領袖，他們可以毫不猶豫地獻出自己的生命。」

那些年許多人想當英雄都快瘋了，一九六八年四月二十四日，《解放軍報》頭版頭條發表由《解放軍報》

通訊員、《解放軍報》記者聯合採寫的長篇通訊〈心中唯有紅太陽，一切獻給毛主席——記保衛無產階級文化大革命的英雄戰士劉學保〉，並配發評論員文章〈千萬不要忘記階級鬥爭〉。文中寫道：

> 劉學保發現「反革命分子」用來破壞大橋的炸藥包已經拉燃導火索，便「以驚人的勇敢』衝上橋墩，抱起炸藥包，往遠離大橋的河灘跑，邊跑邊高呼「毛主席萬歲！萬萬歲！」最後將炸藥包扔出去，大橋保住了，劉學保卻「失去了左手」……

然而，劉學保的這一切言行都不過是在「做秀」，是在那個荒誕年月裡做「革命秀」、「英雄秀」。劉學保的「英雄」偽裝，在文化大革命結束之後被剝去了。塵埃落定，水落石出，真相終歸大白於天下。原來，他不但不是什麼英雄，倒是一個十分兇殘的殺人犯！

調查結果證實，所謂的「反革命破壞分子」李世白是被劉學保為製造假案而騙去現場殘忍地殺害的。當時李世白被劉以斧頭砍、石頭砸而致顱頂頭皮裂開、顱骨開放骨折，尚未斷氣，在與劉學保一起被送往醫院途中，因劉學保誣其是「反革命炸橋罪犯」，因而得不到醫護人員及時救治，還不斷受到「革命群眾」槍托捅搗，最終含冤去世。一九八五年蘭州市中級人民法院以故意殺人罪判處劉學保無期徒刑。

真是「英雄」輩出的年代呀！

行善莫圖回報

蒲松齡《聊齋》裡面有篇〈考城隍〉，主人公宋燾的試卷裡面有副對子：「有心為善，雖善不賞，無心為惡，雖惡不罰。」

我對此的理解是，如果一個人是為了得到榮譽、贊譽，而不是發自內心的為善，那麼這種善是不應該得到獎賞的。如果一個人不是成心做錯事，那麼就不必懲罰他。

孫思邈在《備急千金要方》〈養生精華——道林養性〉中說：「慎勿詐善，以悦於人。終身為善，為人所嫌。人為陽善，人自報之；人為陰善，鬼神報之。人有修善積德而遭凶禍者，先世之餘殃也。為惡犯禁而遇吉祥者，先世之餘福也。」

孫又說：「故善人行不擇日，至凶中得凶中之吉，入惡中得惡中之善。惡人行動擇時日，至吉中反得吉中之凶，入善中反得善中之惡。此皆自然之符也。」

因此有動機或有功利心的為善終將走向善的反面。同《世說新語》中母親嫁女，叮囑其「慎勿為好」有異曲同工之意。

其實雷鋒當年做好事的真實目的就是為了得到回報，不是說雷鋒做好事不留名嗎？但他把所做的好事都寫在了日記裡，一件不拉，日記又是經過專門的寫作班子字斟句酌地修改過的。要不怎麼他做的每一件小事，連宇宙人都知道了呢？

雷鋒出差的機會相當多，經常坐火車。作為一個小小的班長，怎麼有那麼多出差的機會呢？仔細看雷鋒的事蹟才知道，原來雷鋒成了典型之後，經常到外地宣講自己的先進事蹟，兄弟部隊請，他去；工廠請，他去；

學校請，他也去……老講過去的那點事，未免成了老生長談，所以他得增加新內容啊，所以才每時每刻都在尋找做好事的機會。這也難怪「雷鋒出差一千里，好事做了一火車」了。雷鋒每每故意做好事，他做好事是為了積累更多的政治資本，這樣的「好人」，「雖善不賞」！

他即便給人送去一斤蘋果，還要附一封慰問信，信上自然要署名。於是人們就會迅速地找到這個做好事不留名的雷鋒。有時就在趕赴報告會場的途中，還要把部隊發的棉手套送給途中遇到的老太太，旋即在演講中有了新的內容。

雷鋒做的許多好事都是值得質疑的。一個士兵的主要任務是練兵、打仗，刻苦鑽研軍事技術。部隊的紀律非常嚴格，基本上和社會脫節，即便外出都要請假，按時歸隊。怎麼雷鋒好像自由人，成天在社會上遊蕩，到處在尋找做好事的機會？

既然請假去看病，看完病就要按時歸隊，怎麼一會兒跑到建築工地上推車？一會兒又去搶救水泥？社會上需要我們出力的地方太多，軍營才是一個戰士須臾不能離開的崗位。

雨夜送大嫂，晚上未經批准離開軍營，違反軍規；熄燈後打著手電看書，違反軍規；未經批准拆開軍帽給別人補褲子，違反軍規；在非常寒冷的早晨脫掉自己的棉褲送人，自己最多只留內褲，穿著去團裡開會，違反軍規；補千層底的襪子，暴露了我軍裝備的寒酸，違反軍規；作為一個班長，不按規定時間起床，在起床號前去拾糞，違反軍規。

一個士兵不做好本職工作，一心想著出名，站著就走思出神，在指揮倒車時竟然喪命，正應了那句古話：「人為陰善，鬼神報之。」

在歐美，人人是雷鋒，好事都是在不經意間做的，並不追求回報。助人為樂，是一個公民必須具備的品德，「忠孝禮儀勇、溫良恭儉讓」一直是中國儒家的君子仁義之學，怎麼到了我們國家就成了鳳毛麟角？

諾貝爾和平獎獲得者特雷莎修女所做的好事，遠遠超過雷鋒幾十倍。如果說白求恩的盡職盡責是因為他是共產黨員，那麼被譽為「護理鼻祖」的南丁格爾呢？

雷鋒是個政治的產物，一個政治怪胎，和道德楷模無關。毛澤東所謂的階級鬥爭是你死我活的暴烈行動，雷鋒則把它具體化了，告訴給年輕的一代，階級鬥爭就是要「奪過鞭子揍敵人」。再加上藏族歌手才旦卓瑪用歌聲前來助陣，用雷鋒語錄譜曲的〈唱支山歌給黨聽〉裡「奪過鞭子揍敵人」一句，經她的歌喉一唱，悅耳動聽的歌聲頃刻間傳遍大江南北，變得家喻戶曉，對社會的毒害就更加嚴重了。「對待階級敵人就是要像秋風掃落葉一樣殘酷無情。」殘酷無情是個令人毛骨悚然的恐怖詞彙，那時的大中小學的學生都深深地記住了雷鋒大叔的話，文革的殘酷無情也的確充分表現出來了。雷鋒——毛主席的好戰士、好學生，在到處充滿血腥味兒的文革打打殺殺的過程中，他的思想也表現出兇猛殘暴的一面，文革的罪惡也不能少了他的那一份兒。

這些在雷鋒精神鼓舞下成長起來的紅衛兵是人嗎？我看不出他們身上的人性來，無論怎樣看待他們，在我頭腦裡總是顯現出希特勒的黨衛軍和衝鋒隊的身影。

「善有善報，惡有惡報」，行善便有善報。但是刻意追求善報而去行善，便很難得到善報，正所謂「有心栽花花不開」。所以佛教教人行善而不要有行善的念頭，更不要有所求，否則你所行的善便會大打折扣。雷鋒廿二歲就死了，其實是報應。

關於賑災的軼事

當年林彪手下有一員大將叫黃永勝，他在一九六〇年三年困難時期，冒著危險，違反軍法，私自調軍糧送給家鄉父老，把全村人都給救活了。後來林彪東窗事發，黃永勝被牽連，村、鄉、縣、市、省各級批鬥黃永勝大會，都無功而返，批鬥人員均被村裡面的老百姓攆跑了。這樣有佛心的執政者寥若晨星，即使有也不會有好下場，否則他怎麼會成為林彪反革命集團的成員?!

建國初期的儲備糧，主要囤積在全國基層各區縣的糧庫。為隨時應付帝國主義和修正主義對我國的封鎖和侵略，中央規定，基層一級政府對這些儲備糧只有看護的義務，無絲毫動用的權力。這項義務，也是關係到「黨和國家生死存亡」的重中之重，如有違反，輕則坐牢，重則殺頭！

某雜誌去年刊發了一篇題為〈一次冒死的開倉放糧〉的文章，講述原重慶市長壽縣委書記紀俊儀在「三年災害」期間，抵制左傾路線，為挽救更多人生命，冒著丟烏紗帽甚至坐牢的危險開倉放糧，形成新中國首例「開倉放糧案」：紀俊儀等各級幹部一直在努力防止水腫病的惡性發展，在得知餓死人的消息之前，就向當時的政治局委員、四川省委第一書記李井泉爭取四千萬斤的救濟糧，在遭到重慶市相關部門領導的阻撓後，救濟糧在一九六〇年農曆正月初二下發，挽救了成千上萬人生命，而原長壽縣雙龍區委書記張開華，更在除夕夜開倉放糧三百萬斤，事後受追查時，紀俊儀以「縣委」名義為其承擔了責任。

在《溫故一九四二》中，劉震雲在講述一九四二到一九四三年河南大饑荒之後，在結尾處用大段文字談論了所謂的河南百姓（農民）「幫助日軍解除國民黨武裝」的問題：

後來事實證明，河南人沒有全部被餓死……當時為什麼沒有死絕呢？是政府又採取什麼措施了嗎？不是。是蝗蟲又自動飛走了嗎？不是。那是什麼？是日本人來了——一九四三年，日本人開進了河南災區，這救了我的鄉親們的命。日本人在中國犯了滔天罪行，殺人如麻，血流成河，我們與他們不共戴天；但在一九四三年冬至一九四四年春的河南災區，卻是這些殺人如麻的侵略者，救了我不少鄉親們的命。他們給我們發放了不少軍糧。我們吃了皇軍的軍糧，生命得以維持和壯大……在這種情況下，為了生存，有奶就是娘。吃了日本的糧，是賣國，是漢奸，這個國又有什麼不可以賣的呢？有什麼可以留戀的呢？……所以，當時我的鄉親們，我的親戚朋友，為日軍帶路的，給日軍支前的，抬擔架的，甚至加入隊伍、幫助日軍去解除中國軍隊武裝的，不計其數……據數據記載，在河南戰役的幾個星期中，大約有五萬名中國士兵被自己的同胞繳了械。

在日軍攻克的湯恩伯部倉庫中，僅麵粉便存有一百萬袋，足夠二十萬軍隊一年之用。人們咒罵湯恩伯為什麼不分出一些來賑災！但萬萬沒有想到的是，日本人竟然拿出這批軍糧賑起了災。

一九六〇年，四川各地的生產隊，家家都有人餓死。有的家死了一半人；有的全家死絕。有的去田裡幹活，走在田坎上就倒下去了；有的下山去趕場，回來沒有力氣爬坡，就倒在坡上。每個趕場天都會見到餓斃的屍體，也沒有人理，因為沒人有力氣抬回去或就地掩埋。在農民的口中，吃食堂那幾年是他們有記憶以來人生最黑暗的日子。

一九六〇年八月二十三日，這一天可能那一代四川人都不會忘記。大饑荒已很嚴重，許多人營養不良全身浮腫，就在這樣一個絕望的時候，那一天清晨饑腸轆轆的人們醒來，駭然聽說四川省當局宣佈四川省糧票全部作廢。許多市民氣得跺腳，欲哭無淚。要知道，他們身上已變成廢紙的糧票都是餓著肚子一口口省下來的，那是要用來救護年幼的兒女的，那時的糧票比金子還要貴重。

李井泉宣佈廢掉省糧票，川人對他恨之入骨。四川死人全國第一，有八百多萬，李井泉有重大責任。

大饑荒後，肇事的省級幹部們僅僅做了走過場式的檢討了事。四川餓死了八百多萬人的省委書記李井泉甚至後來還被提拔當了西南局第一書記。他揚言：「中國這麼大，哪朝哪代不餓死人？」

李井泉主政四川十七年，一貫極左。通常是在中央已經過左的政策上再加倍偏左。對此，白樺的評語是比較貼切的：「李井泉不僅是不折不扣，而且變本加厲地執行極左的方針，硬是把一個天府之國治理成一個飢餓之鄉。在四川，有口皆罵，實在是很不容易！很多四川人在文革中對李井泉有過冒犯，但至今不悔。」

幾年後的文革中，李井泉遇到了比他更左十倍的紅衛兵、造反派，被鬥得家破人亡：本人遭到造反派的綁架（見何蜀的《「紅衛兵綁架李井泉」始末》），被修理的死去活來；夫人蕭里在揪鬥中，頭髮全部被扯光，最後含冤上吊；孩子們沒錢吃飯，到垃圾箱去撿東西吃。這對李井泉的嘲諷實在是太大了，他餓死自己管轄的老百姓，後來卻幾乎餓死他的孩子。更可怕的是，在北京航空學院上學的二兒子李明清受到他株連，被造反派打到幾乎要嚥氣的時候，被送到火葬場，竟然活著就塞進焚屍爐，燒成了一把灰。

濟公說得好：「心中有佛也有魔，是佛是魔在自作。」一介平民心中有魔，即使是殺人搶劫，也不會造成太大的危害；執政者心中有魔，就會使千千萬萬的國民流離失所、家庭離散、被欺侮，被損害，餓殍遍野、死於非命。執政者心中有佛，愛心所至，會拯救萬千良民脫離苦海，善莫大焉。

國不愛民，民何以愛國？

七十年代有一個電影，講的是國共戰爭中，民工推小車支援前線，支援解放軍，也就是共軍打敗國民黨反動軍隊，解放全中國的故事。此電影並非全為虛構，當年解放軍有上百萬軍人，而支前的北方農民應該有五百萬左右。這是軍隊後勤保障的主要力量，說民工用小車推出了一個新中國，也非虛言。

網上有一張八國聯軍一九〇〇年八月十四日攻打清朝皇城，大清子民競相扶梯相助的照片；還有一張百千民眾手推獨輪車支前的照片，他們支的不是八路軍，支的是金髮碧眼的洋大人。當時的清兵和義和拳民不下二十萬，清廷和聯軍比例約十比一。裝備上，聯軍有的滑膛槍清兵一樣不缺，而重武器還不如守城的清兵多。為何然清兵會一敗塗地，鬼哭狼嚎屁滾尿流，逃了個精光？就因為有那些穿布衣長衫的百姓充滿熱忱，奮力協助聯軍。情況真會這樣嗎？不信你去看看那些歷史照片！

平時一堆八旗子弟王公貴族在老百姓頭上拉屎撒尿，義和團燒殺搶掠如同惡魔，老百姓一點辦法也沒有，突然來了一堆洋大人，老百姓見到他們如同救星，能不爽麼？因此有人說：國不愛民，民如何會愛國？

馮小剛拍的《溫故一九四二》就是反映河南饑民幫助日軍對抗國民政府的事。百姓冒死給日本侵略軍送糧，幾萬蔣軍被百姓繳械。

抗戰爆發以後，幾十萬軍隊駐紮在河南，軍糧、草料、兵源全部「就地取材」。一九三七年到一九四二年，河南出兵出糧均列全國之首。異常沉重的兵役徭役和賦稅，使得河南民力物力財力早已枯竭。

在蔣介石看來，河南是中日軍隊角逐的主要戰場，而非相對穩定的大後方，他隨時準備放棄河南。因此，他提出「不讓糧食資敵」的口號，一面將河南農民搜刮殆盡，一面隨時準備拋棄這三千萬子民。正是沿著這樣的邏輯，他才會在一九三八年下令炸開花園口黃河大堤。正是這件事情，導致了一九四二年河南的大旱及饑饉。

據《泰晤士報》記者哈里森・福爾曼記載：「一路上的村莊，十室九空了」，餓狗畏縮著尾巴，「在村口繞來繞去找不到食物……吃起了自己主人的餓殍」。「無窮無盡的難民隊伍，隨時因寒冷、飢餓或精疲力竭而倒下；尋找一切可以吞嚥的東西來吃的饑民，因此而失去生命；一群群恢復了狼性的野狗，肆無忌憚地吞噬著死屍……最觸目驚心的，母親將自己的孩子煮了吃，父親將自己孩子煮了吃……有的家庭，把所有的東西賣完換得最後一頓飽飯吃，然後全家自殺……」

湯恩伯部向豫西撤退時，「歷史性一幕」發生了：豫西山地的農民舉著獵槍、菜刀、鐵耙，到處截擊這些散兵游勇，後來甚至整連整連地解除他們的武裝，繳獲他們的槍支、彈藥、高射炮、無線電臺，甚至槍殺、活埋部隊官兵。五萬多國軍士兵，就這樣束手就擒。

「中原王」湯恩伯惱羞成怒，這位河南民眾口中的「四害」（水、旱、蝗、湯）之一，把中原會戰失敗的罪責推到河南百姓身上，破口大罵：河南人都是賣國賊。

在日軍攻克的湯恩伯部倉庫中，僅麵粉便存有一百萬袋，足夠二十萬軍隊一年之用。人們咒罵湯恩伯為什麼不分出一些來賑災！但萬萬沒有想到的是，日本人竟然拿出這批軍糧賑起了災。

當有人像湯恩伯一樣責罵河南農民站在日本人一邊，並且幫助日本人對付他們自己的中國軍隊時，傑克・貝爾登用英語記錄了河南農民理直氣壯的回答：「Could the Japanese be worse than the army of Chiang Kai-shek?」──難道日軍會比蔣軍更壞嗎？

其實，何止一個河南，其他地方這樣的事情也不新鮮。《劍橋中國史》還記載：「一九四三年在湖北，一位中國司令官抱怨說：『鄉民……偷偷地穿越戰線，把豬、牛肉、大米和酒送給敵人。鄉民寧願做亡國奴，也不願在自己政府下當自由民。』」

每年的一月七日，是柬埔寨的正式國家節日，而這一天正是一九七九年越南軍隊攻陷金邊的日子，柬埔寨人民固執地將其定義為「大屠殺逾越日」。倖存的柬埔寨人民心存感激地設立了這樣一個節日，並在金邊豎立解放紀念碑，用以紀念「侵略者」的功德，哀悼數以百萬計的被屠殺者並以此警示後人。

一九七八年十二月二十五日，越南十萬大軍侵入柬埔寨，出乎意料的是，所到之處，柬民眾夾道歡迎，爭相成為「帶路黨」，僅兩週金邊即告淪陷，紅色高棉政權崩潰。正是「入侵者」的到來，使他們免於屠殺。越軍撤離時，百姓夾道歡送，如同親人。

在所謂的社會主義大家庭裡，狗咬狗的內訌屢見不鮮，但越南出兵柬埔寨，應該是唯一一次具有國際主義精神的事件。無論人們把越南人稱作解放者也好，入侵者也好，正是他們，而不是別人，在客觀上終結了人類歷史上最令人髮指的血腥大屠殺，拯救柬埔寨人民於水火，這是不爭的事實。

一九八九年侵略柬埔寨後，越軍撤離金邊，同時中越邊境戰爭也宣告徹底結束。網上有越南撤軍時，柬埔寨人民歡送「侵略軍」時，「依依惜別」的一些鏡頭，我看過後驚愕地說不出話來。

群眾眼睛何以雪亮？

群眾的眼光是雪亮的嗎？孟子就是這樣認為的。有一回，齊宣王問孟子：「吾何以識其不才而舍之？」也就是要孟子教教自己怎樣才能識別人才，把那些無所作為甚至禍害百姓的官員從領導崗位上撤下來。

孟子說：「左右皆曰賢，未可也；諸大夫皆曰賢，未可也；國人皆曰賢，然後察之，見賢焉，然後用之。」一句話，任人要唯賢，是不是「賢」要看「群眾」的意見。說他賢，他就賢，說他不賢，他就不賢。這是孟子又在見縫插針地宣傳自己的「民本」思想。一言以蔽之，領導在選拔人才上要充分相信群眾，依靠群眾，因為群眾的眼睛是雪亮的。

老夫子所說的「群眾」自然是兩千多年前那些淳樸的群眾。淳樸之下，群眾的眼睛也許真是雪亮的，現在，我可不敢說。

有人認為，「群眾的眼睛是雪亮的」這句話欺騙中國人幾十年。這個口號是出於某種政治目的喊出來的，歷史已經證明群眾的眼睛不是雪亮的，多數情況下都是錯誤的。比如義和團和太平天國都是被謠言煽動起來的群眾運動，是非常荒唐的，這就證明了群眾的眼睛不是雪亮的。

文革中的紅衛兵不在少數，他們到處打砸搶、濫殺無辜。你能說他們的眼睛是雪亮的嗎？

至於足球運動往往是球迷情緒發洩的場所，球迷的情緒非常不理智，他們更喜歡對自己有利的謠言。中超球迷的眼睛一點也不雪亮，在大多數情況下都是非理性的，判斷都是錯誤的。

你看過投票舉拳頭選出來的所謂「賢者」嗎？那是真正的賢者嗎？人與人之間錯綜複雜牽牽絆絆的利害關係，賢者得道後的蠅頭小利乃至「雞犬升天」，「群眾」真的能繞的開麼？在我聽說過的村選中，不是常有幾斤沙拉油，幾十斤大米，甚至不過是兩袋洗衣粉就能讓我們的「群眾」把自己村子裡的所有權拱手出讓給那些無品無德卻是先富起來的人嗎？而那些已經拿了人家好處的鄉幹部，就會打著尊重民意的幌子，順水推舟，讓這「民意」選舉出來的所謂賢者，披紅掛彩，走馬上任。於是乎，我們的「民本」思想就這樣得到了體現。

北京上海人民群眾的眼睛雪亮嗎？才不！從這次異地高考政策出臺就可看出，那裡的人民有時眼睛很瞎。教育部要滑頭把制定農民工孩子異地高考的政策推給下面，下面以民意之名不容許農民工孩子異地高考，他們真的冷酷到「寧願讓留守兒童受侵害，也不讓他們跟隨父母來上學」。同為中國人往往就是這麼壞，這麼惡毒！

「群眾的眼睛是雪亮的」，是毛澤東的名言。意謂群眾的頭腦是清醒的，智慧是豐富的，判斷是正確的，群眾比領導幹部高明。但「群眾的眼睛是雪亮的」，是有前提條件的，不能氾濫無際，它首先要經過領導權力者的過濾、認證，才能發生效力。你認同政府你就是群眾，你支持政府立場你的眼睛就是雪亮的。如果你背離了這個原則，你就是「不明真相的群眾」，就是「受蒙蔽的群眾」。雖然這一切都在領導的可控之中，但「群眾的眼睛是雪亮的」一句輕飄飄的美譽、許諾，就可以讓人們喪失求知欲望，活在「可使由之」的滿足、愚昧裡。

在那個荒唐的年代裡，在瘋狂的階級鬥爭中，領袖鼓動人民「打一場『大革文化命』（或『埋葬帝修反』）的人民戰爭！」群眾亮出「火眼金睛」，剝開「階級敵人」的畫皮，使之無所遁形。其邏輯的前提是「群眾是真正的英雄」，群眾想領袖所想，恨領袖所恨，替偉大領袖復仇，眼睛如何能不「雪亮」？

同為群眾運動的「四五」天安門事件，雖然聲勢浩大，但此時群眾的眼睛就不再「雪亮」了，成了「受蒙蔽」的芸芸眾生。

在沒有知情權的時代，群眾的眼睛是無法雪亮起來的。在一個信息資源被壟斷的區域內，公共資源無論如何也不可能實現「公共」，老百姓當然無法明白公共事務的真相。只能是被「雪亮」。

因此，「群眾的眼睛是雪亮的」，這本身就是一句以訛傳訛的話。

全國每年都有大規模的群體事件發生，確實都有「不明真相的群眾」參與其中。對於很多中國人來說，「群眾的眼睛是雪亮的」是他們最熟知也最樂於接受的一個說法。可如今，「群眾」的前面又加上了「不明真相」的定語，這就難免讓一些人感到疑惑：既然「群眾的眼睛是雪亮的」，那麼他們又怎麼會「不明真相」？這不是很矛盾嗎？針對群眾，我們是相信「眼睛雪亮」說，還是相信「不明真相」說？看來，這個問題實在值得我們深入思考。

法國思想家勒龐的觀點值得重視。勒龐在《烏合之眾》一書中指出，群眾具有衝動、易變、偏執、極端等心理特點，他們總是傾向於把複雜的問題轉化為簡單的口號和激昂的情緒，因此，約束個人的道德和法律會在群情激憤之時失效。「孤立的個人很清楚，他不能焚燒宮殿、洗劫商店，但是在成為群體的一員時，他會意識到人數賦予他的力量，這足以讓他生出殺人劫掠的念頭，並且立刻屈從於這種誘惑」，「群體很容易做出劊子手的行動，同樣也很容易慷慨赴義，成就英雄壯舉」。所以，群眾運動「兼有殘忍和崇高兩種截然不同的主旋律」，崇高的時候，能起到「道德淨化」的作用，而殘酷的時候，則「對強權俯首帖耳，卻很少為仁慈心腸所動……對軟弱可欺者冷酷無情，無所不用其極」。對照袁崇煥，郭嵩燾和文革忠良的遭遇，我覺得勒龐的這一理論十分正確，袁、郭和文革忠良正是在成為弱者後被不明真相的群眾殘忍對待，「無所不用其極」。

知曉了勒龐的學說後，我們就該明白，任何企圖給「群眾」做單一定性的說法都是不可靠的。群眾是善變的，「眼睛雪亮的」是他們，「不明真相的」有時也是他們，兩種說法都成立，關鍵就要看事件發生時的具體情況，正所謂「具體問題具體分析」。明乎此，我們既不必為「眼睛雪亮」說而沾沾自喜，也不必為「不明真相」說而耿耿於懷。我們最應該做的，就是構建一種好的制度，營造一種和諧的社會氛圍，從而促使群眾運動更多地表現出「崇高」的一面，而不是展現其「殘忍」的一面。

偉人曾教導我們：「群眾的眼睛是雪亮的。」意思是說，任何妖魔鬼怪，經過群眾那雙雪亮的眼睛一看，無不原形畢露。我相信偉人這句話是在特定的歷史背景下說的，並非絕對真理。

因此，只有當公民監督、輿論監督、權力監督、法制監督有機地結合，政治治理結構才能模式化和常態化，「群眾的眼睛是雪亮的」這個命題才能成立。

卡斯楚說：「真正的領袖是這樣的人，他們對人民不投其所好，不認為人民此時此刻喜歡什麼、歡迎什麼就講什麼。他們講最能啟發人民靈感的話，講最符合人民長期利益的話，講對他們所代表的人最有長期好處的話。」

其實，仔細想想，老卡這句話不無道理。

關於投降的思考

在朝鮮戰爭和越南戰爭中，美軍官兵上衣口袋裡都裝有降書，為一塊三十乘四十釐米的淺黃色尼龍綢，印有十三種文字，中文居首，最為醒目，有漢字和漢語拼音兩種，內容為：「我是美國人，請不要殺我，並設法把我送回去，我會通過美國政府交涉，給你們以報答。」中國媒體稱其為投降書，美軍正式名稱為求救書。

聽志願軍老兵說，美國大兵投降的方式都是一樣的，看見有人來抓，雙手高舉，雙腳略彎，略帶發抖。然後恭敬的給你一張上面有三種文字的布片，「您好，我是美國人，你能把我救出去，給你錢。」剛開始還以為他們怕死，問他們，他們說，一看見中國士兵來了，他們就很高興，一點都不怕。（什麼邏輯啊？）後來才知道他們都是訓練過的，雙手高舉，身子發抖是對神的祈禱，求萬能的主保護。

據說，美國有法律規定：士兵在喪失戰鬥力、取勝無望的情況下可以在沒有接到命令的時候，自行撤退；撤退不了，可以投降。

甚至，美國士兵在飲食、服裝得不到有效供給的時候，可以拒絕戰鬥。所以我們就可以理解，為什麼美國人打起仗來，要花費巨額成本，往前線運送大量的牛肉、可口可樂。我常常想：這樣的軍隊如何能打勝仗？

西方的軍事文化傳統認為，戰場上士兵不是冰冷的數字，他是一個母親的全部。因此士兵在失去作戰能力之後，選擇投降，保全生命，並不有損於軍人的榮譽。所以他們在彈盡援絕、受傷等情況下，出於人道主義考慮，應該選擇投降。

其實美國人的這種情況發生，歸根到底是由於他們民族的意識形態所決定的，他們認為自己的生命和自由是高於一切的，包括他們的國家利益，所以當他們陷入困境時大多會選擇投降。

一個長久以來困擾我的問題再次出現：如果我軍某個執行任務的士兵團隊，失去了戰鬥力，也等不到援助，這種情況下，是否允許其投降？

美國戰俘回國，受到英雄般的禮遇；歐洲某戰俘回國若干年後，競選當上了總理。這些，在中國，可能嗎？

投降這個詞，在中國人眼裡歷來是不光彩的。中國軍人在勝利無望時寧可與敵人同歸於盡。在對越自衛反擊戰中，每個戰士腰間都別有一顆光榮彈，組織上告知他們：當敵人逼近時你們應該與他們同歸於盡，殺身成仁。我終於明白中國人的生命是最不值錢的！

其實，勝敗乃兵家常事，沒有任何一方是常勝將軍。今天你獲勝，人家投降；明天人家獲勝，你投降。中國的戰爭史、世界戰爭史都是這麼寫出來的。

投降是戰爭中不可避免的事情，說白了也不過是戰爭中的一種手段。古代越王勾踐當了吳王夫差的俘虜，他「臥薪嚐膽」先敗後勝，最終滅了吳國；國軍將領傅作義率部投誠，保護了北京這座歷史名城不被戰火摧毀；日本挨了兩顆原子彈宣佈投降，保全了國民和國家資源，現在成了世界經濟強國，如此等等。如果沒有投降這一說，恐怕不少民族甚至人種早就會被斬盡殺絕，今天的世界文化也沒這麼豐富多彩了。

據報載，在朝鮮戰場上被俘的志願軍戰士們回國後的境遇很淒慘，有關人員都在向他們質問：你們為什麼不自殺？怎麼能甘當俘虜？怎麼能好意思活著回來，真是奇恥大辱！

前兩天看了一篇回憶對越作戰的文章，裡面講一九七九年打越南，往回撤的時候我軍有一個連隊被層層包圍了，再繼續打下去只有死路一條。越軍喊話要他們投降，連長指導員就召開黨支部緊急會議，商量到底怎麼辦，除了一個排長表示誓死不降之外，大家都同意投降。那個排長揮著槍命令一些戰士往外衝，連長、指導員就讓人把排長捆住，帶著連隊向越軍投降當了戰俘。

結果怎麼樣呢？戰爭很快結束，雙方交換戰俘，這個連隊的指戰員們全都活著回來了。再後來呢，連長、指導員被判死罪，拉出去槍斃，那個排長雖然堅持原則也沒當上英雄，處理轉業回鄉務農，全體戰士一律復員回家。這個故事真是令人回味。

如果連長、指導員決定不投降，結果可想而知，全連流盡最後一滴血，統統戰死，集體當上烈士。何等可歌可泣！何等可嘉可獎！可惜的是連長、指導員決定投降，讓弟兄們跟著自己當了戰俘。這兩個老兄難道不知道自己帶著弟兄們投降會是個什麼下場嗎？

戰爭是殘酷的，戰場情況是複雜的，戰爭並不是以死人為目的。作為指揮員，只知道讓士兵們去拼命，去作無謂的犧牲，藉以換取自己的功名榮譽，犯的是比投降罪更殘忍的故意殺人罪。

誰有權利不容許士兵投降？政客們無權說此話，將軍們也無權，除非他們自己的孩子正在被敵人包圍之中。

那些前線的士兵如果自發地表示：「不成功，便成仁。」那麼，我們尊重他們，並向他們致以崇高的敬意。

士兵的父母有一點權利說不許投降。同樣贏得我們的尊重。

其他那些沒有資格的人，如果想說不許士兵投降，那就請閉嘴！

曾國藩的〈愛民歌〉與美軍的軍規

一八五八年（咸豐八年），曾國藩在江西建昌營中親自編寫了一首〈愛民歌〉。其歌云：

三軍個個仔細聽，行軍先要愛百姓，
賊匪害了百姓們，全靠官兵來救生。
第一紮營不貪懶，莫走人家取門板，
莫拆民家搬磚石，莫踹禾苗壞田產，
莫打民間鴨和雞，莫借民間鍋和碗。
第二行路要端詳，夜夜總要支帳房，
莫進城市進鋪店，莫向鄉間借村莊，
無錢莫扯道邊菜，無錢莫吃便宜茶，
更有一句緊要書，切莫擄人當長夫。
第三號令要聲明，兵勇不許亂出營，
走出營來就學壞，總是百姓來受害，
或走大家訛錢文，或走小家調婦人。
愛民之軍處處喜，擾民之軍處處嫌，
軍士與民如一家，千記不可欺負他。

當時湘軍與太平軍相戰甚酣，曾氏寫〈愛民歌〉的目的，就是以此教育、約束湘軍官兵，加強紀律性，以贏得民心。

曾國藩治軍治學思想在舊時代有較大影響。蔣介石非常欽敬曾國藩，自認是曾氏的私淑弟子。一九一七年毛澤東曾表示：「愚於近人，獨服曾文正。」在延安，毛澤東還向一些幹部提議閱讀〈曾文正公家書〉。後來有專家考證：毛澤東制定的供紅軍使用、後來唱遍全國的〈三大紀律八項注意〉，就曾受過曾國藩〈愛民歌〉一類作品的影響。毛澤東在長沙第一師範求學時，就曾將曾氏多則經典語錄抄於讀書筆記《講堂錄》上，他也曾經從蔡鍔編輯的《曾胡治兵語錄》中吸取愛民、愛兵、重視精神教育的精華。

但也有革命學者，羞於承認毛澤東制訂的〈三大紀律八項注意〉與曾國藩的〈愛民歌〉是借鑒與被借鑒的關係，甚至是從後者演變來的。

另據專家考證，袁世凱小站練兵，徐世昌幫寫了〈大帥練兵歌〉，用的是德皇威廉練兵曲。歌成，被兩湖總督張之洞抄走，歌名不變。張作霖不知什麼時候聽到了，也不改歌名，抄走。又被馮玉祥聽到了，抄走，改名為〈練兵歌〉。現在我們還經常能聽到這支曲子，只不過歌詞改成了〈三大紀律八項注意〉……

雖有〈三大紀律八項注意〉，但對豪紳綁票勒索是早期紅軍軍費的主要來源。若捉住了豪紳家裡的人固然可以訂價贖取，但這個辦法比較難，因為紅軍聲勢浩大，土劣每每聞風而逃。此時只有貼條子一個辦法，就是估量豪紳的房屋的價額，貼一張罰款的條子，如可值一萬元則貼一百元，餘類推，限兩日內交款，不交則立予焚毀。這個方法很有效力，紅軍的經濟大多靠這個方法來解決。

豪紳許多現款藏在地下，紅軍一到低窪處，或有新痕的地方，都要去試探一下。有時用一盆水傾在房內，某處的水先浸沒，則可查知該處土質鬆疏，從那裡挖下去，每每得到現款或金銀首飾。每次下手可挖得金子不下三四百兩，挖得之現款常常可達數百元、數千元或至萬元不等。

一九三二年，紅軍攻打浙江廿八都。這一仗紅軍掠走大量食鹽、布匹、現洋等數萬元的財物，又把未逃走的地主、商人及其家屬，不分男女老少共二百多人統統當作「財神」綁架到江西去，讓家人拿錢去贖，但有些人贖回來了，有些人則被撕票。

此後數十年，臨近蘇區的縣城，一片荒蕪。

過去我一直以為美國近幾年打這麼多勝仗是靠先進武器，什麼航母啦，「戰斧」啦，F-17和F22之類，看了美國軍隊的十一條軍規，才對美軍有了更深入的瞭解，知道他們不可忽視甚至小看。美軍的先進武器，我們可以通過發展經濟等各種手段迎頭趕上，但這個軍規，我們真的要好好重視，讓我們更多地瞭解美國，和美軍文化。他們之所以這麼強大，不是沒有理由的。

據報載，美軍士兵去阿富汗前一個月的時候，軍方發到每個士兵手裡一本手冊，上面寫著在戰爭地區必須嚴格遵守的軍規。

規則一共十一條，這是美國軍隊從二戰時期總結出來的。美國人認為這十一條軍規是必須遵守的鐵律，每個人必須嚴格執行，不管是士兵還是將軍，絕對不能違背。我覺得，這才是美國戰無不勝的原因！

手冊開篇寫道：

第一條：不要做任何傻事情，要聽從長官的指揮！

第二條：不要對被佔領地的人民動粗，否則後果很嚴重！

第三條：雖然你可以保留戰利品，但在戰區，最好不要這樣！

第四條：講話要和氣，不要試圖激怒任何佔領區的居民！

第五條：如果你拿了人家的東西，一定要給錢！

第六條：借了東西，要記得還給人家！

第七條：損壞了居民的物品，要記得賠償！

第八條：不要隨便罵人，更不要隨便打人！

第九條：即便你不是環保主義者，但不要損壞莊稼！

第十條：戰區的女人不是那麼容易搞定的，有可能她們也會搞定你！

第十一條：善待戰俘，他們也是人。

據看過這本手冊的記者說，他看著，不禁震撼無語。

其實，長期以來，很多人都對美軍存在著誤解，認為美軍僅僅依靠先進的武器，才取得了戰爭的勝利，其實，這本藍色的手冊，才是美國人不斷取得戰爭勝利的真正原因。

這樣的手冊，羅馬帝國沒有，蒙古帝國沒有，共產主義國家更沒有，只有美國軍隊，才總結出了這本戰場上的真諦。不能不說，美國人真正掌握了取得戰爭勝利的方法，找到了贏得戰爭的正確途徑，這才是美國不斷獲得戰爭勝利的秘訣啊！

再先進的武器，其實在戰場上都是次要因素，真正主要的因素還是在人，美國人獲得勝利的憑藉，不是F22，不是宙斯盾，不是M1A2，而是這一本普普通通的小冊子，實在讓人想不到啊！

值得讚賞的封建律條

封建制度一無是處嗎？不見得，就拿科舉制度來說，曾經讓許多貧下中農子弟一步登天。現在，我國正在進行的公務員制度改革，借鑑資本主義國家的某些做法。實際上，西方的文官制度就起源於中國的科舉制度。

在封建社會，即便一品大員的兒子不經科考，也不能做官。李鴻章曾立志讓四個兒子都能讀書做官，飛黃騰達，光宗耀祖。為此，他不惜工本地請來科場高手當家庭教師，助兒子們攻讀、備考。

但他的四個兒子中只有小兒子李文安實現了老爸的理想，於江南鄉試中舉，四年後又考中了進士，從而躋身於京城袞袞諸官之列，使李家這個淝水邊的中農之家，一夜之間「以科甲奮起，遂為廬郡望族」（《廬州府志》）。李文安即是這個家族走出安徽、走向官場、走向京城、走向沿海的第一人，是李家有家譜記載的前七代人中，惟一的一個進士。

考中進士在當時真是何其了得！多少人苦讀一輩子也不得入其門。全國每四年才有一次考進士的機會，每次只有百餘名幸運兒能夠登榜，比現在的考博士還難，可見科舉之難「難於上青天」。

美國學者威爾·杜蘭（Will Purant）在其宏篇巨著《世界文明史》中，盛讚中國古代的科舉制度是「人類所發展出的選擇公僕的方法中最奇特，令人讚賞的方法。科舉制度後為西方文官制度所借鑒，其對世界文明的貢獻可與『四大發明』相媲美。」與西方中世紀貴族政治中，所體現的由血緣出身來決定的等級差別不同是，科舉制本身強調的是平等精神。

早在十六和十七世紀，一些來東方的傳教士和旅行家就對當時中國的科舉制度有所著述。十八世紀啟蒙運動時期，英法的一些著名思想家如伏爾泰、盧梭等人對博大精深的中華文明倍加推崇，對中國的科舉制度讚歎不已。

一八五五、一八七〇年英國政府相繼發佈了兩個樞密院令，標誌著英國近代文官制度的基本建立。樞密院令規定，行政機構工作人員的任命要通過公開競爭考試，考試分級，定期舉行，建立主持考試的文官事務委員會，使考試制度化，對初試合格者進行複試等。這些考試制度的原則與中國古老的科舉制度原則之間有著驚人的相似之處。

古人云：「千里去做官。」這是對古代任官迴避制度的高度概括和總結。

所謂「回避制度」，即是我國古代在任用官員時，為了避免親友鄰里請托徇情，制定出一定的限制條約，以防患於未然的一種制度。

回避制度起始於東漢的「三互法」，規定婚姻之家及兩州人不得交互為官。唐朝規定不許任本貫州縣官及本貫鄰縣官。北宋時，官員銓選中正式規定了任職須回避原籍，政和六年（西元一一一六年）下詔規定「知縣注選雖甚遠，無過三十驛」。古代一驛三十里，三十驛為九百里。可見北宋的地理回避制度以九百里為限，其概數即為千里。北宋的這種制度為以後的歷代王朝所沿用，至明代形成一種非常重要的人事制度。其回避最重要的是地理回避和親屬回避。（其次還有師生回避、揀選回避、科場回避和審判回避。）

地理回避：凡為官者不得在本地做官，即回避本籍。

親屬回避：親屬是一種以血緣為紐帶的社會關係。有這種親屬關係的人不得在同一地區或同一衙門做官。如遇及，則官小者回避，同級官，後到者回避。

中國的古代政府，別說不能搞「土地經濟」，就連自己修一下自己的辦公場所也是不被允許的。真的要修，還得請上級派人來修，史稱「官不修衙」。從反腐角度看，這一招有智慧。

「官不修衙」，一直延續到皇朝結束。古代的官衙都很破敗，蘇軾在一〇七二年擔任杭州通判時，看到杭州的衙門「例皆傾斜，日有覆壓之懼」，十多年後的一〇八九年他擔任杭州知州時，屋宇仍然那樣破舊：「見使宅樓廡，欹仄罅縫，但用小木橫斜撐住，每過其下，栗然寒心，未嘗敢安步徐行。」

為什麼古代官員不願意大興土木，給自己一個氣派的辦公場所？原因有好幾條：官員任期只有三五年，鐵打的衙門流水的官，沒有必要修建豪華衙門，根本原因是財政經費緊張，並無專項經費。

清朝一般情況下，官衙維修費用要向民間徵稅，雍正實行耗羨歸公和養廉銀制度後，維修經費就包含在官員的養廉銀中，朝廷不會在之外另行劃撥。州縣官員需要維修，可以動用州縣衙門的閒錢，但必須從官員三年的養廉銀中扣除。修建衙門與自己的收入掛鉤，當然沒有官員樂於修建了。乾隆十七年，雲南巡撫愛必達以該省一些官衙地處邊隅、需要經常修葺為名，奏請將維修經費固定下來，按照衙署大小，每年發給固定銀兩，但乾隆拒絕了，認為修葺工費有多有少，歷年不一，如果作為固定支出，難保地方官不以此為額外進項。

不可否認的是，「官不修衙」非常有效地制約了地方官員大興土木，勞民傷財的衝動，減輕了百姓負擔，給百姓樹立了一個簡樸為民的好形象。

古代就有針對官員的限購政策。西漢建國後不久，大約在漢高祖劉邦的老婆呂雉呂太后當政的時候，朝廷頒佈了如下規定：「欲益買宅，不比其宅，勿許。」（《二年律令‧戶律》）這條規定的意思是說，你想買房，可以，但有一個條件：你要買的房子必須緊挨著你現有的房子。

西漢登記人口和房產，用的是很原始的「手實」加「舉發」手段。政府鼓勵鄰居檢舉揭發，揭發屬實，抓你坐牢，沒收你的家產，一半家產充公，一半家產用來賞給檢舉揭發你的鄰居，以資獎勵，這叫「舉發」。鄰居們想舉發，必須知道你家的底細，如果你經常搬家，像候鳥一樣遷徙，鄰居是很難清楚你家底細的。所以為了方便鄰居們「舉發」，政府必須把每一戶居民都盡可能固定到一個地方長期定居。限制你只能購買緊鄰的房子，等於把你和你的家庭固定到了一處，這樣一來，鄰居便於檢舉，政府便於管理。

進入唐朝，政策又變了。這期間，出了一種持續了一千多年的限購政策，叫做「求田問舍，先問親鄰」。就是買地皮也好，買房子也好，不光要經過原業主的同意，還必須經過原業主鄰居和族人的首肯。

到了明清兩代，不許官員買房的政策進一步擴大化，朝廷禁止所有官員在工作所在地買房。

明清法律規定「三不去」。在三種情況下，男子不得休妻，亦稱「三不出」。「三不出」是中國古代婚姻制度中，用以規定丈夫不得任意要求與妻子離婚（即休妻）的三種情況。一般而言，妻子若合乎七出的條件時，依照禮制及法律，丈夫便可以要求休妻。但七出所包涵的範圍甚廣，可資夫家利用為藉口的可能甚大，因此又訂立了「三不去」，用以保障妻子不被任意休掉。「三不去」最早見於漢代的《大戴禮記》：

其一、「有所娶無所歸」指妻子的家族散亡，假如妻子被休則無家可歸。
其二、「與更三年喪」指妻子曾替丈夫的父母服喪三年。
其三、「前貧賤後富貴」指丈夫娶妻的時候貧賤，但後來發達富貴了。

周樹人娶朱安時已家道中落，那時他還在仙台醫科專業學校讀中專，看不出將來會有多大的出息。等到他成了「魯迅先生」，就不便拋棄朱安了，尤其朱安曾為他的母親守孝。可見魯迅深諳「糟糠之妻不下堂」的封建律條。

一九五〇年五月新婚姻法實行後，中國婚姻制度加速了從傳統向現代的過渡，幹部群體中離婚事件頻發。由於人們往往按照傳統價值標準評判幹部婚姻問題，加之少數負心薄倖幹部的嚴重負面效應，使社會民眾形成了幹部群體都是強迫婚姻或棄舊娶新的錯誤集體記憶。

有左派學者認為：許多領導幹部在革命戰爭中覺悟和個人素質得到極大的提高，過去的包辦婚姻已經不適應他們，他們老家的妻子既老且醜，還沒有文化。大多數幹部進城後廣泛更換有文化的女學生，既符合婚姻法，又有利於革命事業，很具有反封建的進步性。

鑒於離婚一時蔚然成風，後來黨中央只容許一定級別的幹部才可以更換妻子，造成越尊貴的丈夫越有條件休棄故鄉的糟糠之妻。但不知他們家鄉那些苦苦熬到革命成功的，家族散亡，無生活來源的配偶將如何度過餘生？

竊以為，惻隱之心人皆有之。舉一反三，其實只要當過五年以上共和國工人的都不應該下崗，因為這些人和我們共和國曾經共度難關。下崗會讓他們他們如棄婦一樣，無路可走，不但生活難以保障，還會在心靈上受到傷害。在東三省，下崗職工的妻女因衣食無著，去夜總會坐台的也不在少數。

「滅人之國，必先去其史。」由於意識形態的需要，當代中國有太多的人在政治學和法學上成功地智識自宮了。他們可以大談美國憲法、雅典政制、英國大憲章，甚或津津有味閱讀或推薦古羅馬皇帝的著作，但對於中國歷代政治，只拷貝了當年魯迅先生的激憤情緒。由於對中國歷史和制度拒絕理性的考察，自然無法獲得歷史的提醒和告誡。

我們在仇恨資本主義的過程中，逐步向封建主義靠近。可惜我們除了牢牢把握官吏由中央任命這一條之外，其他好的封建主義律條都被棄之如敝屣了。因此眼下只有特色社會主義一條路可走。

中國沒有士紳階層

中國的歷史上，士紳大概作為正面形象延續了兩千年，後來才被從根子上打倒，以至於到現在我們一說起士紳，首先反應的是「土豪劣紳」這個詞彙。士紳的時代已經遠離了我們，沒人能夠回憶起當年士紳到底是個什麼樣子了。

說起來士紳是有專指的，並非是家裡良田千頃就是士紳階層，而是具有了其他一些身分，才能稱為士紳。古人把社會階層排行寫做「士農工商」，這裡的「士」也是士紳裡面的「士」。何者為士？自從有了科舉之後，士就指那些能夠通過哪怕是科舉考試第一級的人。後來其定義有所寬泛，能夠入官學學習的也可稱為「士」。所謂士紳，就是家裡至少有個秀才的富裕家庭或者家族，退休的官員回到地方上，也是直入士紳階層的。如果該人是個清官，沒有什麼家產，當地的縣令等人也是要年節問候的，因為這些致仕的官員還有向皇帝報告當地情況的責任。

中國古代社會是一個活動半徑有限的社會，長期的共同居住會自然產生優選的領頭人。士紳裡鮮見土豪劣紳，因為在某種程度上受限於這種生存環境，他們並非真如現代影視作品當中的那樣，是橫行鄉裡的惡霸地主，還要順帶強搶民女，霸佔土地什麼的。實際上要是讀史書，很多時候士紳階層是維持社會管理與穩定最中堅的力量，要是這個階層真的壞到家，社會不會在每次王朝更迭之後迅速恢復穩定。

人類是世界上最龐大最複雜的群體，就其精神意識的素質來考慮，大致可以分為三個階層：士紳、平民、流氓。其分佈呈橄欖形，中間大，兩頭小，士紳處於高端，流氓處於低端，中間龐大的階層就是平民。從平民到士紳沒有明顯的界線，從平民到流氓也沒有明顯的界線，但流氓與士紳就天差地別了。

人類文明的成就幾乎都是士紳創造的。從遠古的哲學思想，宗教信仰，道德信念，到中世紀的文化藝術，到近代的自然科學，到現代的民主機制，人類歷史上所有劃時代的思想，幾乎都是士紳創造的。可以這樣說，沒有士紳，便沒有人類的文明。

中國士紳遭到徹底毀滅大致可以分為三個階段：

一是打土豪分田地，消滅了財富的士紳；

二是反右運動，消滅了文化的士紳；

三是文化大革命，消滅了所有的精神的士紳。

士紳遭到毀滅的三個階段，就是流氓意識三級跳：

第一跳、打土豪分田地，跳出「我是貧農，我怕誰？」

第二跳、反右運動，跳出「我是文盲，我怕誰？」

第三跳、文化大革命，跳出「我是造反派，我怕誰？」

士紳被毀滅了，隨之而毀滅的就是士紳精神；士紳精神被毀滅了，隨之而毀滅的就是人類高尚的精神；人類高尚的精神被毀滅了，隨之而來的必然是流氓意識的興起。

文化大革命是流氓意識暴漲的時代，紅衛兵自小由狼奶餵大，自小浸淫在流氓意識裡，以貧窮為榮，以無知為榮，以野蠻為榮，長大後恰逢文化大革命，便成為天不怕地不怕無法無天的造反派，把流氓意識推到登峰造極的地步。

文革醜化了中國的士紳階層也把中國最後的士紳都消滅了。文革使得一般人民不能安居樂業，而且弄得一般人民不敬祖宗，不孝父母，不愛兄弟，不要國家民族，不講禮義廉恥，毀滅中國固有的道德和歷史！總之叫我們中國人都變成一個個不忠不孝，無禮無義無恥之人。

我把士紳階層定義為三有階層：有錢、有閒、有品位。在當今中國，三者皆有的屬於珍稀動物，要麼爆發戶沒品位，要麼拼命掙錢沒時間，要麼吊兒郎當沒有錢。中國現在有富人、名人、官人，唯獨沒有士紳階層。

士紳可以貧困，但不會潦倒；可以沉默，但不會寡思。真正的士紳，必須擁有一種精神：一種誹不足恐，譽不可誘的精神；一種慎於獨處，律於亂世的精神；一種無所不容，有所不為的精神；一種上不愧天，夜不懼鬼的精神。這些，在如今的中國，已是稀世珍品，幾乎絕跡。

一個沒有士紳的國家，一定有著容留甚至鼓勵「賤族」橫行的體制和環境。要富裕嗎？你必須與權利苟合，必須處處充滿謊言，不然你無論如何勤勞，終將一無所有；要名譽嗎？你必須向權利獻媚，必須把自己包裝成道德和才華的象徵，其實不過是男盜女娼的偽君子；要升遷嗎？你必須隱瞞真實，帶上雙層的面具來生活，一面是老爺，一面是孫子。

跪著掙錢，躺著出名，爬著升遷。這樣的環境下產生的富人、名人、官人，不可能成為士紳，甚至不可能殘存一點士紳精神。有的只是猥瑣、恐懼、豪賭和投機心態。一個國家沒有士紳並不是悲劇，但一個國家沒有士紳精神立足的寸土，將是這個國家幾代人，甚至幾十代人的悲哀。

在相當長的時間內，流氓無產者的行為受到人們的追捧與效仿，粗魯與不文明，成了革命與無產者的代名詞。民間少了士紳階層身體力行的榜樣作用，單靠立幾個雷鋒式的人物作擋箭牌，道德淪喪是必然的。

士紳至少需要三代才能養成，農民們永遠不會變成士紳。

沒有信仰的國家還談什麼士紳階層。

中國領導人誇耀說：我們消滅了地主富農。

外國領導人回應說：我們消滅了貧農。

中國領導人誇耀說：我們消滅了貴族。

外國領導人回應說：我們消滅了流氓。

這就是兩種截然不同的治國理念，引用一句至理名言：「一個好的制度可以把壞人變成好人，一個壞的制度可以把好人變成壞人。」這是對不同制度的高度概括。發動流氓起來把貴族消滅了，並不會使流氓變得高尚，只會使流氓變得更加流氓，而且誘逼更多的人變成流氓，最終變成流氓社會。這是毫無疑問的。

癡心至死終不悔

中國有古老的愚忠傳統觀念。這種傳統就是讓人至死都要向殺他的人效忠，儘管自己的生命被他效忠的對象結束了，但是，這並不妨礙他們臨死之前為殺他的人唱頌歌。

大批的文人墨客，被自己歌頌的對象批判，但仍忠貞不二，至死對整死自己的人癡心不改。那種犯賤的心態，真是世所罕見，中華民族獨有。

胡風在上世紀五十年代初就與舒蕪兩人因邀功請賞而爭風吃醋，他們都想在新政權下引起新主子的關注與重用。胡風為了引起新主子的關注，並且得到毛澤東的重用，曾經在一九四九年開國大典之後寫了〈時間開始了！〉，詩的開篇即熱烈地寫道：

海／掀播著／湧著一個最高峰／毛澤東／他屹然地站在那裡／他背後的地球面上／照臨著碧藍的天空／……

毛澤東！毛澤東！／由於你／我們的祖國／我們的人民／感到了大宇宙的永生的呼吸／受到了全地球的戰鬥的召喚／……

毛澤東／列寧、斯大林的這個偉大的學生／他微微俯著身軀／好像正要邁開大步的／神話裡的巨人／毛澤東！毛澤東！／中國大地上最無畏的戰士／中國人民最親愛的兒子／你微微俯著身軀／你堅定地望著前方／隨著你抬起的巨人的手勢／大自然的交響湧出了最強音。

胡在長達近三十年的監獄生涯中，仍然不忘歌頌毛澤東，觀其餘生基本上是在謳歌與瘋癲之中度過的。一個靠歌頌偉人成名的文人，竟然最後死在這個偉人手中。

文革前後的語文課本，收錄了楊朔的好幾篇散文，比如：〈荔枝蜜〉、〈茶花賦〉、〈雪浪花〉、〈泰山極頂〉、〈香山紅葉〉、〈櫻花雨〉等等。

〈荔枝蜜〉是楊朔一九六〇年代前後的散文樣板，成為一個時代的文學楷模。大家都知道，一九六〇年，國家處於現在說的「三年自然災害時期」，全國餓死人四千萬左右，平均每年餓死一千多萬人。餓死一千多萬人的一九六〇年，在散文家楊朔的筆下，卻是比荔枝蜜還要甘甜。

楊朔在文中寫道：「我的心不禁一顫：多可愛的小生靈啊！對人無所求，給人的卻是極好的東西。蜜蜂是在釀蜜，又是在釀造生活；不是為自己，而是在為人類釀造最甜的生活。蜜蜂是渺小的；蜜蜂卻又多麼高尚啊！」

豈有此理！請問作者，你到底是蜜蜂還是人？如果你是人，你怎麼知道蜜蜂釀蜜不是為自己而是為了人類釀造最甜的生活？如果你是蜜蜂，你怎麼能說出如此喪盡天良的話來？是人都知道取蜜就要把蜜蜂的子孫後代給滅絕，你是蜜蜂的話，能眼睜睜看著斷子絕孫還樂呵呵地高唱贊歌嗎？

這些散文寫於中國最黑暗的年代，可是他除了極盡能事的謳歌之外，竟然沒有在自己的心理上留下任何不良情緒與陰影，每一次都感覺當時的生活是那麼甜美，那麼圓滿，那麼幸福。

特別有諷刺意味的是，他在文革中被批鬥的直接原因竟然是因為那篇當時十分流行的散文──〈荔枝蜜〉，在這篇散文中有這樣的句子：「蜂王是黑褐色的，身量特別細長，每隻蜜蜂都願意用採來的花精供養它。」這句話被造反派認為是在影射偉大領袖毛主席，因為毛澤東的身材魁梧，也就是身量特別細長，而每隻蜜蜂願意用採來的花精供養蜂王，這蜂王顯然就是影射毛澤東的，真是拍馬屁拍到了馬蹄上了。至此，楊朔只有死路一條。

楊朔對革命事業是如此的情有獨鍾，癡心不改。他對歌頌毛澤東的豐功偉績，簡直到了癡迷的程度，可謂是共和國歷史上歌頌藝術的第一人。至死，他都為自己不能夠再繼續歌頌而深感遺憾。在服安眠藥自殺時，還留下了這樣的遺言：「我多麼渴望寫作啊！我要歌頌祖國和人民，寫更多的新東西。歌頌這些又有什麼錯誤呢？真沒想到啊！可惜，沒有了繼續歌頌的機會了。」真是歌頌至死不肯罷休的文人。

楊朔死的很慘，甚至沒有留下自己的骨灰。在他的骨灰盒裡，裝著的是他的鋼筆和眼鏡，這就是一個頌歌寫作者的生命代價。

鄧拓最大的功勞就是在晉察冀根據地的時候，即一九四四年就先知先覺，主動主持編輯出版五卷本的《毛澤東選集》（晉察冀版），是中國革命出版史上第一部《毛澤東選集》。

鄧拓以著名歷史學家、大知識分子、專家教授的身分，在沒有得到官方高層明確指示的情況下，能夠以一個傳統文人的敏銳，預感到編輯毛選對自己前途與命運的價值與份量，確實是非同凡響的。

不僅如此，鄧拓還親自撰寫了不少直接歌頌毛澤東的文章，這些文章包括理論文章、散文和詩歌。鄧拓是以學者的身分，以理論的方式來推崇毛澤東的第一人。此外，鄧拓還廣泛收集毛澤東的手跡，將之精裝裱糊於自己家裡的牆壁上，時時觀摩欣賞，其頂禮膜拜之情無以言表。

那麼後來鄧拓為什麼會在文革初期即遭受打擊呢？關鍵是後來複雜的政治鬥爭，鄧拓跟錯了人。鄧拓作為北京市委書記處書記，緊跟當時北京市委第一書記彭真，而彭真又緊跟劉少奇與鄧小平。毛劉之爭，自然，鄧拓成為了第一隻替罪羊。

在批鬥鄧拓的過程中，鄧拓害怕自己忍受不了那種沒完沒了的人身侮辱，在文革爆發的第二天，即一九六六年五月十七日，即「五・一六通知」下發的第二天就自殺身亡。鄧拓在長達六千字的遺書中最後寫道：「當我要離開你們的時候。讓我再一次高呼：偉大的、光榮的、正確的中國共產黨萬歲！我們敬愛的領袖毛主席萬歲！偉大的毛澤東思想勝利萬歲！社會主義和共產主義的偉大事業在全世界的勝利萬歲！我的這一顆心，永遠是向著敬愛的黨，向著敬愛的毛主席！」這也開了文革期間自殺文人留下遺言向毛澤東表忠心的先河。此後不少有類似社會影響力的文人學者在自殺之前都有類似的表述。比如歷史學家吳晗、翦伯贊，文學家老舍等等，死之前都留下遺言：「毛主席萬歲！」真是印證了當代那句流行歌曲，對毛澤東，自己「死了都要愛」。

經歷過文革的人沒有不知道李劫夫的，紅色音樂家，瀋陽音樂學院院長。如果再說出幾首歌，你對這個的人印象就會更深了：〈我們走在大路上〉、〈歌唱二小放牛郎〉、〈革命人永遠是年輕〉、〈一代一代往下傳〉、〈蝶戀花〉、〈沁園春・雪〉、〈哈瓦拉的孩子〉等，都是李劫夫的作品。

上個世紀五、六十年代，李劫夫太紅了，紅得發紫！文革時，李就更不用說了，他創作了大量的毛澤東語錄歌，同毛的話一起融化在億萬人的血液中。至今他的〈祝毛主席萬壽無疆〉，一些人酒足飯飽後，照樣唱得驚天動地。

應該說李劫夫的歌是好聽，也確實是用心創作的，有一些旋律很美！他的歌為推動文化大革命起到了不可估量的作用。

林彪出事後，有人揭發李不僅為偉大領袖語錄譜曲，竟然還為賣國賊林彪譜過曲，歌名竟叫〈緊跟林主席向前進〉。問題不大嗎？請仔細看，那上面沒「副」啊！而且時間正好是一九七一年九月，那邊往下掉，他這邊往上叫。

天啊，李劫夫作曲作上癮了，作到政治上來了。你給一把手作曲作多少都沒問題，沒人罵你，有人罵你也不怕。你是不是看毛老了快不行了，該給林主席譜曲了？毛主席還在就叫上林主席了，膽肥了！劉主席怎麼倒的不知道嗎？不到兩年就忘了？也太沒記性了！

一九七一年十月二十日，李劫夫被收監，一直被關到了一九七六年，那年十二月十七日，中午十二時多一點，李突然心臟病發作，死在了學習班上。李死得不是地方，黨讓你學習提高覺悟，你還學死了！

關於感恩的胡思亂想

一、「皇恩浩蕩」的傳統，在中國歷史上已經至少存在兩千年了。岳飛被冤殺後二十年，宋孝宗為他平反。這本來是一件理應做的事，宋孝宗應該為其祖上冤殺岳飛表達歉意才對，未料他卻對岳飛後人說：「前世流人，亦有父子兄弟死則追褒，生則寵秩，如今日者乎？國家雨露之恩，與天通矣。……爾之一門將何以報朕哉？」很顯然，宋孝宗不僅要求岳飛後人表示「感謝」，而且要以實際行動「報答」他的「與天比高」的「雨露之恩」。在這裡，為蒙受冤屈的臣下平反竟成了可以要求回報的「大恩德」。可以想見，彼時的岳飛後人除了口呼萬歲、感激涕零外，不可能有其他的表示。實際上，即使口含天憲的「天子」沒有追問到這份上，想那飽受「精忠報國」政治思想教育的岳飛後人，也一定會五體投地，敬謝浩蕩皇恩，並信誓旦旦地表示，願為朝廷的利益赴湯蹈火，肝腦塗地，在所不辭了。

二、上世紀八十年代反思文革浩劫時，流行的一個很著名的理論：權力集團錯整了人，被說成是「母親打兒子」。既然是母親打了兒子，所以受到迫害的數以千萬計的兒子們就不必計較了。於是一切都渙然冰釋，事情好像沒發生過似的，再沒有人去反思那可怕的悲劇，剩下的就是感謝權力集團將人們從水深火熱中解放出來，並以至誠之心歌頌「過而能改」的權力集團的英明與偉大。

三、二〇一〇年五月九日，「殺害」同村人在監獄已服刑十一年的河南商丘村民趙作海，因「被害人」趙振晌的突然回家，被宣告無罪釋放。已經服刑十一年的趙作海，對於這十一年，除了對檢察官說出自己受到了嚴酷的刑訊逼供外，再無任何申訴的舉動。面對媒體和眾官員，拖著病殘的身軀，滿臉疲憊的趙作海連連鞠躬，並一再說，「感謝黨，感謝政府，感謝各級領導！」

四、在崔永元的「小崔說事兒」欄目中，衛生部長陳竺接受採訪時說：「我們免費為一農村大媽做了白內障手術。當摘下紗布時她看見了，她的確要感謝黨，感謝政府，靠她自己，她一輩子也做不起手術。」小崔說話也太損，反問說：「那她該恨誰呢？」

五、不久前，冬季奧運會女子速滑一千五百米金牌得主周洋小姐在獲獎感言中將「感謝」首先獻給了「父母」，遭到體育官員強烈批評，認為應該首先感謝黨、國家、政府和領導，然後再感謝父母。由此我們可以看到，傳統「權力神聖觀」之下的「君臣禮制秩序」意識是何等的根深蒂固！

前幾天看了CCTV-5體壇風雲人物頒獎晚會，其中一位獲獎的運動員在發表獲獎感言的時候，說了好多感謝的話，感謝好多關心支持他的人。最後主持人問他：「你最想感謝的人是誰？只能說出一個人。」他猶豫了半天，最後冒出一句：「感謝黨！」下面的觀眾隨即爆發出一陣哄堂大笑！我就納悶了！這句話就那麼可笑？

此事後，一天我坐公共汽車，看見一個抱孩子的婦女，我主動讓了座。她激動地說：「謝謝你！」我當時怒嚇道：「先感謝黨和國家！」

六、自新中國建國初期，中國的百分之百的科研、文藝、體育、學校等單位就都被全部納入了「國營、集體」的社會主義公有制事業單位編制了，那些昔日跑江湖依靠老百姓的觀瞻，而養活自身的傳統藝人，也就搖身一變成了「國家幹部」編制，從此，中國的文藝人員就被「圈養」了！

俗話說，拿人錢財，替人消災，既然你被國家執政黨的財政所包養，你又不知道執政黨的財政是來自於老百姓的稅賦，那麼，中國文藝人也就必然會在一元化的執政黨領導機制之下去為執政黨的政治需要所服務了。

如今的文藝人已經形成習慣而依靠「感謝黨，感謝各級領導，感謝各位評委……」而生存了。說白了，就是他們已經被包養了幾十年，這就像一群家養的牛羊一般，你要放野他們去大自然中自己生存，他們出去幾日，就會扭頭自己再回圈籠的，他們不回圈籠，就會餓死！因為他們已經毫無任何的野生能力了！

七、去年利比亞局勢動盪時，我看新聞感到很奇怪，同樣各國政府派包機撤離自己的公民，只有中國的公民在接受採訪時候感謝黨和政府。外國人大多也是接受政府包機撤離，但接受採訪時，都說自己受到驚嚇，沒有人感謝他們國家的政府和執政黨。

其實這是一個國家和政府應盡之責，要感謝也應該感謝納稅人，因為是他們拿錢請了國家的管家「政府」，所以當主人危難時，管家就有義不容辭的救助之責。

八、有網友說：「我們的黨和政府是應該感謝的，沒有黨和政府，許多病人肯定就完了——比如說在萬惡的舊社會和現在的臺灣香港，沒有黨和政府，醫院看病肯定先得要錢，不給錢不許住院，少一分錢馬上把你趕出去，如果你有錢，那好，什麼藥貴給你開什麼藥，一天做八次CT——比如說在萬惡的資本主義國家如美國。」

「食品中添加如此多的化學藥劑，已經極大地提高了中國人民的免疫功能，已練就我們死後的千年不腐之身！如果再變異了，沒准還死不了呢！因此，感謝祖國、感謝黨、感謝食品廠把我們練成了百毒不侵之身。」

「油價上漲是為了讓我們好好節約；肉價上漲是為了讓我們好好減肥；蔬菜上漲是為了讓我們低碳生活；墓地上漲是為了讓我們好好活著；工資不漲是為了我們努力奮鬥。為了讓我們過上幸福、高尚的生活，國家真是用心良苦，感謝政府，感謝國家，感謝黨！」

但我又常常想：所有偉大、光明、正確的事情都要感謝政府，感謝黨，為什麼高房價就不能感謝了呢？高房價不是為了鞭策我們好好工作嗎？

九、毛澤東曾多次對訪華的日本元首表示，應該感謝日本軍國主義，搞得人家誠惶誠恐。因為紅軍第五次反圍剿失敗後，被迫二萬五千里長征。到陝北後，沒有糧食，沒有醫藥，沒有布匹，缺少槍支彈藥。如果不是當時日本人佔領了大半個中國，國民黨就有機會全力圍剿，紅軍就會死無葬身之地，中國歷史就要改寫。

十、美國的煤炭生產和消費量均占世界的五分之一左右。一九七六年以來，美國一次死亡五人以上的嚴重煤礦事故僅有十三起，平均兩年發生一起。中國煤礦一年有近一萬人死亡。中國礦工死亡的概率是美國礦工的一百多倍。太不公平了。

CNN採訪幾個三天后被營救上來的美國礦工，礦工們說的第一句話是：「你們怎麼搞的？怎麼讓我們等了這麼長時間？」一個礦工說：「當水沖進來時，我問我老闆，有沒有筆，我想寫給我的妻子和孩子，我永遠地愛他們。在井下漆黑的三天裡，我心裡想的只是，把我弄出去這裡吧。」

看，這就是典型的小資產階級思想，看來美國工人的先進性已經被腐蝕了。你被營救上來，第一句話應該是感謝黨和人民，在你被困井下時還沒有忘記你，是他們犧牲了週末和晚上休息的時間，最後把你解救了上來，你不僅一句感謝的話沒有，還一上來就是老婆孩子的，像什麼話嘛！

你心裡想的應該是這個黨和政府給了你第二次生命，你應該怎樣在以後的工作中，踏踏實實地努力，有一分光，發一分熱，來報答黨和國家，可你卻滿腦子只是把我弄出去吧，一副貪生怕死的樣子，黨這麼多年養育了你，你良心上不覺得有愧嗎？從這一件事上看來，美國工人階級的思想教育工作亟待加強和提高。

萬壽無疆，永遠健康與比較健康！

文革時，經常召開大大小小的會議，在大會開始之前，全體起立，主持人總要手持「紅寶書」像癲癇病突然發作那樣，右手高高舉起，神色凝重，瞳孔放大，目光無所專注，右手突然當眾晃動不已，口裡念念有詞：「敬祝毛……」，於是又像急性傳染病迅速蔓延那樣，一下子台下全體與會者也手持「紅寶書」高高舉起，口裡念念有詞，齊聲高呼「萬壽無疆！萬壽無疆！萬壽無疆！」三遍，就差三跪九叩首了。這千篇一律的祝禱儀式是萬不可失的，除非不開會，否則犯下欺君大罪──你有幾個腦袋？

我在網上見過一本書，書的扉頁有一幅偉大領袖毛主席、林副主席、周恩來總理在一起的彩照，偉大領袖神采奕奕地向革命群眾鼓掌致意；林副主席手拿語錄笑逐顏開；周總理則謙卑地走在他們二人的後面。這幅彩照的下面是一行紅字：敬祝偉大領袖毛主席萬壽無疆！祝林副統帥身體永遠健康！祝周總理身體比較健康！

我嘆服於中國人的聰明才智，幹什麼都很有章法，連祝福的話也要分出主次：萬壽無疆、永遠健康、比較健康。但是我對這句祝福的話還是心存疑慮：既然萬壽就是有疆，萬壽就是活一萬年，一萬年其實和歷史長河比起來仍然是稍縱即逝；永遠健康其實正是「無疆」，永遠到要比一萬年還要長；「比較健康」是什麼屁話？比較健康就是亞健康，就是「多少有點病，不至於要了命。」唉！人捧人連句好聽的話都捨不得說，還有祝福人身體亞健康的嗎？

據說，文革期間，時任貴州省革命委員會主任的李再含依樣畫葫蘆，要大家給他喊「祝李主任身體比較健康！比較健康！」；為了與中央和省革命委員會保持一致，貴州北部一位縣委書記要大家祝他「身體勉強健康！勉強健康！」；據「文革」期間也擔任過要職的姚藍復講，山東省群眾對該省革委會主任王效禹也喊過「敬祝王主任身體基本健康！基本健康！」；山西省造反派對該省革委會主任陳永貴則喊「祝陳主任還算健康！還算健康！」

不才喜歡胡思亂想，如果以此類推：「祝江青同志大概健康？」「祝康生同志可能健康？」「祝文元同志或許健康？」「祝洪文同志稍許健康？」「祝少奇同志很不健康？」或者祝「部級同志比較健康，局級官員稍有微恙，處級幹部臥病在床，科級同志病入膏肓，人民大眾早見閻王？」

其實細細品味，即便「萬壽無疆」——也就是永生不死，但不一定就能健康地活著，可能是纏綿病榻癱瘓在床一輩子，也可能是嘴角流涎，口眼歪斜，雙目呆滯，兩手發抖的癡呆狀態延綿不斷；而「永遠健康」則是無休無止沒有盡頭地體魄強壯，能吃能睡，天長地久，幸福康寧地活下去。探其究竟，恐怕是因為「萬壽無疆」一詞早見於儒家典籍《詩經》，而「永遠健康」卻無根無蒂名不見經傳之故吧。

一九六六年毛澤東以七十三歲高齡暢遊長江，當時被認為這簡直就是一個奇跡。於是在此後的一九六七年，一條更具有爆炸性的新聞，通過大字報和傳單的方式傳遍全國。據說是葉劍英在一次接見紅衛兵的時候講的，根據北京三〇一醫院各科專家研究的成果，毛主席可以活到一百五十歲，林副主席可以活到一百二十歲。

此等消息一出，舉國歡慶，誰也沒有質疑過這樣的「成果」。各個造反派組織紛紛舉行慶祝活動，一時鑼鼓喧天，鞭炮不斷；聞者，更是熱淚盈眶，激動不已。

只可惜毛澤東並沒能如專家研究「成果」裡說的那樣，活到一百五十歲。十年後的一九七六年，八十三歲的毛澤東走完了他傳奇的一生。

最後八卦一下，不知道當時作為接班人的林彪聽到這個消息後作何感想？毛澤東活一百五十歲，他活一百二十歲，比毛澤東小十四歲的林彪顯然是活不過毛澤東的。難道這就是他著急搶班奪權的誘因？要果真如此，那當時發佈這個消息的「專家」和紅衛兵組織，可真是對副統帥十分的惡毒。

不知道偉大領袖為何要選林彪作為接班人？雖然北京三〇一醫院的頂級專家能取得這樣「重大的研究成果」，該當慶賀。但我當時就私下想（只能想，不敢議論）：林彪一臉病態，據傳他還怕風、怕水、怕光，真能長壽嗎？其實毛澤東也對人說過：「他能活過我？」毛澤東雖然善於「採陰補陽」，又有「生活秘書」無微不至地照料，但他作為世界革命的領袖，不但要為中國的革命焦慮，還要為世界革命操勞，白天睡覺晚上辦公，真能創造世界壽數的新紀錄嗎？

當年一個大主教推斷出上帝創造世界是在公元前四千零四年某天的下午。醫學專家的精密程度和大主教比起來也不遑多讓。只是毛澤東本人不夠努力，沒有活到給他指定的歲數。

毛澤東戳破了三〇一醫院專家的偉大預言，他要是想戳破，連上帝都攔不住。

無所不能的毛澤東思想

一九六六年十月一日，《人民日報》國慶專版登載了山西省原平縣食品公司屠宰場徒工楊美玲的文章——〈用毛澤東思想指導殺豬〉，講述了青年徒工楊美玲活學活用毛澤東思想，用毛澤東思想作為指導，很快掌握了殺豬技術的事蹟。作為學習毛澤東著作的積極分子，楊美玲後來當上了原平縣食品公司革委會副主任，名列原平縣革命委員會常委。

楊美玲說：「我今年十八歲，我能用較快的時間學會屠宰技術，能夠三分鐘過命、挺豬、吹鼓；四分鐘開膛、下架；八分鐘剔完一頭豬的骨頭。我能把人們認為女人辦不到的事情辦到，這是因為什麼呢？是憑我天生聰明嗎？不是的，完全不是，這是毛澤東思想的威力，如果說我有點聰明的話，也是毛澤東思想給了我智慧，給了我聰明。如果說我勇敢的話，這完全是毛澤東思想給了我戰無不勝，攻無不克的膽略。」

我想，十七、八歲的姑娘家第一次拿起寒光閃閃的殺豬刀時，多多少少會產生害怕情緒的吧？那麼，這時她腦中是否頓時響起毛主席關於：「下定決心，不怕犧牲，排除萬難，去爭取勝利！」的偉大教導，於是，頓時勇氣倍增，殺心雄起，剎那間將寒光閃閃的殺豬刀刺向大肥豬的心窩？……

一九六〇年十月遼寧美術出版社出版的《雄心壯志》一書，宣傳旅大市第二醫院內科醫生徐志運用毛澤東思想創造了醫治癌病的方法。其中說：「王梁氏的病情所以嚴重，是由於身體十分虛弱，病毒抗藥力量強，這也正是敵強我弱的表現，為此得採取遊擊戰術的服藥方法才能有效。」於是他就根據「停停打打」的遊擊戰術，採取所謂服服停停的遊擊服藥方法，給患者服藥，「先吃兩天，再停兩天，讓病魔摸不到服藥的規律」。

用毛澤東思想治療閉經。賈××，女，廿九歲。對症引用的毛語錄是：「既來之，則安之，自己完全不著急，讓體內慢慢生長抵抗力和它作鬥爭直至最後戰而勝之。」大夫首先用戰無不勝的毛澤東思想使她樹立起戰勝疾病的信心。於一九六六年三月七日開始針刺治療，隔日一次。……針十五次後，食慾明顯增加，每天能吃一斤二兩多糧，於上次月經後第廿五天又來月經，色量正常。體重增加八市斤。

用毛澤東思想治療遺精陽痿。單××，男，卅四歲，有很嚴重的遺精與陽痿。大夫並未給他用藥，只是每天引導他高聲朗誦毛語錄：「我們的同志在困難的時候，要看到成績，要看到光明，要提高我們的勇氣。」時隔不久，他的遺精陽痿竟然不治而癒。

靠毛澤東思想治好精神病。中國人民解放軍一六五醫院醫療組和湖南省郴州地區精神病院的醫務人員，用毛澤東思想指導醫療實踐，為醫治好精神病闖出了一條新路。兩年多來，這些醫務人員堅持用毛澤東思想教育病人，輔以中西醫結合的辦法進行治療，使許多精神病人恢復了健康，重新走上了三大革命鬥爭第一線。他們中的一些人，有的已被評為學習毛澤東思想積極分子。

精神病院女醫生范菊和，為了治好一個患憂鬱型精神病的女病人，滿懷無產階級深情，搬進病房，和病人同住一間房，同睡一張床。經過四十多天的艱苦工作，終於摸清了病人的思想活動規律。於是，她有針對性地選了一些毛主席語錄念給病人聽，並且結合新針和藥物治療，使病人病情逐漸好轉。

「毛澤東思想是銳利的精神武器」，這句話在今天的新加坡得到了印證。名貫新加坡乃至東南亞的心理名醫楊新發先生，多年來堅持用曾被稱為「紅寶書」的《毛主席語錄》治療患者的心理疾病，取得了良好效果。

楊醫生的診所像一座紅色博物館，患者一走進，就彷彿置身於一座迷你「紅色中國博物館」。診室裡的背景音樂是〈唱支山歌給黨聽〉、〈北京的金山上〉這樣的革命歌曲，牆上貼著大幅油畫，畫面上是繫著紅領巾的孩子笑容燦爛地圍在毛主席身邊，還有農民拿著鋤頭、鐮刀快樂地幹活。一排排的展示櫃裡擺放著珍貴的陶瓷文物，紅色娘子軍、保衛珍寶島、為人民服務、白毛女等，琳琅滿目，煞是壯觀。這一切讓整個診所蕩漾著革命浪漫主義情調。

楊醫生就是在這樣的工作環境下，展開對患者的心理治療。一說起用「紅寶書」治病的「絕招」，他立刻滔滔不絕起來。

不才認為，毛澤東思想作為一種哲學，可以指導一切社會生產和生活實踐。大到打仗、治國，小到工作、學習，都可以運用毛澤東思想進行指導。新中國的誕生，就是毛澤東思想指導下的成功案例。

既然用毛澤東思想指導世界革命都行，更何況治療個把精神病呢！

「馴服工具論」的隨想

記不清是誰說的：「一旦人失去自己，就可以變成任何人的工具。」

劉少奇有個著名的提法，叫做馴服工具論。主張作為黨員要無條件地服從組織，做黨的馴服工具。在幾千年封建思想薰陶的中國，人民接受這個馴服工具論可謂水到渠成，於是奴性氾濫，一切唯上。這不能不是建國以來各種荒唐鬧劇的根本原因之一。

劉的原話是：「一個共產黨員，能不能做黨的馴服的工具，是考驗他的黨性是否完全的一個標誌。一個真正的共產黨員，他必然是黨的順手的馴服的工具，無條件地服從黨的決議，勤勤懇懇地為黨工作。」

劉的確是一大悲劇，雖然他也有功績，但是之所以「思念他的故事遠遠比不上周」，恐怕在於他本人有其人格缺陷。例如「馴服工具論」、「忍辱負重論」等，實質上是一種奴隸主義的思維方式。

實事求是，就必須堅持理論聯繫實際，必須堅持基於客觀實際提出的真理，必須敢於向上級反映真實的情況，必須真正地站在人民一邊，而不是不管人民的利益去做一個所謂的「馴服工具」。

文革中，全國各大報紙紛紛發表社論「打倒反動的馴服工具論」，毛當時說：「我從來就不同意馴服工具論！」，我真為少奇同志感到悲哀，因為他拍馬屁竟拍在了馬蹄子上。

解放後，我們經常宣傳的是「聽黨的話，跟黨走」。文革中，林副主席提出：「讀毛主席的書，聽毛主席的話，做毛主席的好戰士。」而開展學雷鋒運動之後，毛逐漸凌駕到整個黨之上。劉少奇的「黨的馴服工具論」被大批特批。我想，要是當初劉少奇提出來的是「做毛的馴服工具！」恐怕就不至於被當成中國的赫魯曉夫了。

如果你想求至真，最好多分析分析一九六〇年後毛先生的心理。至於當年被弄成走資派的那些幹部，其實他們都早「修養」成了黨的馴服工具，叫他們去死說不定都會爭著去。

四十年前學的《雷鋒日記》，除了許多關於大公無私，為人民服務方面的話語之外，至今還被大家銘記在心的，就是「做黨的馴服工具」。本來到文革初期，這話就該改為「做毛主席的馴服工具」或「做毛主席革命路線的馴服工具」。就因為這是劉少奇的話。取而代之的是「理解要執行，不理解也要執行」，實質是一樣的。

那以後的許多年，老百姓確實無須用頭腦思考，無可選擇地充當領袖的馴服工具。可惜使用工具的領袖們技藝欠精，不但沒讓祖國舊貌換新顏，反而利用馴服工具把大好河山毀壞得百孔千瘡。

真正的革命者一定又是個思想者，他可以信服某種思想，可以持有某種信仰，但他決不能放棄獨立思考，不能做任何人的「馴服工具」。

但是在歷史上，在許多高明的理論跟堂皇的實踐中，人往往變成了手段，或者工具。一些人成了另外一些人的工具，多數人成了少數人的工具，或者人變成了實現某種抽象理念（諸如「革命」、「獨立」、「自由」、「民主」，甚至「人民」、「下一代」、「子孫萬代的幸福」等等）的手段，而這些抽象理念的解釋權又往往為某些「領袖人物」所把持，於是人最終還是變成了這些「領袖人物」的工具。法國大革命時期有一位羅蘭夫人，她在臨刑前感歎說：「自由，自由，多少罪惡假汝之名以行！」

我們現在要明確地、毫不含糊地宣稱：「人就是目的，人以外沒有其他的目的。人不是工具，也不是手段，既非任何『偉大』人物的工具，也非實現任何『高尚』理念的手段。」不要以為這是簡單的道理，實際上很少人對於這樣「簡單的道理」始終是清醒明白的。君不見，在文化大革命中，剛剛批完劉少奇的「馴服工具論」，馬上又有人喊出「做建設社會主義大廈的一塊磚，哪裡需要就往哪裡搬。」「做一顆革命的螺絲釘，擰在哪裡就在哪裡起作用。」你看，換上了兩個堂皇的名詞「社會主義」與「革命」，大家就快快樂樂地爭著去當「磚」與「螺絲釘」了。而且這「磚」還要隨便被擺在哪裡，這「螺絲釘」還要隨便被擰在哪裡，都心甘情願。嗚呼，這不是「馴服工具」，什麼才叫「馴服工具」呢？人實在太容易被愚弄了，比「朝三暮四」中的猴子並不聰明多少。

專制制度具有獸性（馬克思語），而且奴性也是一種獸性。你看牛馬豬羊，人怎麼鞭打牠、宰殺牠，牠並不懂得反抗。

在專制極權制度下不想做奴隸，想保持人性、維護人權，代價是非常巨大、非常慘烈的。一九五七年五十五萬名右派和一九五九年補打的一大批右傾分子，三年困難時期，數量達三千萬之巨的人連一點聲息都沒有就非正常死亡了……僅舉一例，據統計，從一九四九～一九七六年二十七年間，僅北大一個未名湖，就先後有六十名教授、教工，可能還包括學生投湖自殺！這在全世界的大學裡也是有史以來所僅見的！

劉少奇到了末日才知道「好在歷史是人民寫的」，他覺悟的太晚了。當他想起來用憲法來保護自己時，在他主持通過的憲法中竟然找不到「人權」的字眼，當他含恨九泉時竟然連名字都被剝奪了。

至今習慣於專制獨裁，大權獨攬的官員們沒有好好想明白，實行民主，不僅僅只是對老百姓有利，對官員本身也有莫大的好處。我們不妨以美國總統克林頓和中國國家主席劉少奇為例，看看民主制度在保護官員方面起著怎樣的作用。

筆者曾經目睹了共和國六十年的滄桑巨變，一方面為改革開放以來經濟建設取得的巨大成就歡欣鼓舞，另一方面又對那些匪夷所思之事心有餘悸。回顧劉少奇、彭德懷、遇羅克、張志新等等先烈的遭遇，彷彿又聽到無數冤魂在悲泣呼號。不禁想起唐朝杜牧在〈阿房宮賦〉中的一句千古絕唱：「秦人無暇自哀而後人哀之，後人哀之而不鑒之，亦使後人復哀後人也。」但願國人能夠驚醒，千萬不要再以馴服工具自居了！

阿達姆松的啟示

瑞典著名漫畫家奧斯卡・雅各布生所創造的連環漫畫《阿達姆松》，在你面前展現了一個禿頂上只剩三根頭髮的矮個子怪老頭——阿達姆松。

《阿達姆松》中，有一段故事「他是我主人」，很令人忍俊不禁：一天阿達姆松外出，看到一個穿粉色上衣、藍色格式褲子、米黃色皮鞋、戴棕色禮帽的人，正用木棍狠命地抽打自己的小狗，小狗慘叫不已。阿達姆松路見不平，上去搶奪他的木棍，然後揪住他的衣領，反過來要教訓他。誰知小狗見狀並不領情，反過來撕咬他，並狂吠說：他是我主人，用你多管閒事？

清末，法國使臣羅傑斯對中國皇帝說：「你們的太監制度將健康人變成殘疾，很不人道。」沒等皇帝回話，貼身太監姚勳搶嘴道——「這是陛下的恩賜，奴才們心甘情願。你怎可詆毀我大清國律，干涉我大清內政?!」……

孫中山流亡倫敦時，一天，他看到滿清官員上車，要隨從奴才趴在地上當墊腳石踩著而上。孫中山對此非常氣憤，跑去指責那當官的此舉是侵犯人權。那當官的自然捲了腳。可是那奴才不依，大罵孫中山多事，侵犯了他做奴才當墊腳石的人身自由，理直氣壯地說：「你不讓我當墊腳石可以，可是現在他把我解雇了我沒飯碗了，閣下那人權能給我飯吃嗎？」孫中山尷尬得無言以對，對身邊的英國友人說：「這就是我所要解救的中國同胞啊！」

人們只知道馬克思是個共產主義者，未必知道他還是個十分難得的女權主義者。但凡遇到男女鬥毆之事，他總要自作多情削尖腦袋地去為女方打抱不平。據說有一次他和他的鐵桿粉絲李卜克內西一起上街，老遠發現一男子在打女人。他甩掉身邊的粉絲跑去臭罵那男的不該打女人，打女人是嚴重的侵犯女權的罪惡行徑。沒想到那女人卻反而指責馬克思不該插手她倆的私事，於是她和她丈夫聯合起來反擊馬克思，幸好有警察趕來解圍才得以全身而退。

曲嘯在八十年代可謂家喻戶曉，時稱中國三大演講家，電影《牧馬人》就是以之為原型。筆者年輕時聽其〈心底無私天地寬〉電視演講，曾經感動得熱淚盈眶。

曲嘯教授在美國的演講非常精彩，第一句話就說：「當年我也有跟你們一樣出國留學的機會，雖然那時只能是去蘇聯。可是，我卻被打成右派，還進了監獄。」

他講到當時如果他有兩百塊錢，他就可以給他心愛的女人治病，他的女人就不會離他而去。

他還講，父親讓蘇軍卡車壓死了，非但沒有給一分錢賠償，反而把他定為反革命，因為他父親被蘇軍卡車壓死了，猜測他心裡必然恨蘇聯，反蘇就是反黨，就是反革命，於是坐牢二十二年。

曲嘯先生絕對有演講天賦，那聲音時而抑、時而揚、時而頓、時而挫，時而高亢、時而柔和、時而激憤、時而婉約，時而高山流水、時而天地含悲。

演講進入了高潮。隨之，曲嘯話鋒一轉說：「黨就是媽媽，媽媽打錯了孩子，孩子是不會也不應該記仇的！」

然而意想不到的事情發生了。座上的臺灣著名學者汪榮祖教授情緒激動地站起來說：「我以前在臺灣聽國民黨說共產黨如何壞，我不相信，認為那是國民黨造謠。現在聽了你的演講，我沒有想到共產黨比他們說的還要壞。……什麼黨是親娘，如此長期地打自己的孩子，那還是親娘嗎？比後娘都殘忍，還有什麼資格要求被虐待的孩子忠誠於她？母親這樣對待自己的孩子，在任何文明國家都是非法的，都要受到法律的制裁的！」

曲嘯當時就精神崩潰了。一句話也說不出來，他的嘴唇在顫抖，他的腿也在顫抖，突如其來的打擊如同晴天霹靂打得他暈頭轉向。曲嘯的美國巡迴演講被立即取消。回國後他似乎沉寂了，不久後半身不遂，鬱鬱寡歡半年而終。

美國人一直搞不懂，他們一心打壓中國權貴腐敗勢力想幫助中國平民，擁有人權、自由、民主、幸福，結果到頭來中國人卻痛恨美國，相反那些權貴貪腐勢力卻不恨美國，紛紛讓妻與子移民美國。這是讓他們一直都感到困惑的事情。

根深蒂固於眾多中國人心目中的強烈的仇美情結，也一直使我大惑不解。一個經濟科技領先，政治制度民主，思想文化自由年輕的朝氣蓬勃的偉大國家，中國人為什麼不以仰慕的心情向它學習，反而是以惡意的目光去仇視它？

一切只緣於「他是我的主人」！

不能讚美苦難——我讀子蘊

博友子蘊的回憶錄《我曾經的名字叫知青》，面世以來好評如潮，至今已有博友寫來書評七十幾篇。不才今天也來湊趣，就此抒發一點另類的感慨：

我沒去過兵團，不知道那是個什麼樣的地方，我只是看過楊沫的兒子老鬼寫的長篇小說《血色黃昏》，感到那是一座煉獄，許多熱血青年把青春都葬送在了那裡。他們被謊言籠罩著，流血、流汗、「為革命無私奉獻」，最終兩手空空地回到了城裡，猶如魚兒被拋在沙灘上，開始了人生的又一次拼搏之旅。

在知識最不值錢的時候，他們被冠以「知識青年」，在知識開始值錢的時候，又說他們沒有知識。

他們在身體發育時沒有得到足夠的營養，在求知欲最旺盛的時候沒有書讀，沒有教育可受，為了一個謊言，數十萬青年在荒漠上揮汗如雨地做著勞役。

許多美麗的女孩甚至做了兵團首長的性奴隸。

我的一個大學同學曾經是兵團戰士，她至今仍然對兵團充滿了熱情的回憶，估計她是被洗腦洗得最徹底的。我曾經在她的QQ空間留言，內容僅僅是林語堂的一句話：「中國就有這麼一群奇怪的人，本身是最低階層，利益每天都在被損害，卻具有統治階級的意識，在動物園裡找這麼弱智的東西都幾乎不可能。」

我的這句留言也許傷害了她。因為她至今仍然活在美好的夢境中，不願意被人喚醒。深受其害的傳銷人員都不願意被我們去解救，何況她們曾為虛無飄渺的革命理想獻出了最寶貴的青春。

我想起奧威爾《一九八四》中的一段話：「總是女人，尤其是年輕的女人，是黨的最盲目的擁護者，不假思索生吞口號的人，志願密探，嗅出離經叛道思想的獵犬（It was always the women, and above all the young ones, who were the most bigoted adherents of the Party, the swallowers of slogans, the amateur spies and nosers-out of unorthodoxy.）」。

不過她也承認：有許多兵團戰士非常痛恨那個地方。

列寧當年也在西伯利亞當過「知青」，他所在的地方叫米努辛斯克縣舒申斯克村。列寧的妻子克魯普卡婭在回憶錄裡是這樣描述的：「地板上鋪著花花綠綠的自製地毯，牆壁粉刷得乾乾淨淨，並且還點綴著銀松。弗拉基米爾伊里奇（列寧）住的房間雖然不大，但也非常乾淨。」

克魯普卡婭後來又寫道：「舒申斯克村的東西賤得驚人。例如，弗拉基米爾伊里奇用他的薪水——八盧布的津貼，就可以租到一間乾淨的屋子。有飯吃，有人洗補襯衣——一星期給弗拉基米爾伊里奇殺一隻羊，天天給他吃，直到吃完為止。羊肉吃完之後，就買牛肉，女傭人在院子裡那個給牲口拌草料的木槽裡切了肉，給弗拉基米爾伊里奇作肉餅，牛肉也要吃一個星期。牛奶和奶餅，弗拉基米爾伊里奇和他的狗都可以儘量吃。」

「不良青年」列寧當「知青」時，可以出去打獵。他也很愛打獵，有時和朋友談打獵，克魯普卡婭寫道：「一談就是幾個鐘頭。」克魯普卡婭後來也跟列寧一起出去打獵，她寫道：「有時候，我們這些獵人打的兔子竟能裝滿一船。」

以上記載如果被中國的知青們看見，是否會很驚羨呢？

「不良青年」列寧，沙皇待他不薄。他後來把沙皇滿門抄斬，就連小孩子都不放過，似乎有些不厚道。

寧古塔位於黑龍江海林市，明末清初有許多「思想不良」的「知青」被朝廷送到此農墾戍邊，特別是清順治至乾隆年間，有成千上萬的「知青」在這裡「戰天鬥地」。

寧古塔的「知青」文化對東北的政治、經濟和文化都產生過不小的影響。他們不僅在這裡種植糧食，還養蜂熬蜜，採藥製藥。一些文人雅士還寫詩著書，使這裡形成了濃厚的文化氛圍。明末兵部尚書張縉彥在清朝時被發配到寧古塔，他組織的「七子詩會」是黑龍江省第一個詩社，他寫的散文集《意外集》是黑龍江第一部散文集。

清朝寧古塔的流放者們只是遠離故土，生活境況遠勝於當代知青。而且當時的流放從不禍及女人，可見大清的皇帝還是很人性的，但我們的女知青就沒那麼幸運了。

梁曉聲如果知道這些情節，又有了謳歌「無悔人生」的素材？

毛說「重要的問題是教育農民」，卻又讓知青去接受被教育對象的再教育，有點繞也很搞笑。這些「知識青年」在貧困愚昧落後的農村能受到什麼「教育」？沒有文化，思想覺悟極低的「貧下中農」，又能傳授給這些城裡的孩子們什麼「知識」？既然工人階級比貧下中農更偉大，為何不讓知青去工廠接受工人階級的再教育呢？我有些想不通。

讀過《第三帝國興亡史》，就可以知道中國的知青運動和納粹德國當時的青年到鄉村勞動鍛鍊的運動其在形式的荒謬和本質的邪惡上都如出一轍。若干年後，世界歷史書寫史上會不會在黃土地上產生一本《第四帝國興亡史》？

知識越多對醜惡的東西就看得越透澈，在最高統治者的眼中則是「知識越多越反動」。先用後殺，歷朝統治者都是如此，如秦始皇、朱元璋、毛澤東。這不是他們的錯，是歷史告訴他們必須這樣做。

據有關人士披露，劉少奇專案組成員的文化水平不許超過初中，因為這樣的人才會唯命是從，唯上是從，使用起來才會得心應手。

愚民政策就是統治階級使用各種手段使民眾變得愚昧無知。統治階級認為這樣好管理，民眾會像奴隸一樣地任其擺佈，統治階級的蛋糕可以不斷做大做強，長期維持其統治地位。

也正是愚民政策導致了貧民的產生和國家的落後，導致了許多社會問題的出現。一個小小的階級為了自身短淺的利益嚴重地影響到了社會的進步，人類的文明，這是罪過。

鄧小平曾說，毛澤東有封建主義的家長作風，山西作家韓石山卻不以為然，他說，從古至今哪有一個好家長正當孩子讀書的年齡，打發他去鄉間種地？我看過一個知情的寫的回憶錄，裡面寫到，他那時的房東，每天不讓孩子下地勞動，逼著在家讀書。他對此感到大惑不解，那個老農卻說，勞動今後有的是機會，念書的時機如果錯過了就再也補不回來了！老農都懂的道理，偉大領袖會不明白嗎？

偉大領袖決計停辦大學，年輕人不許讀書，都送到鄉下去種地，真是開天闢地以來的大手筆，前無古人後無來者。

林副統帥對知青下鄉很不以為然。他在《五七一工程紀要》中，把知青下鄉說成是「變相勞改」，我曾驚出一身冷汗，因此對林總驟生敬意。

當「四人幫」這些騙子們在北京過著錦衣玉食的生活，在釣魚臺的小影廳看著專門為他們譯製的影片，享受著資本主義最新的科技成果，兵團戰士們卻在荒漠裡過著非人的生活，心裡卻憧憬著無產階級革命家給他們構想的美好的共產主義遠景。

我對梁曉聲其人非常痛恨，是因為他無恥地謳歌荒誕的「知青精神」。誠然，有不少知青，在上山下鄉的逆境中自強不息，殺出一條血路，術業有成，但絕對掩蓋不了一代人整體被毀掉的歷史……，因為更多的知青在苦難的狂風逆浪中難於自拔，成了一場浩劫的祭品。

還有人以習總曾經當過知青，推論「知青精神」的偉大。然而奧斯維辛集中營的倖存者最後也有當上科學家、政治家的，那麼是否也存在一種「奧斯維辛精神」？從而導出希特勒的偉大？

漢代司馬遷，因替「投敵」的李陵說了幾句公道話而受「宮刑」。這樣的滅頂之災，沒有摧毀司馬遷的意志和理想，反而激勵他置死地而後生，在悲憤中成就《史記》，成為千古佳話。

儘管是「閹割」促使了司馬遷的奮進，但我讚美司馬遷卻不讚美非人道的摧殘；讚美不甘沉淪的奮鬥精神，但絕不讚美苦難。那些讚美「閹割」，高唱「知青精神」的人，不知是何居心！

被強姦久了，可以不反抗，但不能叫床；可以失聲，但不能失身；生活中有過愛上強姦犯的女人，梁曉聲就是這樣的「女人」。

絕不能讚美苦難，雖然苦難對於成功者來說屬於財富，但對於失敗者來說卻無異於滅頂之災。不信你去黑龍江佳木斯的「北大荒知青安養中心」，看看那裡的三百多個知青精神病患者，你就再也不會說出「青春無悔」的昏話來。

物業管理與軍事管制

物業管理（Property management），受物業所有人的委託，依據物業管理委託合同，對物業的房屋建築及其設備，市政公用設施、綠化、衛生、交通、治安和環境容貌等管理項目進行維護、修繕和整治，並向物業所有人和使用人提供綜合性的有償服務。

物業管理（Real estate management）起源於英國十九世紀六十年代。當時有一位奧克維婭・希爾女士（Octavia Hill）為自己出租的物業制定了一套行之有效的管理辦法，要求租戶嚴格遵守，從而改善了居住環境。這被認為是現代物業管理的最早起源。

我國的物業管理起步於二十世紀八十年代，一開始物業管理就有明顯的中國特色。中國的物業管理把著重點放在物業管理公司，彷彿離開了物業管理公司，便不稱其為物業管理。儘管關於物業管理在理論和立法上各有不同的側重，但總體上由以下特點：一、都是強調專業機構、專業人員和社會化服務，忽視業主主體地位；二、管理客體不是建立在建築物區分所有的基礎上，而是建立在區域管理的基礎上；三、服務內容不僅包括對物的管理，而且包括對人的服務，因此更多的糾紛不是因為物引起，而是因為居民服務引起。

雖然二〇〇七年，《中華人民共和國物權法》頒佈，從基本法意義上規定了物業管理的本質。但是物權法揭示的物業管理的本質並沒有得到重視。

軍事管制（Military control），由軍隊接管政府權力，對全國或部分地區，某些行業，個別部門實行的一種特殊的強制性管理和控制形式。通常在戰爭、騷亂、嚴重自然災害和其他非常情況下實行。

軍事管制不同於由武裝力量協助政府維護秩序的緊急狀態。軍事管制的決定權一般由國家法律規定，由國家最高權力機構所掌握，或者由內閣依法根據情況作出決定。有些國家處於危急狀態時，軍隊往往以文職政府已經喪失行使職權的能力為由，臨時接管政府權力，對國家實行軍事管制，以控制局勢，恢復社會秩序，直到自己認為已達到目的才解除軍事管制。在軍事管制期間，軍事當局強使公民遵守軍管法，履行必要的義務，以維持社會秩序。軍事管制的時間一般較短，但有些國家由於政局長期動盪不定，管制時間有時長達幾年。

民主國家的管理制度很接近於物業管理；專制國家的社會制度更接近於軍事管制。你看馬英九就酷似一個物業管理公司的小頭目，在業主面前謹小慎微，畢恭畢敬，即便如此業主仍然挑三撿四，不依不饒；而金正日卻像一個軍事管理委員會的長官，在業主面前盛氣凜然、狐假虎威。業主們天天看他的臉色行事，如履薄冰、戰戰兢兢。

不才喜歡胡思亂想：如果一個小區的物業管理部門，從雲南走私買到了槍支，從此對小區進行軍事管理。小區的業主三人以上不得同行，不得交頭接耳，竊竊私語。小區嚴格限定出入時間，到了晚上十點就大門緊閉，不得出入，即便一二〇（中國急救電話號碼）來車接送病人也不行。

業主委員會的組成人員必須由物業公司來審定，凡擅自成立的業主委員會都屬於非法組織，必須立即取締。

物業公司的各級管理人員採取終身制，父死子替、子亡孫替。物業收費標準由物業公司自行制定。物業公司管理人員的辦公、吃喝、旅遊、嫖妓、公車、乃至婚喪嫁娶的費用都由業主們分攤。

為了穩定，保安的首領必須任用可靠的人，與物業公司的領導必須是親屬關係，且不出五服。如有業主不服，試圖跑出去上訪，物業公司有權進行監禁，直至認錯告饒。

物業公司有權決定業主的衣食住行方式：女人不得穿長褲，男人不得留分頭；業主不得在家中觀看黃色錄影帶，違禁要罰款；業主家中的書籍都要經過嚴格審查，違禁的一律收繳；業主在家看什麼電視、聽什麼廣播也都要受限；為了業主的安全，每五戶人家容許有一把菜刀，葉菜推薦採用手撕法。

為了業主的身體健康，業主在家中過性生活要提前向物業公司申報，為了更有效地對業主的性生活進行管理，每家的客廳臥室都設立監控頭，由物業管理人員進行二十四小時監控。

凡對物業公司的管理持有異議的人員，不得離開小區，日常生活用品的購買由家人代勞。

也許有人以為這樣的小區屬於天方夜譚，在生活中一定子虛烏有，其實不然，對業主採用「軍事管制」辦法的物業公司時有所聞：

二〇〇五年三月二十八日早晨，深圳市南山區鴻瑞花園住戶六十六歲的付豐惠老人沒想到平日在電視上看到的血腥事件竟發生在自己身上。在離家不遠的天橋上，他突然遭遇兩個不名身分人的毆打，頭部多處受傷，鮮血模糊了視線。鴻瑞花園住戶付豐惠回憶道：「把我下嘴唇打裂了，門牙鬆動了，嘴唇破裂了，後來這個地方縫了幾針；眼部是拿石塊打的，鮮血直流，十幾米都是鮮血。」

付豐惠是深圳市南山區鴻瑞花園業主委員會的執行秘書，當天早晨六點半他準備出門看女兒。可是他不曾想到，自己前腳剛離開，就遭到毆打。當記者問起他人打人的原因時，付豐惠認為，準備四號召開的業主大會要對招標投標的事情進行表決，物業公司派來這些人就是為了干擾選舉。付豐惠所說的表決、招投標是指鴻瑞花園的業主要在即將召開的業主大會，表決招投標選聘物業公司的事情。從去年開始，付豐惠就一直從事業主維權工作，他認為這次被打，顯然是與現在的物業公司有關。

業主被打的時候，小區的保安一個都沒有出現，許多人認為這顯然是有預謀的行為。其實，在毆打業主之前，物業公司就已經在小區公告欄上貼出公開信，警告過他們不要選聘新的物業公司。

近年來，深圳市許多小區的業主與物業公司矛盾不斷升級，流血事件時有發生，每當業主成立業主委員會，或者舉行業主大會選聘新的物業公司的時候，就經常遭到不名身分人士的毆打，而業主們紛紛將矛頭指向物業公司。

打開網絡，用「百度」搜索「保安毆打業主」一詞，信息鋪天蓋地而來，其中致傷致殘者層出不窮，且多數為維權業主。

天下大小事本同一理。從一個小區的物業管理就能看出一個國家的人權狀況，如果業主對一個物業公司的保安都無可奈何，遑論什麼做國家的主人了。

五月二十七日新版的《北京市物業管理辦法》出爐。原徵求意見草案中規定：業主大會可以申請法人資格登記，但這個條款最終還是被刪除了。因為涉及到結社與維穩的問題。

業主大會的建設有著深遠的憲政意義。業主大會是業主行使物業所有權，公共事務管理權的平臺，其本質是業主所有權的延伸。組建、運作業主大會，以所有權為發端，最終實現憲法所賦予公民的「結社權」。

但現實中，業主大會是「軟弱」和鬆散的，因為它不是法人。但按我國傳統民法概念，業主大會並不具備法律主體資格，它既不是自治社團，也不是企業法人，更不是政府機構。其沒有獨立的財產，也不能獨立地承擔義務。業主大會每一次決策行動，原則上都要經過召開業主大會——獲得授權——選定代表具體操作的過程。程序複雜，效率低下，往往無法與強勢的物業公司分庭抗禮。

業主要想「當家作主」，並不是一件容易的事。因此夢想當家做主的「業主們」總是很悲催的。

書記PK神父

女秘書搭上書記的車，書記禁不住伸手摸女秘書雪白的大腿。女秘書問書記：你記得《鄧選》第二一六頁第七段寫著什麼嗎？書記臉紅，急忙收手。回到家後，書記迫不及待打開《鄧選》第二一六頁第七段，只見上面寫到：膽子要再大點，步子要再快點……書記拍腿大呼：媽呀，理論知識不強將失去多少機會啊！

修女搭乘神父的車，途中神父把手搭在修女雪白的大腿上，修女微笑著對神父說：你記得《聖經》第一二九條說的是什麼嗎？神父臉紅的把手拿開了。回到家神父急忙打開《聖經》一二九條，見上面寫著：再深入一點你會得到莫大的快樂！神父大呼：上帝啊！業務不熟害死人吶！

以上兩條短信雖為搞笑，但不難看出這兩種職業有高度的一致性，都有為信徒佈道、釋疑、解惑的責任，也都有心術不正的騙子混跡其中。

史達林是神學院畢業的東正教小神父，列寧臨死前遺囑要廢棄他總書記職務，可惜沒有做到，就去世了。給整個國際社會主義運動留下了極大的隱患。史達林在前蘇聯實行的就是政教合一，領袖就是教皇，人民就是信徒。

由於馬列主義給人類預言一種未來的人間天堂——共產主義，所以它的組織就帶有一種理想主義的色彩，它的大多數成員都有一種理想主義情懷並願意為此而獻身。這種組織性又比國民黨提供了更多的凝聚力和執行力——能使政治追求從上到下一以貫之，謂之為執行力。

一旦它取得政權，它的組織活力也就很快枯竭、消亡，脆弱的組織關係也就不易存在。

馬列主義是從西方傳入中國的，信仰馬列主義是否有全盤西化的嫌疑？當初張作霖殺害李大釗的理由之一就是西方的異端邪說不適合中國的國情。

曾有學生對「思想改造」非常反感，他們把馬克思、列寧主義比喻為《聖經》；把領袖比作教皇；把底下的各級黨委書記說成是神父與修士；把向黨交心、靈魂深處鬧革命說成是懺悔；把早請示晚彙報說成是祈禱；把唱紅歌說成是感恩。

信徒如果有疑慮自己不能排解，則會去找神父幫忙，坦陳罪錯，懇請指點，出空精神包袱，從而……一般情況下，神父說的都是一些醒世的恆言，處事的道理，為人的原則……好像和我們身邊的黨委書記、總支書記、支部書記說的差不太多，無論在形式上亦或……

我好想能有誰從人的角度幫我理清書記這一職業到底是怎樣一個職業，對社會的作用是怎樣的？如果僅僅為了給信徒釋疑解惑，神父的收入不知道有多高，但大型國企的書記年薪數十萬元，應該令人咋舌了！

中國人多數是沒有宗教信仰的（佛教是老奶奶們的最愛，道教則和江湖術士無異，馬列主義是不能汙為宗教的）。所以當我們看到國外的城市，或大或小，總有一個尖頂的教堂，那些開著寶馬、奔馳進入信息時代的人們一個個虔誠地去那裡匯聚時，我們就覺得有點可笑。而當老外們看我們時，他們多半會因為我們沒有信仰而感到可悲。國外有人懊悔自己做錯了事情時，一般都會向神父懺悔。不管有沒有用，起碼可以得到一種安慰和解脫。在中國，很多人做了虧心事，想懺悔都沒有地方，天天窩在心裡，天長日久說不定就得了抑鬱症最後跳樓自殺了。

其實，我有時候想我們的書記們倒可以充當神父的角色，他們不是經常要聽聽下屬的「思想彙報」嗎？那些彙報多是些冠冕堂皇的說詞，沒有多少實在的東西，還不如改作懺悔的好。

達米盎神父生於一八四〇年，是弗拉芒人。長大後進入「耶穌和聖母聖心」會，一八六四年在海上航行了一百三十八天，來到他傳教的土地，夏威夷群島上的火奴魯魯。一八七三年，地方政府將所有患了痲瘋病的人放逐到這個島上。他的主教徵詢自願到莫洛凱傳染病人島上的神父，有四位神父願意前往，其中就有達米盎神父，他是前往莫洛凱的第一位神父。以後他再也沒有返回，因為政府生怕傳染病蔓延，因此禁止他離開島嶼。在那個島上，痲瘋病人以驚人的速度死去，達米盎神父照顧他們的靈魂，為他們洗傷口，分發醫藥，激勵病人有尊嚴意識。把這些病人組織起來，耕田，建孤兒院。

達米盎神父在那個曾有三萬三千名痲瘋病的人島上，為痲瘋病人整整服務了十二年，成了他們的使徒。他在這些因扭曲的容貌而令人生畏的被拋棄者中間做出巨大的犧牲。一八八五年達米盎神父也被傳染上痲瘋病，他去世的時候，上千名痲瘋病人把他埋在一棵樹下。一九三六年，他的遺體被運返比利時的魯汶。一九六七年，許多人請求保祿六世教宗將他們的天使「達米盎神父」冊封為真福。

焦裕祿，一九四六年加入中國共產黨，一九六二年被調到河南省蘭考縣擔任縣委書記。時值該縣遭受嚴重的內澇、風沙、鹽鹼三害。他堅持實事求是，群眾路線的領導方法，同全縣幹部和群眾一起，與深重的自然災害進行頑強鬥爭，努力改變蘭考面貌。他身患肝癌，依舊忍著劇痛，堅持工作，被譽為「黨的好幹部」、「人民的好公僕」。他用自己的實際行動，鑄就了親民愛民、艱苦奮鬥、科學求實、迎難而上、無私奉獻的焦裕祿精神。

最近在歐美各地不斷爆出的天主教神職人員性侵犯兒童的醜聞，再一次將天主教會送上風口浪尖。而且，這一次更可能直接影響到了天主教羅馬教皇本篤十六世的名譽和威信。三月二十日，教皇發表公開信，向此前在愛爾蘭發生的神職人員對兒童性侵犯案件的受害者道歉，表示對事件感到羞愧及內疚。不過，隨後《紐約時報》就爆料說，教皇本篤十六世本人忽視了神職人員的性侵犯行為，甚至有意掩飾他們的罪行。

二〇〇七年以來，陝西略陽、貴州習水、雲南曲靖、福建安康、四川宜賓、浙江臨海等地頻頻爆出官員、人大代表、黨委書記等公職人員姦淫幼女案件，涉案者均被定為「嫖宿幼女罪」，引發公眾嚴重質疑。二〇一二年五月底，河南永城和浙江永康又爆出「市委副書記強姦幼女」與「人大代表嫖宿未成年女學生」案件，將早已紛爭不斷的刑法「嫖宿幼女罪」存廢之爭推向高潮。

其實，自「嫖宿幼女罪」單獨設立，與強奸罪相區別以來，廢存之爭就一直不絕於耳。有評論認為，「嫖宿幼女罪」的存在顯然已成這些涉案人員逃脫更嚴厲制裁的護身符。考慮到每次涉案的黨政機關幹部或國家公職人員都被輕判，就更讓人懷疑這個「嫖宿幼女罪」，是不是專門為這些衣冠禽獸的官員或國家公職人員們發泄獸欲而量身定制的輕罪條款？

書記的惡行不知讓我們這些虔誠的馬列主義信徒們該做如何感想？

馬克思主義與中醫很相似

馬克思主義哲學的書中有句話，叫做馬克思主義是「放之四海而皆準」的科學。天下絕沒有「放之四海而皆準」的科學，如果某科學有這句話，那它就不是科學。因為任何科學都有適用範圍，沒有適用範圍就不成為科學。

現代醫學（西醫）發現了什麼病，中醫馬上就能「攻克」，現代科學一時不能解決的空檔，中醫時時都能「專」進來，成為包治百病的「疑難病症專家」。因此，凡能「包治百病」的也不是科學。

卡爾・波普說，如果是科學的東西，那就一定是可證偽的。而馬克思主義總是一貫正確，所以是不可證偽的，而不可證偽的，就一定不是科學的。

馬克思主義至今無法推演它的科學性、合理性。剩餘價值學說、暴力革命理論、人民公僕理論，至今無法實證。

中醫也不具備理性、客觀、可證偽、可驗證、可重複等特性，比如經絡、經氣、脾虛、肝瘀、心火等概念都無法用實驗室手段證明。

馬克思主義的理論形成於十九世紀中葉。馬克思主義產生的理論來源是德國的古典哲學、英國的古典政治經濟學和法國的空想社會主義。發展到今天，也幾乎是可以被稱為「馬教」的東西了。

羅素認為科學是「一切確切的知識」，中醫顯然不是確切的知識。在中醫理論最初形成的漢代，它是一套相對完善的哲學體系，隨著後世醫家和中醫信徒對它的頂禮膜拜和神話，今天它變得越來越靠向神學，是一種幾乎可以被稱為「中醫教」的東西了。

偽科學家的論著很少修訂，偽科學書籍的第一版往往是最終版本，儘管該書自印刷以來經歷了幾十年或幾個世紀。甚至書中每一頁都帶有明顯的謬論、錯誤、印刷錯誤，重印多次也不更正。不妨將這種書與科學書籍作比較：由於新的數據和新的認識的積累，科學專著每過幾年就有新版本問世。

馬克思主義是不容許質疑的。雖然馬克思主義在世界範圍內已經失敗，可直到如今，我們還是很少能在報紙上看到批判馬克思理論的文章，或者說眾多批判馬克思理論的文章我們看不到。我們總是說馬克思主義是正確的，只是執行的人做錯了，如果真是那樣，那這個理論也實在太難把握了。

中醫代表早期人類的醫學啟蒙，是臆想與推測的結果，是思辨的產物，因此中醫理論包含眾多的謬誤。但兩千年來人們只能照本宣科，不敢質疑。因為中國人的民族特質決定了中國人必須要容忍這些錯誤，並且為之辯解。

虛妄的民族自尊使中醫從業人員和中醫愛好者相信古人早已把人類的健康問題弄明白了，他們認為今人不如古人，認為現代的人學不到古代醫學的精髓，這是一種故意的白癡行為。

最早反對中國全盤西化的是張作霖，他對馬克思主義在中國的推行深惡痛絕。當軍警在李大釗住所的床底下，翻出了當時蘇聯大使館關於發動武裝起義的文件，無論是在當時和現在，叛國罪（現在叫顛覆政府罪）都是重罪，李大釗自知此罪必死無疑，但是他大義凜然提出：你們可以判決我死罪，但是我不能死在槍下，更不能用斬首的野蠻刑法，他要求採用西方的文明刑法絞刑，對他執行死刑。張作霖對李大釗的提議表示尊重，為此，他命令駐外領館，向有關國家購買絞刑架，完成了李大釗的夙願。

一九二九年初，新成立的國民政府衛生部主持召開了一次「全國中央衛生會議」，會上廢止中醫的呼聲甚囂塵上，結果通過了一個「舊醫登記案」，規定所有未滿五十歲，從業未滿二十年的舊醫（中醫）從業者，均須經衛生部門重新登記，接受補充教育，考核合格，由衛生部門給予執照，方可准許營業。而五十歲以上的中醫，營業對象也有限制，且不許宣傳中醫，不許開設中醫學校。

此次中醫的存廢之爭，又一次成了新文化運動時很熱鬧的「科學與迷信」之爭。只是，這次「科學與迷信」的論爭，雙方的立論卻沒有本質的不同。西醫攻擊中醫不科學，自在情理之中，他們將中醫的陰陽二氣、五行生克、經絡脈案等等統統打入張天師胡大仙一黨，舊醫登記案的提議者餘岩，乾脆稱中醫為「依神道而斂財之輩」。

因反對馬克思主義而被打成反革命的人不勝枚舉，命運之悲慘不可言狀。因為反對中醫而罹難的也不在少數。上世紀五十年代，「民國大學」畢業的幾個衛生部長就因否定中醫遭毛的嚴厲整肅：

一九五五年，賀誠因否定中醫的主要論據「落後」、「不科學」、「缺乏近代自然科學基礎」因而罹難。中央以「不落實毛主席指示、不重視中醫問題」、「壓制中醫、敵視祖國醫學遺產」為發端，對賀誠進行了全面的批判，不久賀誠受到登報點名，被撤銷衛生部黨組書記、副部長職務。

王斌在反中醫上是最堅定的。他認為中醫學術是「封建醫學」，因而「應當隨著封建社會的消滅而消滅」，當毛澤東聽到上述論點後，氣急敗壞地說：「今後最重要的是首先要西醫學習中醫，而不是中醫學習西醫。」隨後王斌被撤職，據說抓他時還被戴上手銬。從此中國有了個不成文的規矩，凡反對中醫者不許在衛生系統任職。

胡適說：「暴力革命是現時代一種鬥爭方式，馬克思列寧認為社會制度不合理，應該改革，應該平等。但他們認為必須抓著政權，以少數人的意志，強迫多數人跟隨著走向另一種生活方式。」「這些人提倡的改革，意志很好，但錯在太性急，太沒有忍耐性。」

方舟子在《批評中醫》一書裡對中醫有更系統的看法。概括起來，主要有兩點：一、中醫理論乃是古人對人體、疾病，模糊、粗淺、錯誤、不科學的認識，應該廢棄其理論體系，代之以現代醫學理論；二、中藥、針灸等中醫的具體療法包含著千百年的醫療實踐經驗，有不少合理的因素，但是也含有許多謬誤，應該用現代醫學方法檢驗其安全性和有效性，把其可取的部分吸收變成現代醫學的組成部分，這樣中醫藥的歷史貢獻才會得到認可和保留。這個主張可以說是「廢醫驗藥」。

方舟子還說：「我完全贊成把中醫作為一種傳統文化來研究、保存，將其送入博物館是最好的方法。最好把國家中醫藥管理局劃歸文化部管轄。但是不要把中醫當成科學，不能用不科學的理論體系來指導醫療。」

近百年來經濟學獲得飛速發展，最重要的是上個世紀末引進了數學，發明了邊際分析。現在不懂邊際分析的人不可能成為經濟學家。馬克思並不懂邊際分析，所以他的許多結論都是錯誤的，他常常把平均值當成邊際值。比如他說平均資金利潤率趨於一致，其實應該是邊際利潤率會趨於一致，他的剩餘價值論也全錯了。

現已發現，許多含有馬兜鈴酸的中藥材，能造成腎小管大量喪失，導致腎衰竭，是典型的「中草藥腎病」，病情嚴重者需要終身做血液透析或腎移植。馬兜鈴酸也是潛在的致癌物質，動物實驗表明，食用馬兜鈴酸會導致淋巴瘤、腎癌、肝癌、胃癌和肺癌。

且不說硃砂、雄黃、柴胡、黃蓮、黃柏、麻黃、板藍根……都可以導致中毒，損害中樞神經，並可引起肝、腎、脾及心肌等實質器官的脂肪變性和壞死和致癌。

據香港一份中藥雜誌羅列，可能導致腎功能損害的中藥尚有三十多種，其中不乏常用藥，恕不一一抄錄了。

中國底層的老百姓至今仍然很迷戀馬克思主義，迷戀「全世界無產者聯合起來」。他們對革命、造反、均貧富很熱衷，仇恨私有化，渴望第二次文革早日到來，渴望打倒新生的資本家，剝削階級，渴望黑燈，重新洗牌。

眼下如果在中國對馬列主義的存廢進行大討論，人民群眾就會分成截然不同的兩派，水火不容。你看看「炎黃春秋」與「烏有之鄉」的陣勢就會一目了然。

中醫在中國也有廣泛的群眾基礎，眼下絕大多數中國人還對中醫深信不疑，每逢網上有否定中醫的文章，就會被群起而攻之。方舟子就因為揭露中醫的騙術而被國人恨之入骨。

眼下如果在中國對中醫的存廢進行大討論，人民群眾也會分成截然不同的兩派而劍拔弩張。

如果國人不禁槍，很可能因為馬列主義或中醫的存廢而引發火併。

在當今的中國，誰上臺也不敢拋棄馬列主義。許多紅二代，儘管他們的父輩在文革中因為馬列主義被整的死去活來，一旦上臺執政，就又要為馬列主義祭旗，忘卻了仇恨，忘卻了血淚。

中醫在中國涉及到巨大的經濟利益，也有最廣泛的群眾基礎。中醫已經深入國人的骨髓，近乎於迷信，政府不可能對其有太大的動作。即便在很長久的未來，中醫也不會絕跡。

在黨校以馬列主義安身立命的教師們，他們其實在內心根本不相信馬列主義；在中醫藥大學任教的先生們，雖然在課堂上振振有詞，湯頭歌訣倒背如流，但私下對中藥棄之如敝屣。

成為無產階級革命家的門檻很低，賀龍一把菜刀鬧革命，許世友本是少林寺的一個出家人。他們都沒受過什麼教育，馬克思的原著估計一本也沒讀過，一下子就成了偉大的馬克思主義者，無產階級革命家。就像朱元璋同志說的：「本來是打家劫舍，沒想到弄假成真。」

只要用幾個中醫術語編一套說辭，就儼然成了「養生大師」、「中醫大師」，這也是因為中醫的門檻太低，不具有專業性。本來醫學應是最具有專業性的學科，現代醫生不經過醫學院的教育無法勝任，也不可能獲得行醫資格。但是「神醫」們都沒有受過現代醫學的教育、訓練，都是祖傳或自學，只要能背幾句中醫經典著作，用幾個中醫術語，就足夠了。「不為良相，便為良醫」是古代讀書人的夢想，說明當醫生和當官一樣，都無需受過特殊的專業教育。只要識字，就能夠成為中醫乃至名醫、神醫。歷史上神醫的文化水平都不高，今天的所謂「國醫」大多也沒有受過很好的教育。時至今日，人們仍然相信好的中醫在民間，不是中醫學院能培養出來的。相信民間有高人、神人，當然也就會有神醫。

我國在打倒四人幫後，一度出現信仰危機，一時主義紛爭，信啥的都有。後來看看不行，又開始重提高舉馬克思主義的大旗，希望馬克思主義能夠救中國。

病人危重時常常轉求中醫，許多從來不看中醫的危重病人，到了西醫束手無策時，往往轉向中醫，死馬當活馬醫，希望出現奇跡。

我不敢說相信中醫的就相信馬克思主義，但敢說相信馬克思主義的一定會相信中醫。因為中醫屬於封建遺產，無產階級在反對資本主義的過程中早已和封建主義結成了同盟軍。

無產階級革命家們雖然口頭上口口聲聲以馬克思的信徒自居，實際上把妻兒都偷偷地送往美國定居，財產也都轉移到美國，自己也辦好護照，隨時準備逃離。

無產階級革命家們雖然口口聲聲擁戴中醫，其實在重病時，無論診療設備還是藥品，無不來自發達的資本主義國家，即使是在病危時，身體上也插滿了資本主義的管子，並不熬湯藥喝。

一百零五歲的周有光教授說：「馬克思主義從理論到實踐，沒有一樣是對的。」「《資本論》只是哲學推理，不是科學論證。馬克思主義理論已經被否定，從實踐上也被否定了。」

從李時珍對人尿的說法，可以很容易理解人類學家列維‧布留爾（L. Levy Bruhl）的批評。他說：「儘管在多少個世紀裡中國人付出了大量的辛勞和才智，有關天文、物理、化學、病理和治療的著作浩如煙海，然而成果卻等於零。」

假科學和偽科學從本質上來說都是否認科學原則；否認客觀事實；否認客觀規律的。只是出發點不同，目的不同。假科學比起偽科學更有欺騙性，危害更大。偽科學主要危害的是缺乏知識和判斷能力的老年人；而假科學堂而皇之地以「科學」的名義欺世惑眾，危害的是全社會、全人類。

馬克思主義早已過時，在地球上此路不通，早已走向絕路，滅亡只是時間的問題，中醫亦然。

網友告誡我：「資本主義世界矛盾重重，已陷入經濟危機不能自拔，記住，只有馬克思主義才能救中國！」

我在網上剛發出這篇文章時，就有網友提醒我：「等以後有機會西醫判你死刑的時候，請記住還有中醫，或許可以救你一命。中醫的最高境界是養生。」

胡思亂想說「假如」

一、白居易有詩云：「周公恐懼流言日，王莽謙恭未篡時。向使當初身便死，一生真偽有誰知？」（〈放言五首〉）正如白樂天所說，王莽在篡漢之前，禮賢下士，朝野歸心，曾視為能挽危局的不二人選，被看作是「周公再世」。如果王莽在公元八年就「及時」死去，他的一生評價將仍然是「周公再世」，「一生真偽有誰知？」

這樣的情況在中國歷史上不勝枚舉，秦檜當年也是勇闖金營，怒斥金軍統帥的勇士，如果那時就被金軍所殺……；汪精衛早年曾刺殺攝政王，「引刀成一快，不負少年頭」，抗戰前也曾一度是主戰派首領，如果死於三十年代初……；林彪就更不用說了，如果及時地死於「九．一三」之前，特別是死於「文革」鼓吹個人崇拜之前，一生的評價絕不是現在的「反革命集團首犯」，而將作為一代名將存於青史。更不用說，青史之上還會記下一位「一貫正確」的偉人。

二、希特勒曾在「前六年」創造過一個「盛世」，如果希特勒死於一九三八年底，他的歷史地位將超越俾斯麥和腓特烈大帝，成為德國歷史上最偉大的領袖和政治家。

希特勒在一九三三年上臺時，面對著六百萬失業大軍，而他僅僅用了三年，就基本實現了充分就業。他上臺五年後，德國GDP增長百分之一百零二，國民收入增加了一倍，一躍成為資本主義第二經濟強國。更奇妙的是，從大蕭條到經濟繁榮的過程中完全沒有發生任何通貨膨脹。這一點，無論是德國二戰後的經濟奇跡，還是日本戰後的復興，或是中國改革開放後的經濟奇跡都顯得無地自容。

三、袁世凱之孫袁家誠評價祖父說：「如果他早死一年，那就是功德圓滿。」「祖父在生命中最後一年的稱帝，徹底毀了他一世英名。」他還說：「袁家到我們這一代是背透了。袁氏家族的好處我們一點沒沾上，袁世凱之孫的罪名卻讓我們背了大半輩子。」

四、假如偉大領袖不是在一九七六年去世，而是提前十年在一九六六年去世，就不會有文化大革命的十年浩劫；假如偉大領袖提前二十年在一九五六年去世，就不會有反右派、反右傾、大躍進、人民公社、大煉鋼鐵、大辦食堂、共產風，就不會餓死幾千萬人；假如老佛爺提前十年在一八九八年去世，戊戌變法就會勝利，就不會有義和團、八國聯軍進北京，庚子賠款和辛丑條約的災難，中國就會走上君主立憲的道路了。

五、中國歷史上多少少數民族都滅了前朝建立了自己的新王朝，但最終都被漢族同化而融入了漢族，假設當初小日本侵華成功佔領了中國，數十年後被我們中國人推翻了！也許我們的子孫會在歷史書上寫到「日本天皇裕仁是我國歷史上一位偉大的君主，他為統一中國，消除軍閥割據，促進民族大團結做出了卓越的貢獻」呢！

對中國來說，日本的大和民族也是少數民族。假如當初日本把民國給滅了，現在也許中國就會有五十七個少數民族，多了一個大和族。

六、假如沒有陝北根據地，紅軍的結局會如何呢？從《彭德懷自述》知，中央紅軍自進入甘南到陝北吳起鎮這段時間，兵力由一萬四千人減為七千二百人。這還包括上千非戰鬥人員。這點兵力，缺乏給養，缺乏彈藥，不知能經得起多久的消耗？

據當年親眼見過的陝北老人回憶，中央紅軍衣服又髒又破，人又黑又瘦，什麼都缺，就像叫花子隊伍，這話雖不好聽但很真實。

據知情者披露，一九七五年初，董必武的夫人賀連芝說：「在長征最困難時期（作者：應是過了臘子口以後的時間），紅軍處在最危難關頭，中央曾經有過一個想法：紅軍就地解散，男的可以作苦工，給地主當長工；女的給富人當丫環，當傭人，做童養媳。但心裡要想著革命，一旦時局好轉，再回來參加革命。『四老』（指董必武、林伯渠、謝覺哉、徐特立）可以化妝在白區藏身。……幸好一張報紙扭轉了情勢，中央知道了在陝北還有劉志丹領導的我黨僅存的一塊根據地，才決定去陝北。」

顯然，沒有陝北根據地，紅軍已窮途末路，危在旦夕。

七、假如當年蔣介石同意成立聯合政府，今日中國的政壇是如何的情景？看近代史，總有些說不出的遺憾！抗戰結束後，中國終於迎來了久違的和平發展機遇！國共兩黨雖然政治理念不同，但都是為國家未來著想！國民黨雖然腐敗，但是我相信是國民黨獨裁統治的結果！如果成立聯合政府，民主化的中國權利在陽光下運行，治理腐敗只是時間問題！

在研究了歷史文獻以後得知，中共在內戰前的真實想法是把中國建立成像美國一樣的共和制國家，成立民主聯合政府！那時的中共還沒有完全倒向蘇聯一邊，反而很親美，對於民主人權的論述完全是美國獨立宣言的翻版。本來歷史會有個不錯的結果，但令人遺憾的是蔣介石選擇了內戰！

以當時蔣的實力，如果成立聯合政府，中國就不會完全倒向蘇聯一邊，中國就不會變成一黨之政。歷史就要改寫！

八、假如毛岸英如果沒有在朝鮮犧牲，他很可能繼任毛澤東的領袖地位，成為中國的黨、政、軍的一把手。共同的留蘇經歷也可能使得毛岸英向蔣經國學習，努力發展國民經濟，使中國儘快改變貧窮落後的面貌。他在去世前，也可能效法蔣經國，結束一黨統治，實行多黨派民眾競選。但是，誰又能保證他不會是金正日第二呢？

九、如果毛澤東出生在文革年代會怎麼樣呢？

因為父親是富農，從而劃入「四類分子」行列成為「政治賤民」；

因為「出身不好」，從而喪失進入師範學校讀書的機會，只能回到農村「接受貧下中農再教育」；

因為沒有「介紹信」去長沙、北京淪為「盲流」，從而被勞動教養；

因為「出身不好」，從而失去當兵機會；

因為與他人組成新民學會被定性為「非法結社」從而打成「反革命」；

因為閱讀外國書刊（譯文）而被列為「死不悔改」的反動分子；

因為批評時政「指點江山」而被視為「煽動顛覆政府」而被判刑；

因為參加工人運動被視為「反黨反人民反政府」的「三反分子」被實行無產階級專政；

因為準備赴法國勤工儉學而被視為「偷逃出境」的漢奸賣國賊被鎮壓；

因為與楊開慧未婚同居而作為「流氓罪」被處罰。

幸虧，毛澤東出生在晚清民國時代，如果出生在文革年代，那麼從出娘胎開始他就要背負著政治賤民的身份屈辱生活。而以毛澤東強烈的個性，只能是被強大的「人民民主專政」砸得粉身碎骨！

十、假如卡扎菲擁有核武器，會怎麼樣？首先，北約是不敢動手的，這是確定無疑的。除非老卡閒著沒事，往歐洲發射一顆導彈，除此之外，北約是不敢動擁有核武器的利比亞。其次，國內反政府軍勢單力薄，難成氣候，甚至都不會有起義暴動的苗頭！所以，假如老卡擁有核武器，直到現在，老卡依然可以在聯合國抽著大麻，優哉遊哉！

十一、假如馬克思復活了，情況會如何？一天晚上我夢見了他老人家了，那天偉大領袖正在天安門城樓上檢閱紅衛兵，他在講話中極力頌揚偉大的革命導師。正在此時，馬克思也登上了城樓，他也想發言。毛想了想說：「雖然你是導師，但現在我是領袖，你也得聽我的，今天你還是算了吧！」

馬克思執意要求發言，並說明自己只說一句話並保證對這句話負責，偉大領袖於是答應了他。偉大的革命導師登上主席臺拿著話筒，激動地說了一句話：「全世界的無產者們！……請你們原諒我！」沒等說完，馬克思便聲淚俱下。

十二、假如潘金蓮不開窗，就不會邂逅西門慶，就不會出軌；不出軌，武松就不會被逼上梁山；方臘就不會被擒，大宋江山就可得。也免了金兵入汴梁之靖康恥，更不會有女真人稱霸的大清朝。亦不會閉關鎖國，不會有鴉片戰爭八國聯軍，中國將是地球上唯一的超級大國，其他諸侯都是浮雲。小潘啊，閑著沒事開啥窗戶?!

遺憾的是，歷史沒有那麼多的假如！什麼都可以重來，唯有歷史不能重來。

胡言亂語說「定製」

馮小剛的《私人訂製》上映十天，票房突破五億，成為他繼《唐山大地震》之後首部票房突破五億的電影，但影片總體來說票房高評分低。

馬年春晚總導演馮小剛說，春晚不是「私人訂製」，甚至也不是「大眾訂製」，它是一個「國家訂製」。他強調，這不是自己的本職工作，而是自己「幹了個積德的事，打了個義工」。

面對春晚這道「命題作文」，馮小剛稱個人風格其實沒法體現，「你說讓老百姓滿意，這句話是一瞎扯的話，你讓老百姓滿意的前提是你必須讓領導滿意，因為領導不滿意，老百姓看不見。」

說起馮氏春晚，馮小剛引用了一句《沙家濱》裡的話：「這個隊伍是我當家，可是皇軍要當我的家。」

侯寶林的《關公戰秦瓊》，被嘲弄的對像是韓復榘的老爹，據說這位爺有點神經病。有一天，他過生日，他的兒子請了一個戲班子到家來唱堂會，唱的是〈千里走單騎〉，那叫一個好，大家喝彩聲不斷，這位老爺子卻傻呼呼地沒啥反應，末了問道，那紅臉的傢伙是誰啊，人說，關雲長關老爺啊，他說，有啥了不起，難不成比咱山東好漢秦瓊還厲害啊，叫他跟秦瓊比比。眾人皆倒，道，老壽星，這可沒法比啊。老壽星不高興了，發狠道，怎麼沒法比？餓他三天不管飯，看他比不比！

馮小剛不敢得罪「皇軍」，更不敢得罪「韓復榘的老爹」，因為他得罪了這些人不僅僅是一頓飯的問題，而是飯碗的問題，今後你還想不想再吃這碗飯？

前幾年，姜文曾約請文化部的一位年輕的官員吃飯，地點在北京最豪華的一座酒樓。那是位年齡不大、涉世不深的官N代，人家到場後趾高氣揚地說，我還有事，顧不上陪你們閒聊，就吃一碗麵，吃完就走。姜文面對此窘境還要滿面堆笑地說，行行，您就是我的爺！我一切聽您的！

姜文是個聰明人，知道進退，他深知「皇軍」及「韓復榘的老爹」的厲害。

中國有許多專業作家，地位很高、薪水也很高，他們即便常年一個字也不寫，照舊錦衣玉食。采風走遍五大洲七大洋，不但自己一分錢不花，還要倒賺。我要是能當上這樣的專業作家，會天天自早至晚地歌頌我們無所不能、無所不在的黨，會比他們更花樣翻新。你想北京二環內一套商品房多少錢？專業作家的福利房自己能掏幾個錢？因此專業作家的文章就屬於「國家定製」，是國家斥巨資向作家們定製的。

前山西省文聯黨組書記、省委宣傳部副部長、現代作家馬烽是一個黨性非常強的人。因為身分有些與眾不同，一般不苟言笑，講話也特別注意政策性。在各種場合出面，行止端正、面容嚴肅、喜怒不形於色，一張臉子總是陰沉的。他常常說：「你們不能拿著共產黨的錢罵共產黨！」

但趙樹理就不行了，據有關回憶錄記載，當黨和農民的利益一致時，他向著黨；當黨和農民的利益不一致時，他向著農民。文革初起，《山西日報》率先點了趙樹理的名，將其打成「山西文藝黑線的祖師爺」。從此，趙樹理被不斷批鬥，被打斷肋條，直至迫害致死。

天下大小事本同一理。昔日雁北的鼓匠，娶媳婦時要吹「將軍令」，為的是熱鬧喜慶；給老人送終時，要吹「苦伶仃」，吹得淒涼悲戚。試想，如果東家死了人，鼓匠給人家吹「今天是個好日子」行嗎？恐怕不但不會管飯，還會被東家用亂棒打跑。

更有做夥計的人不但性格乖戾暴烈，且喜歡暴露東家的隱私，東家一旦生氣，後果就會很嚴重，王實味就是這樣一個人。

一九三七年十月，三十一歲的王實味來到延安，進入魯迅藝術學院的馬列學院編譯室，參與翻譯馬克思主義經典著作。王實味個性耿直狷介。一九四二年三月，他將自己對延安生活的感受，寫成了五千多字的雜文《野百合花》，發表在中共中央機關報《解放日報》的文藝副刊。他因此被定為「反革命托派奸細分子」（托洛斯基派），為他惹來殺身大禍，

一九四七年三月，胡宗南進攻延安。王實味作為在押犯，隨同大隊撤離延安，來到山西省興縣，關押在晉綏公安總局的一個看守所。一九四七年六月，興縣遭國民黨飛機轟炸，晉綏公安總局請求處決王實味，得到康生的批准。一九四七年七月一日晚上，王實味被砍頭，屍體扔進一眼枯井，時年四十一歲。

中國的藝人裡我獨服姜昆，姜昆的相聲就屬於國家定製，其實就本事來講，姜昆實在不敢恭維，一次他突然異想天開，一段〈八扇屏〉說的結結巴巴，差點沒下得台來。但由於他能夠緊跟形勢，一直坐到中國曲藝家協會黨組書記的高位。郭德綱的段子雖然精彩，但畢竟屬於「私人定製」，永遠脫離不了市井撂地攤賣藝的範疇。

結論：咱威虎山都得聽三爺的調遣，要不然大夥沒法混！

胡言亂語說「境外」

「境外勢力」這個詞彙非常可笑，毛時代用語叫「帝修反」。那時我們幾乎滿世界都是敵人，假想敵最少的是胡耀邦、趙紫陽時代。「六四」後「境外勢力」一詞興起，至今不衰。豈有不知，共產黨就是「境外勢力」扶植起來的，西方舶來的意識形態再加「共產國際」的盧布和軍火，及至中共坐天下五世其昌到今天，紅色豪門枝葉繁茂，來自祖上的福蔭全憑「境外勢力」。

一九二〇年蘇聯人維經斯基受共產國際指派來華創立中國共產黨。一九二一年中共在共產國際的幫助下成立並成為其支部，每月接受來自蘇聯的活動經費。從一九二一年每月一千二百元至一九二六年每月一千四百元。一九二七年共產國際撥經費一百一十萬盧布、三十萬美元、十萬中國元、一萬元滬鈔及大批軍事物資，資助中共發動南昌暴動、秋收暴動和廣州暴動，並在中國建立蘇聯的衛星政權中華蘇維埃政權，你說蘇俄屬於什麼勢力？

赴法留學不說境外勢力；認大鬍子當爹不說境外勢力；躲租界開會不說境外勢力；收盧布當經費不說境外勢力；拿美援不抗戰不說境外勢力；幫北棒子打聯合國軍不說境外勢力；割讓白頭山黑瞎子島不說境外勢力；現在民眾要點新聞自由就成了境外勢力？

一九五八年彭德懷說粟裕裡通外國；一九五九年劉少奇說彭德懷裡通外國；一九六八年周恩來負責的劉專案組認定劉少奇裡通外國；一九七三年毛授意政治局批周恩來裡通外國。俱往矣，改革開放，時代進步，高官妻兒紛紛逃離大陸，領導同志家家裡通外國。

目前，中國已經有數十萬共產黨員潛伏在美國的各個城市，準備和平演變美國。只待時機成熟就可以帶領美國的無產階級佔領白宮，趁機奪權。但美帝愚蠢至極，竟然毫無防範，沒有意識到境外勢力已經在美國本土生根發芽，日益龐大。

伊能靜給「境外勢力」下的定義是：「妻子在海外主要從事家庭財產轉移洗白工作，兒女在國外各大名校來回炫耀，多處房產在全球自由分散，世界各大銀行均有存款……而父親則是一個始終在國內擔任人民公僕並一直致力於把人民幣變成美元的苦力，這就叫做境外勢力。」

潘石屹在微博中說：那一年，我因轉發北京空氣質量被一領導請去「喝茶」。剛進門，領導手中拿著《華爾街日報》的翻譯件。他對我說：「你被境外反華勢力利用了，你要知道這是什麼性質的問題？」領導訓誡後我給××打電話：「你們可不能害我啊！」

記者王克勤曾多次遭遇「境外勢力」，他說：「二〇〇五年底河北邢臺愛滋病真相報導後，有關人員找到我說，我被境外勢力所利用，我一頭霧水；二〇一〇年山西疫苗報導後，正在組織一個研討會，被叫停並稱我被境外勢力所利用；二〇一一年我籌備大愛清塵之際，有關部門對我進行了嚴厲談話，救助中國六百萬塵肺農民涉嫌被境外勢力所利用，我無語。」

周澤律師也在微博中說：「二〇〇八年我代表八家防偽行業起訴國家質檢總局，質檢總局法規司司長一行人找我對話，提醒我不要被境外勢力所利用！」

某報記者說：「兩年前採訪，一和政府接觸，總能聽到『境外勢力』這個詞。拆遷戶鬧自焚是境外勢力煽動；進京上訪是境外勢力煽動；群體事件也都是境外勢力煽動。」

「一九九八年我發了一篇奸商坑農害農的稿子，摘要後被臺灣媒體轉發，結果被國安請去喝茶，告知我被境外勢力利用了。」

茅臺董事長袁仁國說：「塑化劑爆料人背後有境外勢力支持。」在十八日召開的茅臺集團二〇一二年全國經銷商大會上，袁仁國透露：「『水晶皇』背後有境外勢力支持，其做空白酒，實為洋酒進入中國開路。」

大公網二〇一三年一月八日訊：昨日，微博中爆出官方已對「南周事件」的處理定調。官方並傳達了三個要點：一、堅持《南周》為黨管媒體；二、改獻詞與中共廣東省委宣傳部長庹震無關；三、當局也將事件的導因，歸咎於境外勢力涉入。

不才由此想起來一個故事：某莊主爺，對莊內女子上下其手慣了，肆無忌憚。一日乘醉，在一素來節烈的小媳婦臉上摸了一把。小媳婦尋死覓活痛不欲生，莊主爺大怒，一拍桌子道：我就知道你外面有人！

很多時候，境外勢力在主流語境中被形容的很可怕。一旦與之有染，或被斥為漢奸，或被視為敵對，或被歸為反動。即便完全自發的行動和參與，一旦和境外勢力聯繫起來，所有的強制措施與鎮壓便都可以師出有名，理直氣壯。老夫因此而納悶，這境外勢力到底是什麼東西如此可怕？

當年的孫中山是否有境外勢力支持？現有的歷史資料足夠證明，這個還真的有。否則，同盟會能否堅持下來，其辛亥革命能否成功，都是未知數。

如果沒有以美國為首的境外勢力的干涉和介入，幾十萬皇軍足以蕩平天朝，實現了大東亞的共榮和王道樂土，我們也用不著什麼居住證、暫住證明、計生證等東西，因為我們都有一個良民證。

如果沒有老大哥的境外勢力撐腰，憑我們的那點本事，豈敢雄赳赳氣昂昂地與代表全世界的聯合國開戰？任你百萬大軍跨過鴨綠江，也扶不起金氏王朝的阿斗！

如果沒有亞非拉一幫窮哥們所形成的境外勢力和國際棒棒軍把我們抬進了聯合國，就算是我們自己賴死賴活地爬進去，也一樣被灰頭土臉地踢出來。

最最沒有面子的是，當年因為內訌而翻臉，被惹毛了的老大一怒之下要用原子彈教訓我們，我們沒有辦法只好深挖洞廣積糧，準備挨打。千鈞一髮的時候還是山姆大叔出手救了我們，從而避免了一場比當年小日本還要慘烈十倍都不止的核戰爭悲劇。

如果沒有境外勢力，薩達姆還是薩達姆，卡扎菲還是卡扎菲，他們在自己統治的王國絕對還是受到百分之百的民意擁戴，絕對還有百分之百的選票。只是，科威特可能被滅種滅國，茉莉花可能盛開成有毒的罌粟。

如果沒有境外勢力，你還想轉移資產移民二奶？門兒都沒有，還當個屁的裸官！

所以，就境外勢力而言，有的時候，還真的是個好東西。

關於西化的胡思亂想

曾經看到這樣一句評論：卡斯楚拒絕西化，金正日拒絕西化，薩達姆拒絕西化，卡扎菲拒絕西化，不是因為西化會帶來壞處，而是因為西化意味著放權，意味著人民覺醒，意味著他們專制的末日。

如今的中國，經濟的「西轉」已經給人民帶來了實質性的好處，但是，在政改這個問題上，中國仍然如履薄冰，無法放開手腳，「西化」仍然是改革的「雷區」。

馬克思主義就屬政治上的西化，一個一百五十年前的西方老人空想出來的理論，就要在中國強行推行。一百零五歲的周有光老先生說：「馬克思主義從理論到實踐，沒有一樣是對的。」

你可以去問國防部曹剛川，搞刀槍之類的人，一定都想搞現代化武器。過去，林則徐給皇帝寫過一封密信，說是，就算關公和岳飛活了，也打不過英國人，為什麼呢？因為英國人炮打過來，我們用刀槍劍戟打不到他，甚至看不見他，這就是我們為什麼軍事裝備要全盤西化的原因。

軍服不西化行嗎？還穿前面一個「兵」、後面一個「勇」的軍服，一溜蟠桃扣，身上著火了都脫不下來。金正日那麼愚頑，但他的軍隊也不穿高麗軍服。

西服革履也屬於西化，否定全盤西化的人也不會再去穿長袍馬褂，很難設想中國外交官穿著長袍馬褂去參加國際會議。

其實你本身就是一個西化的產物，你現在穿的牛仔短裙，坐的飛機輪船，看的電視電影，聽的MP3，哪一樣不是西化的東西？但是因此改變了你的中國人屬性了嗎？

中國固有的文化並非全是地道土產的，至少包含有印度文化、西域文化和回教文化等外來成分，晚清又有西方文化。中國文化雖然內涵複雜，但是不存在純粹性，同理西洋文化也就不一定都是歐人或亞利安人的特產。西洋文化中的文字、宗教、陽曆、數字、羅盤、火藥、印刷、造紙等，都是外來的。

清朝晚年，最初有人提倡洋務運動，主張學外國人造槍炮、辦工廠的時候，曾遭到許多人激烈的反對。反對者並不能否認外國的確靠槍炮機器而比中國強，但他們說這一套都是外國人的東西，決不適用於中國。提倡洋務運動很堅決的薛福成在當時就曾如此說過：「或曰：以堂堂中國而效法西人，不且用夷變夏乎？是不然。夫衣冠語言、風俗，中外所異也；假造化之靈，利民生之用，中外所同也。」

這個道理。到了現在看來，自然更誰也不能發生疑問的了。原來，科學為求真理，而真理是不分國界的，只能有在某國發展起來的科學，卻沒有只適用於某國的科學。

學習亞里士多德的《物理學》、托勒密的《天文學大全》、牛頓的《原理》和《光學》、富蘭克林的《電學》、拉瓦錫的《化學》以及賴爾的《地質學》是否有西化的嫌疑？

惡毒咒罵「全盤西化」的高官們，反而把妻小都送到美國定居了，是否有西化的嫌疑？

中醫是我們的國粹，但反對全盤西化的高官們，住在三〇一醫院裡並不熬湯藥喝，即便在彌留之際，身上也插滿了各種西化的管子。

其實現行法律也有西化的嫌疑，中國古代的縣官就是言出法隨。我們的憲法雖然是用來裝樣子的，但裡面的許多條款多屬西化。

慈禧太后就是反對全盤西化的先賢，她連鐵路都反對修，修了的也要拆毀。如果她能料想到日後火車會出軌，詹天佑恐怕早被就地鎮法了。

當初汽車慈禧也是反對引進的，車夫坐在老佛爺的前頭，成何體統？仔細想想，也不無道理，你看現在北京堵車堵得！

老佛爺是主張低碳生活第一人。如果現在當官的都恢復坐轎，每年的三公經費能省多少！

當年張作霖就強烈反對全盤西化，他對於把馬列主義引進中國的李大釗恨之入骨。

馮友蘭先生說過一句話，大意是「幾十來，科學我們是引進了，可是沒引進民主」。

其實「全盤西化」並不會降低民族的凝聚力，舉個非常簡單通俗的例子，當你從「肯德基」快餐店吃完快餐，回家後與吃中國餐的家庭成員的凝聚力就下降了？因此妖魔化「全盤西化」是一種不審慎，不穩重，不文明的無賴觀點。

所謂「西化」，其實從百年前就已經開始；清末的維新、民國的共和以及現執政者的「共產主義」哪一個不是來自西方？問題是我們要用西方的什麼來「化」解本土的專制統治，化解一切財富的創造者無人權之鐵血統治？而可笑的是現統治者強加在人民頭上之「主義」則是西方人的渣滓思想，而如同防賊一樣禁止西方富強的「民主、法制」觀念登陸！統治者完全反人性的「西化」不是罪惡，人民追求自由、民主的西化則是「顛覆」，天下還有比這強盜的邏輯嗎？

關於亡國的胡思亂想

什麼叫亡國？公元一一二七年，金軍攻陷開封，虜去徽、欽二帝和大量的財物，北宋王朝宣告滅亡，當時留下很多亡國的詩句。後來蒙古滅金，國號為元，並於一二七六年攻佔南宋都城臨安（今杭州），這更是亡國了。

但據專家考證，滿人發家的東北早在明朝建國之初就是明朝的領土了。換句話說，明朝時候滿人也是大明的子民，只是到了明末人家造反了，反而當上了皇帝。

要站在我們漢族的角度說，滿清也確實是亡國，是被殖民。畢竟漢族是中國的主體民族，什麼是五千年中華文明，這棵樹的主幹說白了就是漢人的文明！結果被周邊的少數民族滅了我們漢人的政權，人家當皇帝了。在一個百分之九十的人是被統治民族的國家，人們都為亡國憂憤！臥薪嚐膽，圖謀翻身。像孫中山鬧革命搞共和，口號就是「驅除韃虜，恢復中華」！

依照今天的民族國家概念，許多人不願意相信：在以漢民族為主體的中國歷史上，曾經有過數次和數百年的亡國記錄，其中大清一朝就頗具玩味。當然蒙古人也好、滿洲人也罷，從他們入主中原、建立朝廷開始，就已經在不知不覺中被漢化了！因此有人說，如果當年抗戰失敗，日本人在中國建立了「和朝」，一部分日本人融入了中國，今天中國又多了一個少數民族——「和族」，那我們豈不是該稱昭仁天皇是中國的皇帝？東條英機是統一中華民族的大英雄？侵華戰爭是中華民族的內戰？本人實在不敢苟同。

由此想到日本史家「崖山之後，再無中國」一說，不才不得不佩服當年稱之為士大夫、如今叫做知識分子們忍辱負重的耐力。或許他們未能親眼目睹蒙古大汗的軍隊，是如何揮舞著彎刀，把居住在中國北方領土上的人民殺去百分之八十的；又或許他們僥倖置滿人「嘉定三屠」、「揚州十日」於事外，所以他們才沾沾自喜地將征服者「被漢化」看作是本民族的偉大勝利。可惜地下的冤魂不會開口說話，而書寫歷史的，畢竟又是這些活下來的漢官兼學者——儘管他們在蒙古騎士或者滿洲貴族的眼裡，與目不識丁的其他漢民族人民一樣，同屬於低等奴才。

出於和諧穩定、民族團結，我們後人把他們全劃進中華民族。成吉思汗、努爾哈赤這些劊子手們都成了中華民族的民族英雄，亡國的概念沒有了。

印第安人兩百年前亡於英國，他們也曾血流成河，現在美國的新墨西哥州淪陷前曾經屬於墨西哥的版圖。據說現在墨西哥也想納入美利堅合眾國，體會一下當亡國奴的滋味，然而人家美國竟然不要！

近日，美國掀起一波退出聯邦的風潮！十五萬名來自二十二個州的民眾，在白宮請願網站上要求脫離美國聯邦。儘管大多數美國民眾覺得這個行動很可笑，但其中德州聯名已經超過二萬六千人，達到政府必須回應的門檻。因為奧巴馬聲稱，只要請願簽名的人數超過兩萬人，政府就可以受理此提案。

按照我們的說法，這就是要公開顛覆美國。儘管這些人是美國的「分裂分子」，但在美國，卻沒有人追究他們的「分裂國家罪」，官方也沒有以「鼓吹獨立」的罪名追究這些人的刑事責任。這些「獨立分子」在美國依然享有充分的言論自由，可以自由地宣傳他們「分裂美國」的主張。

什麼破國家了！有人公開提出要顛覆國家，奧巴馬還不趕緊出動武警鎮壓，還談笑風生跟沒事似的。簡直是對國家不負責任。

在歷史上，菲律賓與夏威夷都曾經是美國的託管國。在美國託管期間，兩個國家都曾發生過要求獨立的運動，美國也幫助這兩個國家進行全民公投，決定自己的地位。但公投的最終結果卻大相徑庭：菲律賓獨立，成為一個有著獨立主權的國家；而夏威夷則加入美聯邦，成為美聯邦的第五十個州，夏威夷王國從此消失，用我們的話說，夏威夷「亡國」了。之所以出現這樣的結果，是這兩個曾為託管國的民眾對主權的認識不同造成的。

在菲律賓，大多數人都對美國持不信任態度，出於對菲律賓民眾意願的尊重，二戰結束後不久，在美國的幫助下，菲律賓就是否獨立舉行了全民公投。公投的結果，贊成獨立方以絕對優勢勝出。一九四六年七月四日，美國國會正式批准菲律賓獨立。

與菲律賓人不同，大多數夏威夷人似乎並不在意治理這個國家的是否是「自己人」，對「自己管理自己的國家」、「獨立自主」不感興趣。在美國託管期間，儘管也有一些夏威夷人一直在爭取夏威夷的獨立，但始終沒有得到夏威夷廣大民眾的響應。在一九五九年的公投中，夏威夷正式加入美聯邦，成為美聯邦的第五十個州，夏威夷王國自此消失，夏威夷人民成了「亡國奴」。按我們的話說，是夏威夷人民放棄了做國家主人的機會，選擇了做亡國奴。

迄今為止，菲律賓獨立已經超過六十六年，夏威夷加入美國也有五十三年了。現在，就菲律賓和夏威夷的當年的選擇而言，究竟誰的選擇更為正確，相信不難得出結論。如果對此還有疑問的話，不妨回答如下問題：給你一個移民的機會，移民地區在菲律賓和夏威夷之間任選其一，你會作出怎樣的選擇？是到菲律賓當「國家的主人」？還是到夏威夷做「亡國奴」？相信所有的人都會選擇移民夏威夷，而非菲律賓。

「亡黨亡國」這句「警句」建國後經常在報刊上出現，「亡黨亡國」兩個詞是緊密相連的，好像只要「亡黨」必然就會「亡國」。所謂亡國，其實是很陳舊的概念，當今世界已建立秩序，基本上少有列強會吞併一個主權國家，無非是終止一個政權而已。所以務必注意，「亡國」一說如繼續再提，可以斷定那是統治者恐懼自己被趕下臺忽悠百姓的。從伊拉克到利比亞，鬧得那麼凶都沒有亡國，亡的只是政權。中國那麼大，亡國斷無可能，換人而已。

至今有許多人為前蘇聯的「亡黨亡國」哀歎。其實在俄羅斯，共產黨並沒有亡，只不過喪失了執政地位；國家也依然存在，只是有幾個加盟共和國獨立出去了。那幾個加盟共和國本來也不是俄羅斯的地盤。數百年前的莫斯科大公國才有多大？後來的國土都是沙皇侵城掠地搶來的，失去有啥可惜的？遺憾的是遠東的海參威、雙城子的中國人被屠殺殆盡，否則也趁機回歸祖國該有多好！

不才喜歡胡思亂想：如果當年希特勒攻下莫斯科，佔領全蘇聯。後來第二次世界大戰結束，遠東的原中國領土在聯合國的主持下，一定都會如數歸還中國。可惜歷史沒有如果，此事只能在我們的夢境中出現了。

關於假話的胡思亂想

「美國加州牛肉麵」遍及中國大陸，連鎖店上萬家，據說僅這塊招牌就值三億元。但在美國加州住了六十年的老華僑說，他們從來沒聽說加州還有牛肉麵。

據新華社電，原美國加州杏仁商會（Almond Board of California）七日在北京舉行記者見面會，宣佈在中國市場的「美國大杏仁」（Almonds）將更名為「巴旦木」，該組織今後在市場營銷、宣傳等資料上將使用這一名稱。至此，忽悠中國消費者多年的「美國大杏仁」這一假冒名稱終結。

據瞭解，在中國市場上扁桃仁的零售價格每公斤三十元至五十元，而「美國大杏仁」的零售價格是每公斤一百二十元左右。據美國有關方面統計，僅二〇一一年八月至二〇一二年五月，自美國出口到中國內地的「扁桃仁」（即所謂「美國大杏仁」）就達十萬噸左右。

美國加州杏仁商會承認出口到中國市場的「Almonds」是「扁桃仁」。

全中國到處都是天津灌湯包，唯獨天津沒有。你如果問一個天津人：你吃過天津灌湯包嗎？他肯定會告訴你沒有吃過，在天津也沒有見過天津灌湯包。你如果想吃天津灌湯包，必須去外地，特別是遠離天津的南方地區。

經常走南闖北的我，發現南方許多城市都有「天津灌湯包」，甚至一個城市有好幾家，只是名稱略有區別，但都有「湯包」的字眼。在廣州犀牛角大街有一家稱為「天津湯包王」的包子鋪；在惠州有一家「京津灌湯包」的中華老字號，超越狗不理；在雲南墨江還有昆明的「天津灌湯包」連鎖店，甚至在中緬邊境小鎮上也赫然標著「天津灌湯小籠包」的字號。蘇州常熟一帶也有「天津灌湯包」的店鋪，一次我在飛馳的汽車上注意到，正要舉起相機拍照時，車已經開過去了。

你如果想深究此事，店小二會告訴你，我們老闆是天津人，或曰這裡的灌湯包是天津籍的師傅包的，你還有啥話可說？

在信息如此發達，交通如此便利的現代社會，居然還能編造出天津根本不存在的「天津灌湯包」，幾近奇跡。

有個神話，叫「強渡大渡河」。其實，在瀘定橋根本沒有過戰鬥，紅軍五月二十九日到達時，瀘定橋沒有國民黨軍隊把守。從國民黨軍隊的大量來往電報、部署可以看出，長征故事中所說的守橋的國民黨二十四軍第四旅李全山團，其實並不駐屯瀘定城，而在遠處的化林坪一帶。駐紮瀘定的是步二旅旅部，旅長余松琳，紅軍到來前夕，該旅就離開了，被派去五十公里外的康定。瀘定、康定並屬的西康地區專員六月三日的通報也表明，步二旅「集中康城附近」，不在瀘定，當時國民黨無數通訊沒有一份講過瀘定橋打了仗，

一位婦女那時在家裡開豆花店，就在紅軍所在的橋邊。一九九七年她已是九十三歲高齡，但頭腦十分清晰，她對記者講，紅軍「陰一炮，陽一槍地打過去」，然後「慢慢過完橋」，過橋時「沒有打」。

首批過橋的二十二名戰士，每人得了一套列寧裝、一支鋼筆、一個碗和一雙筷子。他們中沒有一個人受傷。據周恩來的警衛員描述，周聽說有一匹馬掉在河裡淹死了，很著急，問過橋的指揮官楊成武：「人有沒有受損失？」當聽說沒有時，周又問：「一個都沒有？」答覆是：「一個都沒有。」

我相信事實，因為憑瀘定橋那個天險，真有一個機槍陣地把守，不可能守不住。其實不用多少人，二挺機槍和六、七個人守住一點問題都沒有。

「飛奪瀘定橋」純係虛構。鄧小平在一九八二年對美國總統卡特（Jimmy Carter）的國家安全顧問布列津斯基（Zbigniew Brzezinski）親口說：「這只是為了宣傳，我們需要表現我們軍隊的戰鬥精神。其實沒有打什麼仗。」

在國內，年齡稍長者都知道有個〈老三篇〉，〈老三篇〉中有個戰士叫張思德，在陝北安塞山中燒炭時因為炭窯崩塌而犧牲，他「為人民利益而死」，其死「重於泰山」。

但近來網上有人撰文，揭出張思德原來並不像《毛選》中注釋的那樣，因燒炭塌窯而死，而是在被派到

當地一處大煙加工廠參與燒製大煙時，因為煙窯崩塌被活埋而死的。為什麼這種事要讓警衛團的人去幹？也不難理解，因為加工大煙的事情既要保密，又要保證參與這項工作的人不會中飽私囊，所以必須安排十分可靠、「黨性強」、「紀律性強」的人去幹。事實上，除了張思德，警衛團很多幹部、士兵都輪流參加過加工煙土的工作。可歎的是，燒大煙的英雄居然也被立作楷模，還讓全國人民學習了數十年，真是件讓人哭笑不得的事情。

在大陸讀過書的人都知道，在百家學科中，最難念的絕不是數理化，而是中共黨史。理科書籍可以數十年不變，但中共黨史課本卻一年可好幾變，叫人越念越糊塗，像赫赫有名的平型關戰役，一下就可讀到N個版本。

敵方損失從「與敵萬餘人激戰，一部被俘虜繳械」到「殲敵三千，毀汽車一百多輛，大車二百輛，繳獲九三式野炮一門，輕重機槍二十多挺，步槍一千多支，擲彈筒二十多個，戰馬五十三匹，日幣三十萬元，棉大衣一萬五千多件，其餘軍用食品無數。單是日本大衣，就夠我師每人一件」，再到「斃敵一千多人，繳獲步槍一千多支，毀汽車一百多輛，取得了抗戰後第一個殲滅性的勝利。」然後到「殲敵一千多人，繳獲步槍一千多支，毀汽車八十餘輛，」汽車縮水了二十多輛，兩百多輛大車和戰馬也不見了。

此類的數字歷來有兩套，一為公開數字用來做宣傳。一為內部數字用來給領導幹部做參考。戰鬥發生五年之後，八路軍副總司令彭德懷，才在中共黨內承認平型關戰役的實況。其時彭任八路軍之副總指揮，在黨內接替楊尚昆出任中共中央北方局書記，他於一九四二年十二月十八日，在太行區營級及縣級以上幹部會議上，作了「關於華北根據地工作的報告」，他說：「關於群眾游擊戰，是從平型關戰鬥之後，更加認識到其重要性。平型關是一次完全的伏擊戰，是敵人事前完全沒有想到的，但是結果我們沒有能俘獲一個活日本兵，只繳到不上一百條的完整步槍。」（中共中央華中局宣傳部一九四三年八月二十日出版之黨內祕密刊物《真理》第十四期。）原來現在所稱「繳獲步槍千餘枝」，亦係誇大十倍之虛妄宣傳。如果殲滅了一千多敵人的話，為什麼在日軍輜重兵也普遍配有槍支的情況下，只繳到不到一百條槍？這再次說明殲敵千餘或八百絕不可能。

近年來網上不斷有人揭露「雷鋒送老大娘回家」中扮演老大娘的「群眾演員」，是大連《新商報》副總編輯王盛波的奶奶。據王盛波說：他奶奶當時人就在家裡，並不需要別人送她回家，是雷鋒和新聞幹事季增找上門來攀談。

雷鋒攙扶大娘、「精心」保養汽車、關心小學生、給公社積肥等光彩奪目的照片，都不是新聞照片，而是正正經經認認真真搞出來的「劇照」。不光照片是補拍的，紅遍全國的《雷鋒日記》也是補寫的，《雷鋒日記》為寫作班子作品已是公開的祕密。一個高小畢業生能寫出這樣語言簡練生動，文學性很強，且幾乎無錯別字的文章，一般作者都寫不來。

雷鋒在部隊僅待了兩年八個月，當時部隊津貼最高每月只有八元。而他僅一小部分事蹟就已經支出三百多元。這樣多的錢他是從哪裡搞來的？

《雷鋒日記》中說道：「為了在春節期間給人民做一件好事，吃過早飯後，我背著糞筐，拿著鐵鍬到外地揀糞，大約揀了三百來斤糞，我送給了撫順望花區工農人民公社，……」還說，第二天又送了一大車的糞便去，人民公社的負責同志面對這樣的「大禮包」，很受感動。《雷鋒日記》中還說到，這些寶貴的糞便是居民區小孩們在房前屋後留下的。

小孩的糞便只不過二、三兩重。春節期間，雷鋒居然能在當地居民的房前屋後，一天之內就撿到重達三百多斤，數以千堆小孩的糞便！外界質疑：當地人難道就在這樣臭氣沖天的糞堆裡過春節？也太離譜了吧！

有智者說：「一個人說一句假話並不難，難的是一輩子只說假話，不說真話。」

歷史表明，經過我們幾代人的努力，人民群眾已經充分認識到說假話的好處，嚐到了說假話的甜頭。他們已經對真話產生了普遍的厭惡情緒和防範心理，不但大說假話，還會創造性地說假話，由義正詞嚴到拍胸脯發誓各種表現不等。

這樣的歷史告訴我們，如果不堅持說假話，不堅持一直說假話，就會亡黨亡國。前蘇聯就因為停止說假話而亡國，這是一個血的教訓，必須引起每一個致力於以假亂真的同志們的重視。

堅持說假話，就要反對說真話，反對說真話先要認清真話的危害性與假話的重要性。

實踐已經證明，假話帶來的益處要遠遠大於害處，因此我們要大張旗鼓地鼓勵人民說假話。

關於共產主義的散想

一百五十年前的一個古人勾畫出一幅無限遙遠的人類社會形態的美麗童話，他當初做夢也沒想到，後人對自己的猜想會如此頂禮膜拜，竟完全對現代社會的發展實際視而不見，完全不能立足於發展現實生產力來選擇自己的意識形態。由於明顯脫離了科學思維的軌道，反反覆覆已經為之付出了極其沉重的代價，如果仍然堅持為這一猜想趨之若鶩或猶豫不決的話，的確是很不可思議的。

近一百五十多年來，大工業發展的事實表明馬克思主義創始人的立論根據無法成立。因為資本主義的發展並沒有使愈來愈多的人陷入貧困，並使這種貧困愈來愈嚴重，相反，它已經使無產階級上升為有產階級從而基本上消滅了無產階級。資本主義制度的掘墓人無產階級都消失了，又何來的無產階級革命和共產主義社會呢？

馬克思主義創始人所描繪的共產主義社會要消滅社會分工，人人隨心所欲，想幹什麼就幹什麼。社會分工能消滅嗎？我們知道，共產主義社會必須要有高度發達的生產力，而自然規律告訴我們，高度發達的生產力來自更廣泛採用科學技術和更細緻的分工。如果消滅了分工，人人隨心所欲，想幹什麼就幹什麼，高度發達的生產力又從何而來呢？再則，分工就是組織，組織就是社會，這也就是說社會是組織（分工）的總體，消滅了分工就等於消滅了社會。

共產主義只能是一種信仰，就像數學中的無窮大，是一個概念，不是個具體物。「各盡所能」是可以實現的，但「各取所需」是永遠不可能實現的，至多是基本生活品可以實現保證供給。因為新產品總是供不應求的，無論道德水平怎樣提高，人們求新的慾望是不能消滅的。所以馬克思的觀點隨著社會的發展必須進行修正。但問題是現在所謂的馬克思主義者實際上是「掛羊頭，賣狗肉」，他們天天在騙人，實際實施的是封建專制主義。

人的需要是沒有止境的，而人需要的條件則是有限的，這是客觀規律在人類社會的體現。人們為了自已的需要而努力奮鬥的歷史過程，就是人類社會發展的歷史過程。需要是推動社會進步發展變化的原動力。如果人類的需要能滿足，能實現「各取所需」，那麼就意味著社會發展的終止，這顯然是違背客觀規律的。「各取所需」根本不能實現，一個姑娘很漂亮，十個男子想娶她為妻，這十個男子能各取所需嗎？運動員都想拿金牌，能各取所需嗎？大家都想住靠近海邊的別墅，能各取所需嗎？一種新的生活用品剛被發明出來，生產的數量還不多時，人們能各取所需嗎？

打死我也不相信共產主義能夠實現，為人類社會設定一個終極的進化目標本來就違背了辯證法。

勃烈日涅夫的姪女柳芭發表回憶錄，其中寫到，勃烈日涅夫當年曾對自己的弟弟說：「什麼共產主義，這都是哄哄老百姓聽的空話。」連他都不信，還有誰信？

共產主義只是理想主義。有一些人用理想主義煽動人民，用愛國主義裹脅人民，讓人民為了他們空洞的理想放棄了自我、幸福和人格，這些人其實是法西斯。

無產階級專政是一種製造社會仇恨的思想體系，我們沒有理由將這種增強社會仇恨的理論作為武裝國人頭腦的統治思想。

偉大的革命理論已經被改革開放的實踐所顛覆，國人從此陷入了信仰危機。

能不能實現共產主義的討論其實是次要的，關鍵是如何過得上好日子。無論何種社會制度，能過得上好日子就行。

二十世紀最早看清蘇俄本質的人不是胡適，而是徐志摩。徐去英國途經莫斯科寫的《歐遊漫錄》中這樣評價蘇俄的馬列主義者：「他們相信天堂是有的，可以實現的，但在現實世界與那天堂的中間隔著一座海，一座血污海，人類泅得過這血海，才能登彼岸，他們決定先實現那血海。」多深邃的目光！

葉利欽寫道，如果爬上黨的權力金字塔的頂尖，則可享有一切——你進入了共產主義！專門的醫院、療養院、漂亮的餐廳和特製佳餚，不花錢的源源不斷的奢侈品，舒適的交通工具等等。那時就會覺得什麼世界革命，什麼最大限度提高勞動生產率，以及所謂世界大同啦，都不需要。「因為共產主義完全可以在一個單獨的國家裡，為那些獲取權位的少數人而實現。暫時一億人只能為一二十人建立『真正』的共產主義。」當然，所有這一切都不是屬於「個人」的，而是屬於「職位」的。制度可以把這些享受賜予個人，也能把它們從個人手中奪回來。

不可思議的是，當別的民族已經識破這種極其陰暗、極其肮髒的哲學陰謀，從而開始走向正常的人類社會時，竟然還有一個民族仍然在為這種陰謀所迷惑，仍然像打了雞血一樣為那個瘋子的夢境而狂喊。唉，世界上恐怕再也找不出這樣一個思維低級、智力障礙的民族了。

關於革命的散想

革命，一種激烈的變革。往往是一個利益集團採取激烈的方式打擊另一個利益集團，從而形成新的利益格局。革命還意味著流血犧牲，沒有革掉人性命的革命不是真正的革命。

摩羅把中國的「革命」看的入骨三分，他說：「一面是高舉為人民謀幸福的旗幟，一面是將人民驅趕到絕望的深淵。面對如此奇怪的事實，革命一刻也不曾感到自身的矛盾和荒唐，而是按著革命邏輯一路高歌猛進。在革命初期的暴風驟雨中，人民也許確實體驗到了反抗與復仇的快感，體驗到了以暴力方式表達自己的願望，表現自己存在的滿足感。這也正是一切受壓迫的人民渴望革命，並且常常美化革命的心理原因。可是革命並不能廣泛而又深入地改變人民的命運，革命是一台巨型機器，它一旦發動，就無法停止。而為了維持它的轉動，就必須以人民作犧牲。因為革命這台機器所需要的燃料不是煤炭或石油，而是人民的鮮血和屍體。只有少數革命家通過革命改變了自己的命運——他們有幸成為了革命機器的操作者。為了滿足機器手們的權欲、利益與光榮，必須源源不斷地、最大量地向這機器投入鮮血和屍體。在將人民加工為鮮血和屍體的過程中，機器手們不是體驗到罪惡與恐懼，而是體驗到光榮與神聖，因為他們的一切努力都是——為了革命。革命邏輯所結出的果實竟然如此荒唐，這讓我們真不知道該如何面對我們內在的革命衝動，正如一位詩人所說的，最後一滴血，不知該灑向何處。」

法國大革命時的羅蘭夫人在上斷頭臺前也疾呼：「自由！自由！多少罪惡假汝之名而行！」可謂她臨終時的痛徹之言。但將這句話中的「自由」換成「革命」，似乎更準確些。

在西方思想傳到中國之前，中國人沒有進步的歷史觀，有的只是天道循環的歷史觀。「革命」一詞的含義也是「順天應時」改朝換代的意思。傳統中國的倫理觀中，只支持「官逼民反」，殺富濟貧。而這裡的富人，也是針對為富不仁者。不支持殺富而仁者。

但西方思想傳到中國後，「革命」一詞具有了進步的含義，暴力革命被認為是實現歷史進步的手段，這似乎可以從黑格爾的「惡是歷史的推動力」那裡找到根據。

因而，當革命對象轉向地主後，過去針對富人與百姓的「打家劫舍」的剪徑暴行，便被賦予了正義和實現進步的意義。

這一轉化具有顛覆性的意義與效果，影響巨大而深遠。本來，傳統社會中的痞子、流氓無產者不少，慣常幹些偷雞摸狗，殺人越貨的勾當。但從來沒有人認為這種行徑是對的，他們自己也覺得理虧，自己也不恥於如此，自認為是惡人是歹人。但在革命理論的開導和支持下，「打家劫舍」居然還是一件推動社會進步的事，是為了消滅剝削階級云云，這就徹底免除了他們的罪惡感。同時無神論也消除了他們頭上的三尺神明，因而，就沒有了任何的顧忌。於是，殺戮肆虐，以「革命」的名義，一波接著一波。

古往今來，自然的四季更迭也好，社會的改朝換代也罷，周而復始。誰能說從前的農民起義，與如今的新民主主義革命有什麼兩樣？

革命者在某一時期也可能創造出一個根據地，但這似乎算不上一個發明創造。土匪們也喜歡盤踞一個山頭，以此為依託出去「打家劫舍」。革命者的資源從哪裡來？靠的就是「打劫」。為讓「打劫」成為好東西，也得給它「正名」，以前多半叫「劫富濟貧」，後來則叫「打土豪、分田地」。

那些依託革命，成功走上執政道路的人，對革命的理解應該更為權威。朱元璋有次與劉基交換對革命的看法，他老人家是這樣說的：「本來是沿途打劫，那知道弄假成真。」

革命一旦「弄假成真」，領導人就可搖身一變為「真龍天子」，其手下是「開國元勳」，打劫隊員成為「革命軍」，那些在「打劫」途中，不幸失掉性命的則成了「先烈」。

「成者為王敗者為寇」。吳法憲在他的回憶錄中談到：文革中的革命舉措，與林彪有關的，是「反革命罪」；與毛澤東有關的，是「失誤」；與周恩來有關的，則是「違心」，同樣的革命，不同的結局，那是由於吳法憲等一小撮人「革命失敗」的緣故。

毛澤東將農民稱之為中國革命的主力軍，這是一個十分準確的定位。但是，中國農民存在著許多嚴重的自身難以克服的缺陷，例如皇權主義、帝王思想、絕對平均主義、流寇思想、山頭主義、享樂主義、個人主義等等。這種思想，那種主義，在時機成熟的時候固然要表露，在時機並不成熟的時候常常也表露得一覽無餘。

毛澤東時代，許多詞語前都要加上「革命」兩字，諸如什麼革命政黨、革命人民、革命群眾、革命事業、革命行動、革命……不一而足，惟恐無人不曉。那麼，什麼是革命呢？毛澤東同志的回答是：「革命不是請客吃飯，不是做文章，不是繪畫繡花，不能那樣雅致，那樣從容不迫，文質彬彬，那樣溫良恭儉讓。革命是暴動，是一個階級推翻一個階級的暴烈的行動。」如今，很少有人再提及「革命不是請客吃飯」了，但有人卻把它改頭換面，做成了廣告詞：「革命就是請客吃飯！」於是，當年血染的風采就演變成今天酒染的風采，一年吃掉幾千億。

馬克思主義真是個好東西，他主張「無產階級只有解放全人類才能最後解放自己」。這個理念，放至眼前這個環境，不妨理解為：「革命者應該有讓所有的人都住進了中南海、釣魚臺，最後才輪著自己入住的襟懷。」若做不到這個，「農民起義」與「無產階級革命」，也就不好區別了。

革命的宣傳是必要的手段，但是虛假的宣傳卻是革命運動的大敵。李自成與洪秀全的革命宣傳可以說從一開始就是一張永遠無法兌現的空頭支票。

北韓從金日成開始就許願讓人民吃上大米飯、喝上肉湯、住上磚瓦房、穿上綢緞衣。現在已傳位於三世了，仍沒有蹤影，不知何時才能實現？

中國是農民起義的滋生地，縱觀幾千年歷史，我們似乎永遠處在這樣一條地震帶上。所有的起義者最初無一不打著均貧富分田地的旗幟以號召戰士，一旦奪取江山，享受盛宴的則永遠只是少數。

流氓與無產階級

什麼是流氓？流氓就是違背公序良俗，違法犯罪，作奸犯科的社會底層人員，又稱人渣。若要探究流氓的本質，那就是一批徹底的實用主義者，一批不受人間任何宗教、道德、法律觀念約束的人。流氓與強盜有何區別？從總體而言，二者可歸為一類，但細究起來，強盜主要依靠暴力來違反規則，不以耍賴為榮。也就是說，相比於流氓，強盜還有些光榮感——叢林社會以強壯為榮、為美。而流氓，由於實力不逮，故而根本無榮耀與美德感，只是活一天算一天，欺軟怕硬，耍賴欺詐，無所不用其極。

一般說來，流氓都是無產者。中國人一說到無產者、無產階級，那是要肅然起敬的，因為無產而成為階級，那就有了神聖性了。但在無產階級革命導師恩格斯的筆下，在《英國工人階級狀況》一書中，無產階級不可避免與道德的墮落相聯繫。因此，流氓與無產者，二者具有天然的聯繫，所謂「饑寒起盜心」，就是對這一社會現象的經驗概括。

無產者中不都是流氓，由於宗教、文化的作用，絕大多數窮人也還是安分守己的，但凡能活下去，他們一般也不會違背公序良俗，作奸犯科的。但無產者中盛產流氓，這也是事實。流氓無產者最具革命性與破壞性，這是古今中外普遍的現象。

流氓而又徹底無產者，唯恐天下不亂，天天都盼望著「又運動了」、「又革命了」。因此歷朝歷代的革命者，都非常依賴流氓無產者。革命導師馬克思對流氓無產者非常厭恨，在他看來：「流氓無產階級在所有的大城市裡都是由與工業無產階級截然不同的一群人構成的。這是盜賊和各式各樣犯罪滋生的土壤，是專靠社會餐桌上的殘羹剩飯生活的分子，無固定職業的人，遊民……能夠作出轟轟烈烈的英雄業績和狂熱的自我犧牲，也能幹出最卑鄙的強盜行徑和最齷齪的賣身勾當（《馬克思恩格斯選集》，第一卷，第三九二頁）。」

歷史上凡能成就一番事業的，都是厚黑的主。列寧與毛澤東，反馬克思之道而行，對流氓無產者青睞有加。列寧與史達林經常組織手下嘍囉搶劫銀行以籌集革命經費，毛則為湖南農村的痞子運動高聲叫好。

毛澤東的《湖南農民運動考察報告》最早刊於中國湖南省委刊物《戰士》上面，其中還有一段話：「我這次考察湖南農民運動所得到最重要的成果，即流氓地痞之向來為社會所唾棄之輩，實為農村革命最勇敢、最徹底、最堅決者。」這段文字後來發表時被陳獨秀刪去。但從這些論述中，可以看出毛澤東對遊民無產者是理直氣壯持肯定態度的。事實上中國早期第一代領導人等，正是來自這一革命時期中的遊民無產者。

一九二七年的湖南農民運動，也是催生老一輩無產階級革命家的搖籃。所以毛澤東當時在文章裡稱讚他們是「革命先鋒」，是「成就那麼多年未曾成就的革命大業的元勳」，是完全有道理和事實依據的。因此，中國的特殊在於流氓不僅在下層，而且在中層、高層都普遍存在，所以中國不僅多流氓無產者，也多流氓有產者、流氓中產者。

流氓都是徹底的經驗主義與唯物主義者。你若想以神明、來世來規勸他，那叫對牛彈琴。他是活一天算一天，根本不考慮今後、更不相信來世，只相信看得見、摸得著的東西。毛曾說，徹底的唯物主義者是無所畏懼的，這話確是顛撲不破的真理，全世界的流氓無賴，都是無所畏懼的。不信你看鴨綠江對面的那個主，人家那主體思想，說穿了就是唯我主義。

流氓無產者，身上有革命性和反動性兩重屬性：

革命性：他們是無產者，他們處於社會底層，天然地對現行社會秩序不滿。他們好勇鬥狠，他們熱衷於反抗，熱衷於破壞舊制度，對於社會變革，他們是不可忽視的推動力量。

反動性：他們也是流氓。他們曾經被剝削，但奴隸一旦哪天成了主人，他是一定要做老爺的，他也一定要有奴隸的。抄了老爺的家，是一定要到小姐的牙床上去滾上幾滾的，甚至還不願意下來。如同李自成打進北京城，「闖王來了不納糧」的軍隊馬上成了欺壓百姓、燒殺擄掠的兵匪。

魯迅先生曾寫到：「中國的良民，在官與賊的夾縫中生存。」這個「賊」就是流氓無產者。

他們喊著「人人平等」的口號，內心裡卻嚮往「有些人更平等」的特權；他們打著民主的大旗，卻幹著專制者才有的勾當；他們揮舞著自由的幌子，卻試圖鉗制別人的發言權！

他們與他們所咒罵、反對的對象，在本質上，在對權力的渴望上，對暴力的推崇上，對自由的鉗制上，對異己的打擊上，並無二致。

倘若這個社會充斥著流氓無產者，就算有了民主，也只會成為多數人的暴政，如專制一樣，同樣是一種夢魘。

當林彪自認為看清了毛的時候，曾憤憤地跟家人說：「你們不覺得他像個痞子嗎？太像了！如果我將來輸給他，只會輸在我痞子勁兒不夠上。」

趙樹理對農村流氓無產者的痛恨更甚於對地主的恨，他認為解放後農民最危險，最該警惕的敵人並非地主階級，而是掌握了鄉村政權的流氓無產者。

地主們，不管是大地主還是小地主，也不管是剝削致富還是勤儉致富，在減租減息、大清算和土地改革的摧枯拉朽的運動中，統統失去了原來的階級身分和社會地位，無一倖免。一九四七年，晉冀魯豫邊區有二・一萬名地主在不到一年內被消滅了。

趙樹理在山西的農村裡，初次領教流氓手段的可惡與可怕。在土改過程中（包括反奸、反霸、減租、減息歷次複查直至平分土地），不少地方每次運動開始，常有貧下中農尚未動步之前，流氓無產者就趁勢捷足先登，撈取便宜的現象。

趙樹理在為自己的小說《邪不壓正》的主題思想作辯解時說：「據我的經驗，土改中最不易防範的是流氓鑽空子。因為流氓是窮人，其身分很容易和貧農相混。在土改初期，忠厚的貧農，早在封建壓力之下折了銳氣，不經過相當時期鼓勵不敢出頭；中農顧慮多端，往往要抱一個時期的觀望態度；只有流氓毫無顧忌，只要眼前有點小利，向著哪一方面也可以。這種人基本上也是窮人，在未改造之前就被任命為幹部，使其有發揮流氓性的機會，在群眾頭上抖威風。」這就是社隊幹部往往比地主都要壞一萬倍的原因。

流氓無產者哪朝哪代都是政治勢力手上的工具，而流氓無產者也樂意做工具。反正自己手上抓了一把臭牌，所以，天天盼著停電，等再次來電了可以重新抓牌。等又抓到一把臭牌了，就再次盼望著趕快停電！這就是流氓無產者的內心。不論他們喊的口號如何變化，什麼主義了，什麼民主自由了，本質上無非是希望停電，好重新抓牌！中國的歷史在這點上絕對是獨樹一幟，成為了一種民族文化傳統了！

當今我國社會貧富差距拉大，兩極分化明顯，吉尼係數高漲，社會矛盾尖銳。在這種形勢下，毛左與民粹思潮，在中西部地區與社會金字塔的底部氾濫成災。河南洛陽毛左公然集會，鼓吹要發動第二次文革。毛左與民粹本是一家，都是流氓無產者的思想旗幟。北京一位歷史教師，因為不願再掩蓋歷史真相，對學生說了實話，引來毛左民粹的流氓圍攻。

馬克思主義發展到今天，對所有聲稱信奉它的人來說，幾乎都面臨著一個現代化的問題。民主主義左派做出的選擇是把民主主義、人道主義放在突出的位置上，讓共產主義理想從史達林主義的異化和扭曲中掙脫出來，恢復其鮮明的「人的面孔」，讓共產主義學說更具有吸引力和號召力，再通過實現真正的人民民主讓人民自己做出選擇。而假左派們，則是頑固地拒絕給人民以選擇權，甚至不惜網羅流氓無產階級加入他們的別動隊，把一條兇險的，不可琢磨的前途強加給人民。寫到這裡，我眼前似乎浮現出一幅生動的滑稽場面：趾高氣揚、不可一世的假左派揮舞著他們「封建、專制、革命、鎮壓」的爛旗，身後跟著一幫由盜賊、慣匪、敲詐勒索者、惡棍、騙子手、職業乞丐、無業遊民、娼妓、地痞流氓等各色烏合之眾組成的「革命隊伍」，嚷嚷著〈我是流氓我怕誰〉之類的「語錄歌」，正在大街上神氣活現地前進。

我不否認，如今這個社會極度不公，一方面是統治階級的聲色犬馬、驕奢淫逸；另一方面是勞動者的悲慘無助、艱辛困頓——這是眾所周知的事實。正因為如此，我們需要堅持不懈地為實現公平和正義而鬥爭，甚至為此付出代價我們也在所不惜。但是，我們鬥爭的目的，並不是為了讓流氓無產者開心，而是為了人類的公正，團結，友愛，而實現這一切的根本手段絕非暴力。即使我們在特殊情況下贊成一些暴力手段，也只是對那些作惡者實施「正義的懲罰」，在任何時候，任何場合下，我們都堅決反對並鄙夷那種不分青紅皂白濫殺無辜的行為，因為這種行為和那些籍著「追求正義」的，濫殺無辜的九一一恐怖分子何異？

解放全人類！

一九五八年八月下旬中央召開的北戴河會議上，為了解決糧食多了怎麼辦的問題，毛澤東提出「現在看來搞十幾億人口也不要緊，把地球上的人統統集中到中國來糧食也夠用。將來我們要搞地球委員會，搞地球統一計劃，哪裡缺糧，我們就送給他！」

毛澤東還說：「目前太平洋實際上是不『太平』的，將來歸我們管了才算是『太平』洋……將來我們要搞地球管理委員會，搞地球統一計劃。」

一九五八年六月和八月，毛先後向軍隊和地方領導人表露了自己的雄心壯志，就是要「把地球管起來」。這或許才是他搞大躍進的真正目的——並非為了提高人民生活水平，而是為了加速他的軍事工業化進程，以使自己有能力「管理地球」。

此後的《人民日報》多次鼓噪要「統一全世界」，要「成立地球管理委員會」、「搞地球統一計劃」。為達此目的，《人民日報》還宣傳說：「大躍進是為了中國在一個比較短的時間內趕上一切資本主義國家，成為世界上最先進、最富強的國家之一。」

毛澤東在一九六六年十一月對澳大利亞毛澤東主義黨的領袖希爾說：「這個世界需要統一」、「蒙古人、羅馬人、亞歷山大大帝、拿破崙、大英帝國，都想統一世界。今天的美國、蘇聯，也想統一世界。希特勒想統一世界，日本想統一太平洋地區。但是他們都失敗了。照我看，統一世界的可能性並沒有消失。」「我認為這個世界是能夠統一的。」

毛澤東顯然認為這個角色非他莫屬。他認為美國、蘇聯都不行：「這兩個國家人口太少，到處打起來人力就不敷分配。而且，它們都怕打核戰爭。它們不怕別的國家死人，可是怕自己的人口死掉。」哪個國家人口最多？哪個國家的領導人不怕自己的人民死掉？自然是中國，自然是毛澤東。他夢想著在不久的將來如願以償：

「再過五年，我們的國家就有條件了。」

四十多年前，「我們要解放天下三分之二的受苦人，進而解放全人類。」曾是中國非常流行的「豪言壯語」——尤其是充滿崇高革命理想的年輕一輩更是對此深信不疑。那時政治老師不斷地告訴我們說：世界上還有三分之二的人還沒有解放，他們在萬惡的地主和資本家的剝削和壓迫下，生活在水深火熱之中，過著牛馬不如的痛苦生活……所以，我們必須遵照毛主席他老人家關於「胸懷祖國，放眼世界」的親切教導，發揚無產階級國際主義精神，支持世界革命——只要解放了全世界受苦的人民，我們的革命重擔就可以放下了。到時全世界實現了共產主義，我們的日子就幸福無比了……

毛澤東曾說：「我們用二十八年解放了全中國，再用二十八年還解放不了全世界嗎？」多麼宏大的理想！那些年，我們都快餓死了，還要從牙齒縫裡擠出糧食支援亞非拉。為了抗美，甚至不惜把綢緞島送給北韓，把白龍尾島送給越南。因為在偉大領袖看來，世界革命一盤棋，如果統一了全世界，整個地球都是他老人家的天下呀！

我在少年時，就對一件事情總是感到十分困惑——既然美帝和英帝是我們中國人民的死敵，為什麼我們還要學英語？一次，我對英語老師提出了心中的疑問。而英語老師最令人佩服的地方，還是他極為豐富的想像力——面對著同學們對學英語的疑惑，他用一種十分莊重嚴肅的口吻告訴大家說：「你們都是無產階級革命事業的接班人。你們肩負著解放全人類的革命重任。如果連英語都不會，將來怎樣與世界人民溝通？打個比方，如果將來解放了美國，派你們到美國搞『土改』，你們不會英語怎麼能行？……」

我那時曾多次夢見為了解放全世界，我與紅衛兵戰友提溜燒火棍打到了美國，就在即將把五星紅旗插到白宮樓頂的時候，戰友為了掩護我，犧牲在白宮華麗的臺階上……。

王小波先生在雜文〈救世情結與白日夢〉中，對此更是作過令人捧腹的諷刺和自嘲，原因是當時在雲南當知青的王小波先生，竟也一度想越過中緬邊境去參加緬甸人民解放軍，去「解放」緬甸人民——只是後來他想：「我不認識這些受苦人，不知道他們在受何種苦，所以就不知道他們是否需要我的解救。尤其重要的是：

人家並沒有要求我去解放，這樣貿然過去，未免自作多情。這樣一來，我的理智就戰勝了我的感情，沒幹這件傻事……」

正如王小波先生所言：「像我這樣的蔫人都有如此強烈的救世情結，別人就更不必說了。」

「解放全人類」，好大的一個詞兒，乍一聽，不像是人說出的，而像是超人類、智能人說出的，像從宇宙某處發出的聲音。但經證實，這話確實來自於凡人而非超人，滑稽的是，這些信誓旦旦要解放全人類的，都是一些貧窮、落後、愚昧的民族；自己食不裹腹衣不蔽體，反而堅信其他人都處在水深火熱之中。就是這些最愚蠢的人，信心最足，志氣最大。

什麼才是人類的解放？怎樣才能獲得解放？由誰來解放？這是需要弄清楚的問題，這些問題必須重新評價。如果我們不能意識到一種邪惡的力量和思想的存在，如果我們的心理和文化還繼續受其支配，這必將為自己、為他人以及為整個人類社會帶來災難。

歷史證明，解放者才是最大的奴役者，蘇聯紅軍「解放」了東歐，但正是這種解放把東歐置於了蘇聯的魔爪之下，依照蘇聯模式建立的東歐各國，殘害了無數的生命，並嚴重制約了社會經濟的正常發展。二十世紀將被作為人類歷史上死亡最慘重的世記載入史冊，解放者奪走了估計高達一億無辜的生命。在解放的背後，「隱藏著一個個家破人亡、夢想破碎的人性故事，他們的生命被那些追求極權主義權力的傢伙無情地消滅。」

歷史證明，解放者才最需要被解放。一種宗教般狂熱的信仰主宰了解放者的頭腦和思想，他們被極權主義者把玩於股掌之間卻全然不知，認為除了自己是幸福的，全世界的人們都處在了被壓迫中，因此肩負著神聖的使命。狂熱的信仰加上被當權者的愚弄，他們完全失去了思考能力，在他們眼裡，領袖指示就是真理。他們的頭腦被囚禁、眼耳口舌被監控、財產被剝奪，然而他們卻還要把這種「幸福生活」施加於人，因此他們要鬥爭、要解放、要殺戮。他們「不僅奪走了受難者的生命，他們還企圖盜竊他們的人性，抹殺他們的記憶」。事實證明，他們追求的天堂，正是地獄，他們沒有解放別人，也沒有使自己獲得自由，這種最需要被解放的人，是不可能解放他人的。

人類應該得到解放，但要避免那種強加於人的解放、避免信仰狂熱分子帶來的解放。那麼怎樣才能解放？欲得解放，必須要從強權中解放，從道德愚弄中解放，從集體思想的欺騙中解放，從國家主義中解放，從意識形態中解放。解放，是個性的解放；是人性的解放；是社會發展的解放。

我常突發奇想：世界最尖端的武器、最新的科學技術、最強大的武裝力量，掌握在美國人手中，還是挺合適的。如果掌握在無產階級革命家或馬列信徒的手中，他們能做出些什麼？比如掌握在賓拉登的同志手中。

請先設法把你自己的日子過好吧，世界上的文明是多樣性的，不要試圖去解放全人類，重蹈秦始皇、成吉思汗、希特勒、日本天皇的覆轍！

偉大領袖論死人

據《炎黃春秋》二〇一二年第五期，崔敏的回憶錄〈貴州的大饑荒年代〉披露：「一九六一年三月十二日他與另外兩位同志去南開公社參加整社工作。三人在去公社的途中，順便到路邊一社員家討水喝，發現一位四十來歲的婦女正在她家堂屋用菜刀砍一具小孩的屍體，這個小孩屍體的手腳被肢解，頭部已砍下放在一邊，屍體發出腥臭，我們詢問她為什麼殺孩子，她回答：「不，不，不，不是我殺的，是孩子今天早上餓死的，全家人餓飯，沒有辦法，為了救命，不得不拿來吃啊！」又說：「哪個人狠心吃自己的孩子啊！」經她這一說，我們也無心討水喝了，立刻退了出來。後來得知，銅仁專區的江口縣餓死近一半人。」

一九五九年至一九六一年，貴州省到底餓死了多少人，說法不一。有人說餓死了一百二十萬人，有人說餓死了一百五十萬人。但根據一九六二年貴州省公安廳，全省各專署、自治州公安處、局治安科上報的數字匯總，全省一九五九年至一九六一年共餓死二百五十多萬人，占全省災前總人口的百分之十四・七。這是官方的統計數字，儘管各地、州、市、縣上報時縮了水，但這是當時唯一信得過的數據。

但最終省委上報中央時，只報了二百一十萬人，瞞報了四十多萬人，並向中共中央和毛澤東寫了一份粉飾太平的簡報。簡報主要內容是：「糧食緊張情況，已經徹底得到解決」、「目前必須想盡一切辦法，抓緊糧食生產，確保秋收作物豐收」、「把糧食徵購列為黨委一個時期的中心任務」。

毛非常欣喜地在貴州省的上報材料上作了長篇批示：「右傾機會主義分子及反黨分子完全看不見我國社會主義事業的主流是什麼，他們抓起幾片雞毛蒜皮作為旗幟，就向偉大的黨和偉大的人民事業猖狂進攻，真是『蚍蜉撼大樹，可笑不自量』了。近日我們收到很多省、市、區的報告，都是邪氣下降，正氣上升，捷報飛傳，聲勢大振，如同貴州一樣。」

一九五八年十一月二十一日，毛在對中共高層講話時說：「除了大辦水利以外，還要各種各樣的任務，鋼鐵、銅、鋁、煤炭，運輸、加工工業、化學工業，需要人很多。這樣一來，我看搞起來，中國非死一半人不可，不死一半也要死三分之一或者十分之一，死五千萬人。」「死五千萬人你們的職不撤，至少我的職要撤，頭也成問題。」「你們議一下，你們一定要搞，我也沒辦法，但死了人不能殺我的頭。」

此後，毛澤東在北戴河會議上還講：「打了那麼多年仗，死了那麼多人，沒有誰能賠償損失；現在搞建設，也是一場惡戰，拼幾年命，以後還要拼，這總比打仗死人少。」看來對死人，他老人家是有預料的。

在中共八大二次會議上，毛講話說：「死人是白喜事，是喜事，確實是喜事。你們設想，如果孔夫子還在，也在懷仁堂開會，他二千多歲了，就很不妙。講辯證法，又不贊成死亡，是形而上學。莊子死了妻子以後，鼓盆而歌是正確的。」「人死了應開慶祝會」、「人口消滅一半在中國歷史上有過好幾次。」

一九五八年八月二十一日毛澤東在協作區主任會議上講話時說：「過去革命打仗死很多人，是不要代價的，現在為什麼不可以這樣幹呢？」（李銳《大躍進親歷記（下）》，一〇六頁）

荷蘭歷史學家馮克出版的《毛的大饑荒》一書中提到，毛在一九五九年三月二十五日的上海祕密會議上，要求大幅度提高徵繳糧食。當有人擔心餓死人的時候，毛說了如下令人驚駭的話：「大家都吃不飽，大家死，不如死一半，讓另一半人能吃飽。」

毛在一九五九年一月二十八日還說：「中國地大物博，只有那麼一點田，但是人口多。沒有飯吃怎麼辦？無非少吃一點。吃那麼多把肚子漲那麼大幹啥，像漫畫上外國資本家那樣。」

一九五九年六月二十四日，毛回老家湖南湘潭韶山，雖然毛的家鄉享受優待，但鄉親仍反映吃不飽，毛把臉一沉對他說：「現在還有三四兩（注：老秤十六兩為一斤，三、四兩約等於今天二市兩左右），總比過去吃百家飯（指乞討）好吧？」

二十世紀一九五九年到一九六一年持續三年的大饑荒。全國實行軍事化管理，將農民嚴厲限制在土地上。全國一盤棋的大一統計劃模式使這種人為饑荒迅速在全國各地不約而同地次第爆發。農民在飢餓中大量地死去，因飢餓而引發的「新四病」襲擊了幾乎所有的底層民眾。（由於糧食短缺，全國各地很多人都出現了浮腫、乾瘦、婦女閉經和子宮脫垂的症狀，被稱為「新四病」。）

難民潮引發了大面積的飢餓恐慌，部分地區進行了一定程度的自救，也有一些地方政府滅絕人性地進行暴力鎮壓，阻止饑民外逃求生。後者往往導致饑民坐以待斃，使當地死亡率大大提高。

許多地區的權力當局嚴令死人後「不准哭」、「不准帶孝」。安徽一個公社黨委書記看到餓死者的死人堆時，極其不屑地說：「人要不死，天底下還裝不下呢！……人有生就有死，哪個人能保哪天不死！」這幾乎與毛所見略同，一九五八年十二月九日，毛在八屆六中全會就說：「人要不滅亡那不得了。滅亡有好處，可以做肥料。」

一九五八年六月二十八日，毛說：「太平洋是不太平的，將來歸我們管了才算是『太平』洋。」林彪插話說：「我們一定要造大船，準備到日本、菲律賓、舊金山登陸。」八月十九日，毛以同樣的氣概對省委書記們說：「將來我們要搞地球管理委員會，搞地球統一計劃。」

為了支援世界革命，解放全人類，中共中央多次指示外貿部：糧食、大豆、植物油等，「必須想盡一切辦法擠出來，以供出口。」「有些商品如肉類，應該壓縮國內市場的銷售，保證出口。有些商品如水果、茶葉和各種小土產，應儘量先出口，多餘的再供國內市場銷售。」

一九六一年春，蘇聯中斷了對阿爾巴尼亞的經濟援助，中國除了向阿提供了幾十萬噸糧食以外，還提供了二・五億元外匯人民幣的援款，並承擔了十九個成套項目。當時還發生了這樣一件事，當幾千萬中國人因為毛的大躍進政策而被餓死時，一艘本來應該開往中國的運糧船，卻因為阿爾巴尼亞需要援助而掉頭駛向了該國。

為了統一地球，統一太平洋，毛始終都是抱著「為有犧牲多壯志，敢叫日月換新天」的革命的邏輯思考問題的。毛澤東在莫斯科演講中是這麼說的：「……極而言之，死掉一半人，還有一半人，帝國主義打平了，全世界社會主義化了，再過多少年，又會有二十七億，一定還要多。」

毛還說：「中國六億人，死一半還剩三億，我怕誰去。」這個話一講完，全場鴉雀無聲，很多人沒聽懂，說毛怎麼了，死三億人都不算什麼？下面喝茶的時候都議論紛紛，捷克斯洛伐克總書記端著咖啡直哆嗦，說：

「中國六億人，我們才二千萬啊。」毛的這次即席演說，關於核武器的話嚇倒了一片人。

在中共八大二次會議上，講到戰爭與和平的問題，毛澤東更是明確講：「打起來也要不大驚小怪，打起仗來無非就是死人。打仗死人我們見過，人口消滅一半在中國歷史上有過好幾次。原子仗現在沒經驗，不知要死多少，最好剩一半，次好剩三分之一，二十幾億人剩幾億，幾個五年計劃就發展起來了。換來一個資本主義全部滅亡，取得永久和平，這不是壞事。」

聽聽吧，毛的「死掉一半人」是什麼概念，那是三億人呀！

上個世紀七十年代，中國人沒有不認識毛澤東的，所以毛死，中國人大哭。但中國人不知道，他們為之大哭的這個人曾說：為了消滅帝國主義，全世界社會主義化，中國人死一半他都不怕。

這就像你的父母同人打架，對人家說：「我這窩孩子死一半我都不怕」是一個道理，這比劉邦對項羽欲烹其父他不怕更大丈夫。死多少人都不在乎，偉大領袖的心胸該有多麼寬廣呀！

陽謀、剝筍與引蛇出洞

「陽謀」在黎錦暉三十年代出版的大辭海中的解釋是「人君南面術」。人君，皇帝是也。南面，稱王坐殿之謂。術，是權術，即陰謀。為了給帝王搞陰謀避諱，所以不叫陰謀叫陽謀。毛多次使用此詞，顯然是自比帝王。

一九五七年七月一日，毛澤東在〈文匯報的資產階級方向應當批判〉中說：

在一個期間內不登或少登正面意見，對錯誤意見不作反批評，是錯了嗎？本報及一切黨報，在五月八日至六月七日這個期間，執行了中共中央的指示，正是這樣做的。其目的是讓魑魅魍魎，牛鬼蛇神「大鳴大放」，讓毒草大長特長，使人民看見，大吃一驚，原來世界上還有這些東西，以便動手殲滅這些醜類。就是說，共產黨看出了資產階級與無產階級這一場階級鬥爭是不可避免的。讓資產階級及資產階級知識分子發動這一場戰爭，報紙在一個期間內，不登或少登正面意見，對資產階級反動右派的猖狂進攻不予回擊，一切整風的機關學校的黨組織，對於這種猖狂進攻在一個時期內也一概不予回擊，使群眾看得清清楚楚，什麼人的批評是善意的，什麼人的所謂批評是惡意的，從而聚集力量，等待時機成熟，實行反擊。有人說，這是陰謀。我們說，這是陽謀。因為事先告訴了敵人：牛鬼蛇神只有讓它們出籠，才好殲滅它們，毒草只有讓它們出土，才便於鋤掉。

毛澤東這一席話，讓許多人第一次知道了「陽謀」這個詞。大家回頭一想，毛澤東「反右」這一招好像真的不是「陰謀」，因為他早就說過：「牛鬼蛇神只有讓它們出籠，才好殲滅它們，毒草只有讓它們出土，才便於鋤掉。」是你沒有參透其中奧妙，你只好自認晦氣。

其實，在毛澤東的詞典裡，「陽謀」一詞出現的時間很早。一九四九年四月十三日，毛澤東在〈中共七屆二中全會上的總結〉中批判王明的教條主義時，就使用了「陽謀」一詞。他說：「整風運動提高了同志們的嗅覺，縮小了教條主義的市場。有人說，這是陰謀，是要取而代之的。其實，這不是陰謀，而是陽謀……」這份報告，當時沒有公開發表，所以許多人不知道毛澤東早就創造了這個新詞。

毛澤東的這次「陽謀」，令許多人刻骨銘心。不過，不能不承認，從構詞來說，「陽謀」有舊詞翻新、脫胎換骨之妙。同時，這個好像有些「陽光」的詞彙，同樣包含著和「陰謀」一樣的肅殺之氣。

毛澤東在接見阿爾巴尼亞黨政代表團時曾講：「對這樣一個政權，就要不斷地清洗壞人，像剝筍一樣不斷地把皮剝下去。」李立三、王明、張國燾不用說，高崗、饒漱石、彭德懷都這樣被剝掉了，現在又剝掉了彭、羅、陸、楊，今後，無非接著剝就是了。

文革，用毛澤東的話來說，就是「剝筍」，一層層地剝去那些「異己」。在文革中，黨內在「剝筍」，政府內在「剝筍」，軍隊內在「剝筍」。就連中央文革小組，也在「剝筍」。

團中央書記胡克實同志談到文革前他兩次親耳聽到毛主席講話，一次說要「釣魚」，即搞「陽謀」；一次說要搞「剝筍政策」，在黨內一層層剝掉（異己分子）。他說：「當時我聽了很吃驚。無產階級領袖怎麼用這種語言呢！」

其實早在一九五七年七月十八日，毛就在青島說：

> 歷史上留下一大批王八蛋，一路敲鑼打鼓，擁護了七年是假的。到了現在，他們就翹尾巴了。每年召開人民代表大會、政協會議，總是要對付他們一場。通過法案，他們都舉手；下去視察，他們就找岔子，並且搞組織活動……
>
> 民主黨派要抓住其中的右派，狠狠地打！……全國人大要改選，經過反右派，一定要換掉一大批！……右派分子雖然多，但頭兒已經打了。把頭子打了，就不好作怪了，以後採取剝筍政策……像張

軫那樣的傢伙，就要狠狠地整！……今後反右派就是兩個字：一叫深，二叫改。對內和，對敵狠！反革命搞得厲害的地方，要鎮壓！肅反不徹底的要殺一些人！……有反必肅！抓起來再說。不能像胡老頭（胡志明）那樣，「罪己詔」千萬不能下！……把一些右派都搞去勞動教養！地、富、反革命、摘了帽子的，要調皮再給戴上，搞個勞動教養條例，死刑不要輕易廢掉。孫悟空沒有緊箍咒不行……各省市對民主黨派，不管其中央，予以腰斬！

一九五六年，赫魯曉夫揭開了史達林黑暗統治的內幕，波蘭、匈牙利掀起了波瀾洶湧的民主浪潮，國內周恩來、陳雲發起了反冒進運動，罷工罷課退社事件連連發生，中共八大又作出了「反對個人崇拜，加強集體領導」的決議——這一切，對中國的史達林構成了巨大的衝擊。

在這種大背景下，執掌絕對權力對階級鬥爭常抓不懈的毛澤東被迫處於戰略守勢。為了重振雄風，他刻意製造重大的社會矛盾，苦思冥想精心設計了一個大騙局——在共產黨內開展反對官僚主義、主觀主義、宗派主義的整風運動，然後頻頻發表講話，熱忱謙恭地號召黨外人士、知識分子給共產黨提意見，幫助整風。他信誓旦旦地宣稱：「這次整風運動，應該是一次既嚴肅認真又和風細雨的思想教育運動……放手鼓勵批評，大鳴大放，堅決實行『知無不言，言無不盡，言者無罪，聞者足戒，有則改之，無則加勉』的原則。」

從一九五六年十二月初至一九五七年五月，毛澤東說了許許多多沁人心脾、感人肺腑、娓娓動聽之言。然而，善良的億萬中國人民哪裡知道，一個巨大的陰謀正在孕育！娓娓動聽的言語背後，隱藏著森森殺機！

一九五七年一月毛主席在省市委自治區黨委書記會議上的講話中說：「對民主人士我們要讓他們唱對臺戲，放手讓他們批評。……不錯的可以補足我們的短處，錯的要反駁。至於梁漱溟、彭一湖、章乃器那一類人，他們有屁就讓他們放。讓大家聞一聞，是香的還是臭的，經過討論，爭取多數，使他們孤立起來。他們要鬧，就讓他們鬧夠，多行不義必自斃。他們講的話越錯越好，犯的錯誤越大越好，這樣他們就越孤立，就越能從反面教育人民，我們對待民主人士要又團結又鬥爭，分別情況，有一些要主動採取措施，有一些讓他暴露，後發制人，不要先發制人。」就在這篇講話的上下文，毛主席還說：「地主、富農，資產階級民主黨派……他們老於世故，許多人現在都隱藏著。」

「一般說來反革命的言論當然不讓放。但是它不用反革命的面貌出現，那就只好讓它放，這樣才有利於對它進行鑒別和鬥爭。」「如果有人用什麼大民主來反對社會主義制度，推翻共產黨的領導，我們就對他實行無產階級專政。」……

這不是已經把引蛇出洞的戰略部署說得清清楚楚了嗎？難道還有什麼地方不明白，還有什麼疑問嗎？

匈牙利事件對毛澤東震驚之大是可以想見的，他在考慮社會主義的命運。作為一個六十三歲的老人，也會考慮到自己身後的遭遇。十年後林彪說的：「毛主席百年後，誰要發表赫魯曉夫那樣的報告，就全黨共誅之，全國共討之。」這大概就說到毛澤東的心坎裡了。但是現在，毛澤東日思夜想的是：中國決不能出現匈牙利問題，決不能出赫魯曉夫。他開始為「打防疫針」而運籌了，這就是後來說的「引蛇出洞」，或「誘敵深入，聚而殲之」。

偉大領袖像一隻志得意滿的老貓，對著戰戰兢兢的老鼠，幸災樂禍，粲然一笑：「不是陰謀，是『陽謀』。我早已說過：『牛鬼蛇神只有讓他們出籠，才能殲滅他們；毒草只有讓它們出土，才能鋤掉。』」

這是在玩弄文字遊戲。手握絕對權力的毛澤東絲毫不掩飾自己的洋洋得意，他坦承：是早有預謀，爾等可奈我何！

一生以「陽謀」、「剎筍」、「引蛇出洞」為己任的偉大領袖，殘害的人一批又一批，延綿不絕呀。

論直接復仇

專制極權下是沒有司法的，就算有也名存實亡。一個國家沒有司法，人們只能直接復仇——即有仇的一方直接找仇家復仇，有冤的報冤有仇的報仇。直接復仇的個人經濟成本最低和速度最快，但社會因此付出的經濟和人命成本卻最高而對社會的危害性也最廣最長。

在中共的土改中，全國至少二千多萬人被戴上「地、富、反、壞」的帽子，使他們成為在中國社會沒有公民權利的「賤民」。而且，每一地區有一些聲望的地主，都被定為「霸」，還分為惡霸、善霸、不霸。被定為「霸」的地主都要被處死。一聲令下，全中國的農村立馬籠罩在紅色恐怖，血雨腥風之中，二百多萬地主、富農的人頭紛紛落地。

「土改」時，批准殺人的權力在區一級，一些只有二三十歲的年輕區長或區委書記掌握著全區十多萬人的生殺大權。殺地主，沒有任何標準，每個村子都要殺，不殺是不行的，上面的政策規定：「戶戶（地主家）冒煙，村村見紅」。假設那個村子裡沒有人夠資格評上地主，就將富農提升為地主；假設連富農都沒有，就「矮子裡面拔將軍」，把某位倒黴的富裕中農提上去……

當年殺地主是用槍頂著後腦勺，從背後斜著向上開槍。一聲槍響，天靈蓋便被打飛了，紅色的鮮血，白色的腦髓，撒滿一地……血腥、殘忍、恐怖，目睹者不由自主地渾身顫慄，甚至嚇得好幾個夜晚從惡夢裡尖叫著醒來，掩面而泣……殺多了，嚇怕了，反抗者都縮頭了，新生的紅色政權便鞏固了。

土改中被虐殺的地主，多數至死也搞不清自己錯在哪裡。種地交租子是隋唐以來一直的慣例。而且在災年顆粒無收時，他反過來還要救助那些長工們。

沒有審判，不容置辯，貧下中農幾句口號後，就被拉下去槍崩了。老婆、女兒也被貧下中農瓜分了。

上海的資本家，向來奉公守法，按時納稅。共產黨來了說你剝削，讓你從光緒開埠起退賠剝削的費用，即使資產全部充公仍然不夠，於是只好跳樓自殺。陳毅當市長時，每天興奮地向下屬詢問：今天又有幾個「降落傘」？

沒有半點民主法治的中國文革時期，成為人類歷史上的仇恨之最：恨美帝、恨蘇修、恨日本、恨印度、恨英國、恨南越（後來連北越也恨）、恨資本主義、恨舊社會、恨港澳臺等海外關係、恨資產階級、恨蔣介石和國民黨、恨地富反壞右、恨達賴喇嘛、恨宗教、恨迷信、恨老師、恨文物、恨走資派、恨成份不好的父母及親屬、恨穿著奇裝異服和留長髮的人、恨劉少奇、很林彪、恨孔子、恨偷渡者、恨偷聽海外電臺廣播之人、恨偷看禁書之人、恨不服從國家分配之人。市民恨農民、農民恨市民、革命者恨非革命者、利他者恨利己者。恨表達不滿言論之人、恨反黨反社會主義之人、恨崇洋媚外之人、恨講真話之人、恨自由戀愛之人、恨離婚之人、恨亂搞男女關係之人、恨偷生怕死之人、恨反對自己之人、恨不同政見之人、恨與自己競爭之人，等等。

中國文革時期，總之就是治者認為不滿意或對自己不利的幾乎都要仇恨化，並且要被治者一起同化這種仇恨，法理的依據全部免問。結果是治者倡導的仇恨滿天飛，復仇的任意妄為也滿天飛，而治者倡導的愛卻極其有限：愛毛主席、愛共產黨、愛解放軍、愛社會主義新中國、愛馬恩列斯毛的主義思想、愛虛構的幾個英雄人物。

權力的無邊、法治的虛無，形成惡性復仇的無邊無際，當時整個中國大陸就是一個仇恨的汪洋——復仇無度的汪洋。

那時的革命樣板戲從頭至尾都在宣揚仇恨：

> 字字血，聲聲淚，激起我仇恨滿腔。普天下被壓迫的人民都有一本血淚賬，要報仇，要伸冤，要報仇，要伸冤，血債要用血來償！
>
> 咬住仇，咬住恨，嚼碎仇恨強咽下，仇恨入心要發芽。不低頭，不後退，不許淚水腮邊掛，流入心田開火花。萬丈怒火燃燒起，要把黑地昏天來燒塌！

文革中紅衛兵小將猶如義和團及希特勒的衝鋒隊再現，處處燒殺搶掠。用銅頭皮帶打得老師皮開肉綻，國家主席劉少奇可以不經過任何司法程序而被痛毆。

稀奇的是，文革中的仇家並不是出於個人恩怨，而是所謂錯誤路線的執行者與追隨者。有許多死於非命的人，至死都不知道自己錯在哪裡？紅衛兵小將其實是在替領袖復仇，誰讓領袖一時不高興，領袖讓他一輩子不高興！

民主法治制度下的復仇屬於間接復仇——即有仇的一方不直接找仇家復仇而是通過司法來向仇家復仇。民主法治制度下的間接復仇，個人成本，比如律師費和堂費，以及社會成本都很高昂，但由於其依靠中間人——司法來主持復仇，能最大限度地做到公平、公正和公開地復仇，對後續惡性復仇幾乎徹底根斷。當杜絕了永無止境的後續性復仇，其成本再高也是一次性了結，不像直接復仇那樣後續的個人成本和社會成本無法估量，埋下的禍根也深不可測。

一批批人被整肅了，每一個人又要連帶家屬、親友、同學、老鄉一大片。領袖認為：這些人表面上不說，內心一定對他充滿了仇恨，一定「人還在，心不死」。於是繼續擴大迫害的範圍，「壞人」於是層出不窮，風聲鶴唳草木皆兵。

拿中國的文革來講，民主的社會成本幾乎為零，法治的社會成本也幾乎為零。社會沒花一分錢在訴訟和律師辯護上，也沒花一分錢在行政、立法和司法的管理上，只是偉大領袖的愛妻及其他幾位權力無邊的隨員就搞定了，但社會為此節約而付出的代價卻是幾代人也還不清，與民主法治國家的先進距離越拉越大。

當每一個人都被身邊特定的仇恨所包圍，當越來越多的人對社會以及社會裡所有的人懷有越來越強烈的仇恨時，這個社會還有什麼希望呢？當復仇要靠自己的力量而不靠民主司法的力量時，復仇就變得無序、混亂且一發不可收拾。在你得勢的時候可以任意復仇，但是在你失勢的時候同樣會被比你強的人任意復仇，這就是因果關係。

在專制社會，政權的變更只是暴力復仇力量的變更，而不是民意的變更。恐懼的眼淚，犯錯的眼淚和仇恨帶來的痛苦伴隨和浸染著整個專制社會，王朝更替時，皇族被斬盡殺絕幾乎成了規律。

文革的直接復仇使中國倒退了幾十年，有些損失永遠都無法挽回，比如枉死的生命和搗毀的文物以及摧毀的道德文化永遠都無法挽回。

其實對江青的公審仍未脫離復仇的模式。也許江青同志感到有點冤屈，但如果她看到薩達姆、齊奧塞斯庫、卡扎菲的下場，那她就應該感到慶幸，偉大領袖生前其實已經預料到了她的結局。

「復仇」作為古老級詞匯隨著賓拉登的死去再次復活，以一種文化注入當今的恐怖行為，使世界愛好和平的人們談恐色變。基地組織的「復仇」絕對是當下最大的魔鬼，當然還有它的製造者。

北韓彈丸之地養活著一百多萬軍隊，他們研發核武器也是為了復仇，復一九五〇年的韓戰之仇。我不敢想，如果美國的先進武器掌握在賓拉登、薩達姆、卡扎菲、波爾布特、金正日的手裡，世界將會是什麼樣子？

據說「美帝國主義亡我之心不死」。在上世紀七十年代，偉大領袖就發出了「打倒美帝國主義及其一切走狗」的偉大號召，但是，現在我們距這個偉大目標仍然遙遙無期，我不禁有些灰心喪氣。

切·格瓦拉同志說，如果他有原子彈，一定要使紐約成為一片火海，這句話怎能不使美帝心驚肉跳？美帝一定會想：與其等你來解放我，不如我來解放你吧。於是才有了今天的世界局勢。

再論直接復仇

在中國古代，「復仇」是被看作是天經地義的事情。西晉的文學家傅玄在他的《秦女休行》中有一首詩這樣寫道：

龐氏有烈婦，義聲馳雍涼。父母家有重怨，仇人暴且強。
雖有男兄弟，志弱不能當。烈女念此痛，丹心為寸傷。
外若無意者，內潛思無方。白日入都市，怨家如平常。
匿劍藏白刃，一奮尋身僵。身首為之異處，伏屍列肆旁。
肉與土合成泥，灑血濺飛梁。猛氣上干雲霓，仇黨失守為披攘。
一市稱烈義，觀者收淚並慨慷。百男何當益，不如一女良。

這首詩真實地記載了趙娥這位生活在漢靈帝時代，甘肅酒泉祿福縣女青年，為父親趙君安報仇的生動和艱難歷程。她的父親被惡霸李壽殺害，本來她娘家三個兄弟都想報仇，沒想到卻在一場瘟疫中先後去世，家遭慘烈，淒淒慘慘戚戚，復仇的重任就落到了趙娥那柔弱的肩上。為報仇趙娥買了一把刀，天天晚上要做的一件事就是磨刀。然後扼腕發誓，立志報仇，最後終於血刃仇家。

究竟趙娥該被視為替父報仇的烈女還是殺人的罪犯呢？此舉招來眾多非議。此時祿福縣的上級是酒泉太守劉班和上上級涼州刺史周洪，這兩個官員了解了趙娥案之後就馬上起草了一份報告，在這個上報朝廷的報告當中，對趙娥大加讚賞，「稱其烈義」，為趙娥說了許多好話。漢靈帝拿起這個案子一看，「如此人物，奇女子也。」立即下詔：赦趙娥無罪。就這樣把趙娥赦免了，還要通報表揚。上面有政策下面就貫徹執行，地方政府給趙娥就修了一座孝烈牌坊，以茲精神鼓勵。

在古代社會裡，受儒家文化的影響，民眾形成了「崇尚復仇」的文化心理。《春秋》經傳都提倡「切復仇之志」，就是要堅定每個復仇人的意志，這被人稱為春秋大義，《公羊傳》當中的說法是「子不復仇非子也」，意思是指：兒子要不為父親報仇，那就不配為人之子。

無產階級也鼓勵直接復仇，但無產階級不鼓勵復個人的仇，鼓勵復階級仇、雪民族恨。

我們國家為什麼有這麼多的階級仇，民族恨？為什麼有這麼多的「國恨家仇」？「階級仇」是內憂，「民族恨」則是外患，歷史上的「殺富濟貧」運動始終不曾中斷。新中國成立以後，一直到實行改革開放，我們的「階級鬥爭」，亦即無產階級與資產階級的鬥爭從未停止，而且相當殘酷激烈。據說「美帝國主義亡我之心不死」，許多人一說起來就忿忿不平。

「樣板戲」就是鼓吹階級仇恨的經典教材。將「階級仇、民族恨」渲染到了極致。政權如此才能獲得群體的響應和社會的心理支持。仇恨可以成為整合人們力量情感的凝聚劑，階級鬥爭是家仇轉向國恨的動力，「樣板戲」煽動家仇國恨情節的邏輯是：個人仇恨——家庭仇恨——民族仇恨——階級仇恨——國家仇恨。

階級仇民族恨，這種以群體方式確立的仇恨範疇，是可疑的。仇恨一個階級或一個民族，不管有天大的理由，都是錯誤的。那是一個個活生生的人組成的龐大群體，他們怎麼可能都成為你的敵人？

所謂階級和階級仇恨，其實是人們為爭權奪利而編造出來的神話。這是人為的封建等級制度在廿世紀再現，現在中國與以往中國一樣，是根本不存在所謂階級和階級鬥爭的，存在的是民主與獨裁、專制與法制、護法與犯法的鬥爭！

在古代，報仇要講對象，只能找兇手本人報仇。《春秋》裡這樣說：「惡惡止其身。」不能擴大化，不要株連他的家人，否則就叫「推刃之道」，就是指你殺過去他又殺過來往復鬥殺，冤冤相報沒完沒了，所以報仇不可沒有目標。

而我們的階級仇恨，講究株連。地主分子的後代也被劃入異類，數十年不得翻身。一個人株連一大群，一大群再株連一大片，敵人因此越來越多。即便這樣，偉大領袖在晚年仍然心存疑慮地問周恩來：恩來，你說我的身邊還有赫魯曉夫式的人物嗎？

通過民族主義教育來達到愛國的目的，是中國在教育當中的一場災難。古代社會，朝廷的職能決定了採用這種方法，因為生產力低下導致社會公共服務弱化。今天政府的職能完全改變了，再採取以族群為單位的劃分，其實只能起到傳播仇恨的作用，「階級仇，民族恨」，實際上是誇大了普通矛盾而已。

我們說一個人需要愛憎分明，那麼怎樣進行愛與恨的教育呢？北美的教育是以教孩子怎樣去愛開始的，去愛自己，愛家人，愛朋友，愛國家。那不是跟中國的愛黨教育一樣了嗎？但裡面有一個細節不同，那就是北美的愛是沒有敵人的一種愛，而我們所接受的所謂愛憎分明教育，是非常明確地告訴你，你該愛誰，你該恨誰，誰是你的敵人。這都是有人早就給你設計好的，是不能變的。

在中國，只要是打著民族大義的旗幟，無論你幹多麼邪惡的事情都會在初衷上得到肯定；而反駁一個正義的理念，只要是拿出民族大義的旗幟一揮，馬上會引起掌聲一片。這樣的環境要想揚善伐惡將是多麼的困難，甚至講一個普通的道理都會招致別人用民族主義來抨擊你。所以說中國根本就是一個不講理的地方，完全都是靠拳頭，靠武力。

如果說，中國人互相仇恨是文革挑起，那麼，如今這個時代就不應該再有這麼多仇恨，但事實並非如此。二〇〇八年一月七日，湖北天門市水利建築公司總經理魏文華遭五十名城管人員群毆致死，當時魏文華僅僅用手機拍了城管用暴力亂埋垃圾與村民發生衝突的鏡頭，就命喪黃泉。

無獨有偶，二〇〇八年五月二十三日九時武漢市菜農李四橋在自家菜地修補被去年冬季大雪壓倒的菜棚，因此引來殺身之禍。當地城管得知消息後，迅速組織數十名城管隊員攜帶碗口粗的木棒來到菜地，將李四橋亂棍打死，並將他六十多歲的父母打傷。

城管隊員與那家菜農一定沒有什麼深仇大恨，為什麼會為了這麼一點事就要制人於死地呢？稍有良心的人，也不會對這麼一個靠種點蔬菜維生的菜農一家下此毒手啊！城管隊員心中的仇恨是從哪來的？這個問題值得探究。

其實，中國人心中的仇恨原因就在教育，中國人從小學開始就灌輸階級鬥爭的理論，把社會描寫成萬惡的世界，把人性邊緣化，把愛分成階級性，人生處處隱含著仇恨。

中國統治者出於政權穩固需要，慣用仇恨來分化人民的凝聚力，這也不難理解為什麼中國政府害怕宗教力量的原因，例如基督教宣揚的博愛精神。然而，在人民心中播種仇恨，是把雙刃劍，它可能有利於鞏固專制的統治，但它卻孕育了一群暴民，最終也會威脅到統治者本身，一旦爆發，玉石俱焚，歷史教訓不是很多嗎？

文革期間，我的右派老師就曾對我說：「中國人前世都是有殺父之仇的！」我聽不明白，嚇得趕緊逃了。後來讀了柏楊先生的《醜陋的中國人》才明白中國人彼此之間仇恨已成為一種文化。

蘇聯人為什麼要殺兩萬多名放下武器的波蘭軍官呢？難道他們真的是殺人狂魔？殺兩萬多人就圖一個快樂？沒有緣故嗎？

賓拉登製造的九一一事件，一時使得多少無產階級革命鬥士興奮的夜不能寐。

我現在終於弄清楚原委了。

以革命的名義

馬克思用他獨創的剩餘價值理論，推導出資產階級的財富是來自無產階級創造的剩餘價值，由此得出一個驚世駭俗的觀點，無產階級可以奪取資產階級手中的財富。這直言不諱的觀點，顛覆了人類社會關於個人財產神聖不可侵犯的價值觀。

馬克思認為，資產階級不可能放棄既得利益，會不惜用暴力維護自己的財產，因此，無產階級只能通過暴力革命來奪取資產階級的財富，這就是階級鬥爭。這種鬥爭是不可調和的，你死我活的，只有當無產階級在全球範圍內徹底地消滅資產階級，人類才能真正從中解脫出來。

階級鬥爭的理論更使仇恨無限地升級了，將個人的仇恨提升為「階級仇恨」。結果是仇恨的深度和廣度愈加擴大，從一對一的較量變成人群與人群之間的廝殺。

不要小瞧「仇恨」這一股底氣，它向來是革命、造反、鬥爭的催化劑。專制與人治的體系播下了無數怨和恨的種子。一旦這種社會結構的脆弱平衡被破壞，「有仇報仇，有冤申冤」的煽情口號就足以點燃燎原野火，從而顯示出平時不易窺見的人性的另一層面。

革命者為什麼仇恨？這是一個與眾不同的命題。當仇恨同人類超凡絕倫的創造天賦結合起來時，就成為地球上最具毀滅性的一種力量。

仇恨作為最黑暗邪惡的一種情感，破壞了人與人之間的關係，摧毀了我們的社會，葬送了不可勝數的生命，吞噬了我們的健康。

我常常想，承襲先人的仇怨，將刻骨之恨當做精神支柱，當做生存的原動力，無論他日是否能手刃仇家，這種人生實在是太陰暗、太恐怖了。

以下事實，在國際共運的鬥爭史上不勝枚舉。由此可見，仇隙一啟斷無好報。之所以動不動「滅門」、「誅九族」，正因為雙方知己知彼，出於對陰沉狠毒的復仇心理的恐懼，怎能不斬草除根？此亦古而有之也。「階級論」及「鬥爭論」只是使得人際間的仇恨泛化和深化罷了。

紅色高棉的領袖波爾布特在柬埔寨領導了一場史無前例的「革命」，結果柬埔寨沒有像波爾布特追求的那樣成為「人類社會的天堂」，而是把柬埔寨的富人消滅了，統統都變成窮人；城市消滅了，人人拿起鋤頭種田。有「東方巴黎」之稱的金邊，成了無居民的「鬼城」。家具、冰箱、電視、汽車等生活用品，被當作革命的對象，燒掉、砸掉；黃金白銀、美金鈔票，成了糞土，失去價值。機器也是奢侈品，丟掉不用，而用汗水洗心革面。關閉學校、廟宇，強制推行農業主義，將百分之八十以上的城市人驅趕到鄉下種地。

革命家認為，人知識越多，頭腦就越複雜，壞主意也越多，就需要改造。改造不好的，就要消滅，簡單到消滅肉體。舉凡知識分子、中產階級、僧侶、少數民族，統統在殺戮之列，柬埔寨遂成為「戰火屠城」。四年時間，全國有三分之一左右的人（二百多萬）被處死。據說，年輕的行刑者為革命節省子彈，乾脆用鋤頭鏟斷囚徒的腦袋。

為無產階級革命者復仇，列寧下令屠殺末代沙皇全家。十月革命成功後的一個凌晨，沙皇一家被叫醒到一個地下室集合。到了地下室，荷槍實彈的士兵們走了進來。負責行刑的首領盧洛夫斯基向他們宣讀：「請注意！現在宣佈烏拉爾工農兵代表蘇維埃的決定。鑒於你們的親屬在繼續向蘇維埃政權發動進攻，烏拉爾執行委員會決定槍決你們！」

子彈射到尼古拉的臉上，他最先被殺死。他的妻兒也隨後中彈。其餘被關押的皇室成員，如公爵、公爵夫人、塞爾維亞女王等，也都遭遇了相同的命運。

在一片空地上，屍體都被剝光，然後屍體被拋到一個充滿水的廢舊礦井中。士兵們燒毀了沙皇一家的衣服，然後在黑夜中驅車離開。

天亮後，士兵們又奉命把硫酸潑到死者的屍體臉上，讓他們無法被辨認。沙皇一家的屍體在木板下面的淺淺的墳墓裡被埋葬了近七十三年，直到一九九一年，才被人發現。

「卡廷慘案」又稱「卡廷事件」、「卡廷森林大屠殺」。一九四〇年春，大約二・二萬名波蘭軍人、知識分子、政界人士和公職人員在卡廷森林遭到蘇聯軍隊殺害。一九四三年，發現波蘭軍人屍體的納粹德國稱殺害事件為蘇聯所為，遭到蘇聯否認。直至一九九〇年四月十三日，時任波蘭總統雅魯澤爾斯基訪問蘇聯時，蘇方才正式承認對「卡廷」事件負全部責任，稱其是「史達林主義的嚴重罪行之一」。二〇一〇年四月，俄羅斯總統梅德韋傑夫下令公開俄方掌握的卡廷事件歷史文件，這是俄羅斯首次向公眾公開卡廷事件的相關材料。

一九六六年八月末，北京大興縣境內發生集體殺人事件。大興縣公安系統在傳達公安部長謝富治的講話以後，大興縣貧下中農協會組織了最高人民法庭，自己進行審判，同時大開殺戒。全縣十三個公社、四十八個大隊，先後殺害了三百二十五名「四類分子」及其家屬，有二十二戶人家被殺絕。其中年齡最大的八十歲，最小的僅三十八天。這個過程甚至還得到了公安局的配合。

其中規模最大的大辛莊慘案發生在一九六六年八月三十一日夜裡，一夜之間殺了一百多人。當地人習慣地稱它為「八・三一事件」。

屠殺行動經過了精心策劃：先把要殺的人集中關押；再一個個叫出去，出去一個殺一個。殺以前還要履行一套審問、逼供的程序——順從就是偽裝、狡猾，否認就是抵賴、反抗、猖狂——以此給殺戮熱身並提供正當性。被關的人並不知情，直到殺光為止，為防止引起暴動，做得儘量隱秘。先殺年輕的黑五類，然後是無反抗能力的老人，最後是小孩兒。

殺人方法有用鐵棍、棒木打的，用鍘刀鍘的，用繩子、鐵絲勒的。鍘死的人有的塞進深井裡，直到井快塞滿了。有的埋在村外葦塘裡，甚至乾脆把活人往葦塘拖，用繩子套在脖子上，連拖帶勒，到葦塘人就斷氣了。

以後在湖南道縣、零陵地區和廣西賓陽等地，陸續有類似事件發生。

二〇〇〇年前後，有學者指出，高度組織化，手段野蠻，毫無目的的殘忍和事後無人負責，交織、混雜在一起，是該事件最令人恐怖之處。

然而這一切竟然都是以革命的名義！

也談大義滅親

春秋時魏將樂羊奉命攻打中山國，中山國把他兒子煮了，肉湯分了他一碗，樂羊坐在帳下悠然自得地喝下了這碗湯。當時舉國讚歎，只有睹師贊並不贊成，說：「其子尚食之，其誰不食？」

但我注意到，傳統社會中的「大義滅親」往往是「大義滅子」或「大義滅妻」，就是為了君王的利益，臣民可以犧牲自己的子女和妻妾，例如程嬰捨子救孤，劉安殺妻供食等不勝枚舉。而「大義滅父」這樣的事例卻很少。假如劉安把他的老爸或老媽殺了供劉備飽餐一頓，時人會如何評價呢？

無產階級也推崇大義滅親。文革中的「大義滅親」不僅可以「大義滅子」，而且還可以「大義滅父」，「大義滅父」在文革時達到了高峰。革命青年紛紛響應領袖的號召，背叛自己的家庭出身和階級，揭發批鬥甚至打罵自己的父母和老師，造成無數的慘劇：文革中有四位紅色公主張貼大字報，揭露父親的隱私，表示堅決與她們「罪惡」的父親決裂。

不厚先生曾把他的生父打翻在地，生生踹斷三根肋骨，網友一致認為他屬於不忠不孝，不仁不義之徒。

我在看顧准日記的時候，常常將書中〈致陳敏之的最後一封信〉和他的女兒顧淑林的〈遲到的理解〉放在一起閱讀，想像一個至死不願連累他人的老好人，一個饑寒交迫，拖著咯血的身體，從親戚朋友處找尋兒女們照片的父親；一個因為父親的「改造問題」與之老死不相往來的女兒，一個在父親死去十年後回過真味的中年人。血緣父女，一個死不瞑目，一個抱憾終生。

很多人都知道，大文豪郭沫若一輩子充當無恥的歌德派，因而享盡榮華富貴，他卻有兩個兒子因不滿現實屈死於政治迫害。這件事一般人僅知他的兒子郭世英在文革時被紅衛兵綁架關押後，郭沫若見到周恩來卻一言不發，不敢向周求救，待其子死後又內疚不已。

最近旅美的文革研究學者宋永毅訪問了與郭世英一同遭受文禍的郭世英生前同學兼好友張鶴慈，才知郭沫若豈止是因膽怯不敢挺身相救，其子之死根本就是郭沫若和他的妻子于立群大義滅親，向當局檢舉揭發後的悲慘結果。

去世已經九年的著名藝術家英若誠最近在網上又被人提起，是因為他的那本自傳《水流雲在》。英在晚年時被內心的負疚感深深纏繞，在共和國建立之初的「鎮壓反革命」運動中，他檢舉了自己當過國民黨軍官的哥哥，致使哥哥被捕。他沒想到的是，哥哥竟然因此被槍斃了。這麼多年，越到晚年，他就越被這件事折磨，無法釋懷。

我原先所在的單位發生過一件事，夫妻倆鬧離婚，妻子向黨委揭發丈夫三件事：一是她的丈夫背地裡辱罵黨和政府；二是其丈夫用礦石收音機收聽敵臺；三是其夫猥褻了住在她家的妹妹。經濟問題、政治問題、生活問題一應俱全。

歷朝歷代都有告密，但屬國家行為，應限定在一定範圍之內。只有行使公權力的人才能幹，公權力可以幹不好的事，但不能與整個社會的倫理相衝突。它可以有告密之權，但不能擴散到社會上，更不能鼓勵告密。告密是一件不好的事情，即使要做，也要祕密地做，現在的問題是告密已經擴散到社會上，從職業行為變成社會行為，這才是令人憂慮的。

有消息說一位女兒在母親的教唆下向中紀委揭發其父。我對此就有不同的看法：

最親莫過父女，一個女兒要檢舉自已的父親，要同父親劃清界限，總要為點什麼。或者為了名，或者為了利，或者為了保命，或者為了升官發財。一個人為了名利富貴，可以不要親情倫理，這種人就屬寡恩薄義。人為了名利富貴可以不要父親，還何愛於其他人？

竊以為，如果我的父親有罪，該殺該關，是政府的事，他坐監獄，我做兒子的還要給他送飯送衣，因為我是他的兒子。儘管政治上我可以跟他不一樣，信仰可以不一樣。

我還聽說一件事，某男一下子殺了好幾個人，藏匿到了深山裡，警察為了緝拿他歸案，帶了他的一雙兒女去山裡喊他。此舉很奏效，父親被兒女的呼喊引出來，最後去面對死刑。對這位父親來說，他是被自己的兒女出賣的；對兒女來說，他們是被迫幫助警察誘捕父親。不知他們的心靈將要如何承受這樣的撕裂？他們的人生將如何慘烈地走下去？

按我國法律，知道案情的人都有作證的義務，兒子理應恪守國法，大義滅親，舉報或證實犯罪事實。然而，親手將白髮蒼蒼的老父推入冷冰冰的監獄，為人之子的於心何忍，其置人情於何地？話說回來，兒子倘若經不住考驗，為情所困，子為父隱，其又置國家的法律於何地？這真是一個令人頭痛欲裂的難題。

慕容雪村說：「大義滅親是中國成語中最髒的一個，鼓吹這種精神無異於禽獸！不管大義有多麼大，也決不能加害自己的親人。」

《京華時報》報導，十五年後，刑事訴訟法迎來了它的第二次大修，全國人大常委會近日即將審議刑事訴訟法修正案（草案）。其中有四大亮點：禁強迫自證其罪，近親屬可拒作證，確保辯護權落實，可用監聽等手段。

「近親屬可拒作證」中的近親屬僅限父母、子女和配偶。「近親屬可拒作證」的實質，是將「大義滅親」消滅於無形之中。這到底算是社會的一種進步，還是倒退？仁者見仁智者見智。

中國社會科學院刑法研究室主任劉仁文曾直指「大義滅親的立法理念是錯誤的」，不符合中國「親親相隱」的傳統。

「親親相隱」制度確立於西漢，到唐代已很完備，中國古代的倫理會認為這個兒子盡了孝道。在唐代，親屬間不相隱反而會受到處罰。在「親親相隱」原則下，親屬有罪互相隱瞞，不告發、不作證者不論罪，這一制度一直延續到民國時期，直到新中國成立後被視為「封建糟粕」才逐漸被邊緣化。

現在，西方至今仍承認「親親相隱」，大多數國家包括港澳臺地區都有親屬作證特免權制度，即允許被告人的配偶、子女或者近親屬拒絕作證。這才是真正的尊重人性的明智之舉。

在澳大利亞曾有這樣一個案例，父親販毒，女兒知情但拒不交待，警方以包庇罪起訴女兒，法院最終判女兒無罪。法官的理由很簡單：法律不能傷害人倫和親情，否則，其對社會的危害將大於刑事犯罪。

《論語・子路篇》中，葉公語孔子曰：「吾黨有直躬者，其父攘羊，而子證之。」孔子曰：「吾黨之直者異於是：父為子隱，子為父隱，直在其中矣。」

意思是葉公告訴孔子說：「我的家鄉有個正直的人，他的父親偷了人家的羊，他告發了父親。」孔子說：「我家鄉的正直的人和你講的正直人不一樣：父親為兒子隱瞞，兒子為父親隱瞞。正直就在其中了。」

這就是被儒家奉為金科玉律的「親親相隱」的淵藪。愛護自己的家人是人類乃至動物的本能，如果連做人最基本的方面都做不到，或不允許做，還奢談別的什麼呢？

一個國君，或者說一個國家，能否有凝聚力，決定於人性的基本善良——親情。君王以孝道治天下，是因為孝道——親情是他們影響臣民的紐帶。在華夏幾千年的歷史輪回中，但凡滅孝道親情的，可能暫時會愚弄相當一部分民眾，可最終都是難逃眾叛親離的下場。

新政權的前三十來年，就是一個「存天理（大義）滅人欲（親情）」的過程。將大義與親情對立的結果，是導致中華民族空前的渙散，凝聚力盡失的禍根。現在「大義」沒有被培養出來，親情也日漸淡薄，國人私欲被放大，人性發生墮落。為了利益同室操戈，手足相殘，弒父殺母，屠子鬻女，幾千年文明史中的人倫慘劇集中暴發於這個「盛世」，且「盛況」空前。當千百萬年形成的人性滅失，才想起來「以人為本」，就只能是自欺欺人的一種意淫了。

「以人性為本」應是立法者必守的至高無尚的準則，也是人民防止政府強暴所必須固守的最後城牆。漠視人性的法律即使得到貫徹執行，其營造的不過是一個冰冷的社會，唯有充滿人性的法律才能培育一個愛意融融的人間天堂。故此，為了人間的至愛深情，法律不妨准許可憐的兒子為不才的父親隱瞞真情，即便那是一個「糊塗的愛」。

無人可以倖免

民間所稱的「免死牌」，在古代的正規名稱叫「金書鐵券」或稱「丹書鐵券」，又名「金券」、「銀券」、「世券」等，省稱「鐵券」。丹書：用朱砂寫字；鐵契：用鐵製的憑證。古代帝王賜給功臣世代享受優遇或免罪的憑證。文憑用丹書寫在鐵板上，故名。為了取信和防止假冒，將鐵卷從中剖開，朝廷和諸侯各存一半。

唐以後鐵卷不是丹書而是嵌金，《輟耕錄》記載唐賜吳越王錢鏐的鐵卷，形狀宛如瓦，高尺餘，闊三尺許，卷詞黃金鑲嵌。誓詞有所封的爵銜、官職及受封的功績等，另刻有「卿恕九死，子孫三死，或犯常刑，有司不得加責」。

明代鐵卷依照唐制，不過「所謂免死，除謀反大逆，一切死刑皆免。然免後革爵革薪，不許仍故封，但貸其命耳。」（明沈德符《野獲編》）

我常常天真地想，若按封建律例，我們許多烈士的後人也可以領取「免死牌」，因為他們的先人已經為毛的革命事業捐軀。然而在那個瘋狂的年代裡又有誰可以倖免呢？

瞿秋白（註一）的女兒在文革中被誣陷為「叛徒、軍統特務、蘇修特務、國民黨員」。她在牛棚裡蹲了十年，筆紙都沒有，睡在溫室大棚的草地上。每天吃飯以前要請罪，向毛主席鞠躬，鞠躬以後可以吃窩窩頭和五分錢的菜。她說：「我沒有想到自己人整自己人，比國民黨整我們還厲害。很多在新疆監獄沒死的人在文革的時候都被整死了。包括我母親，就是在文革中遭受迫害致死的。」

她說：「說實話，在新疆監獄裡，女同志沒有受刑，也沒有被拷打。我的一位獄友，沒有死在新疆監獄，後來卻死在了文革的監獄裡。我沒想到中國人是如此的獸性，說她是叛徒，嘴裡塞布，手腳綁著，頭朝下，一上一下倒插進農村的茅坑裡，慢慢給弄死的。」

文革時，趙一曼（註二）的丈夫陳達邦被誣為「蘇修派遣的特務」、「叛徒」。她的兒子陳掖賢多次憤然向康生和中央文革寫信為老父申辯，表示了對文革和康生的不滿，結果被打成「現行反革命」，被長期關押在「牛棚」中受審。

一九六六年十一月一個深夜，彭湃（註三）母親周鳳老人突然被祕密劫走，關押進海豐縣公安局的牢房裡。四個月後，被折磨得奄奄一息的老人才被送回家，在「一九六八・八・二六」事件中，彭湃的侄子、堂弟等親屬均遇害。

一九二七年，孫維世的父親孫炳文（註四）被蔣介石密令腰斬於上海，臨刑前高呼「我今就義亦從容！」她的媽媽任銳忍著悲痛囑咐孩子：「寄語天涯小兒女，莫將血恨付秋風！」四十年後，慘絕人寰的悲劇再次在烈士的女兒身上上演，只是兇手早已變了。

一九六八年十月十四日，孫維世被活活折磨死在五角樓。死後的孫維世渾身佈滿傷痕，冰冷的手銬腳鐐仍緊緊地鎖著她的四肢，據說頭顱中還被插進一根長長的釘子。

如今又四十年過去，可還有人記得這「血恨」與「秋風」？也許，孫維世這個名字，早已如煙如霧了吧……

若按封建律例，黨的許多同路人及其後人也可以領取「免死牌」，因為他們均為毛的革命事業披肝瀝膽，殫精竭慮，建功立業。然而這一連串的人物悲劇告訴我們一個很簡單的道理，在集權主義這隻吃人不吐骨頭的怪獸面前，沒有誰可以成為倖存者。只要生活在這個體制裡，你或你的子女最終都難逃厄運：

黨的摯友黃炎培（註五）先生的三兒黃萬里，原清華大學水利系教授，因反對三門峽工程成為清華大學三大右派之一，後被稱為二十世紀中國知識分子的標本。

黃炎培的女兒女婿也在一九五七年雙雙被打成極右分子，受盡凌辱。

黃競武是黃萬里的二哥。在那個血雨腥風的年代，黃炎培順利逃脫虎穴，其次子黃競武卻因為與地下黨密謀阻止上海黃金運台而鋃鐺入獄。他受盡了最殘酷的折磨，始終守口如瓶。一九四九年五月十八日凌晨，離上海解放僅有八天，畢業於美國哈佛大學的黃競武被國民黨國防部保密局特務活埋。竊以為，僅看在這一點上，共產黨也應該善待黃老及他的後人。

牛友蘭，抗日愛國紳士。他的名字入了《毛選》，一九四八年毛澤東路過晉綏時住的窯洞就是牛家的。抗戰中，他把店鋪、土地、金錢等全部捐獻出來，土改前已身無分文。土改大會上，被人拿鐵絲穿過鼻子，然後被兒子牛蔭冠牽著遊街示眾。牛友蘭受不了污辱，回家絕食三天後含恨去世。

郭沫若在文革中失去了兩個兒子。小兒子世民因為喜愛音樂而遭受迫害，精神上受到刺激後，於一九六七年四月自殺身亡。而就在一年以後，郭沫若和于立群的另一個兒子——正在北京農業大學讀書的郭世英被造反派關押迫害致死。幾天後，郭沫若的秘書和其他兒女在農業大學見到了世英的屍體，他渾身是傷，捆綁的繩索深深地勒進了手腕與足踝的肉裡……

郭的妻子于立群後來亦自殺身亡。

然而，最可悲的是，郭還要被迫寫文章、作報告，繼續歌頌這場奪去他兩個兒子的「革命運動」。連續失去了兩個風華正茂的兒子，郭沫若還能再昧著良心說什麼「受之甘」嗎?!這樣虛偽地活著，比死更要痛苦百倍。

吳晗，《海瑞罷官》的作者，一九四九年前是清華大學的歷史教授，一九五〇年代開始當北京市副市長。吳晗一九六六年和一九六七年遭到無數場殘酷的批鬥；一九六八年三月被公安部逮捕；一九六九年十月十一日死在關押中。他的妻子袁震也被關進勞改隊，一九六九年三月十八日去世。吳晗的女兒吳小彥，在這樣的迫害下，一九七三年神經錯亂；一九七五年秋天，「反擊右傾翻案風」的時候，吳小彥又被逮捕入獄；一九七六年九月二十三日自殺。

一九五九年毛澤東看了《明史・海瑞傳》後說：應該提倡海瑞精神。文化部長向文藝界傳達了毛的這段話，是胡喬木找到吳晗非要他寫有關海瑞的文章的。

如此對待一位在民主革命時期不顧生死無畏追隨黨的戰士，在建國時期嘔心瀝血繁榮文教事業的副市長，實在令人費解。

兩彈一星元勳姚桐斌慘死於文革中，他是「兩彈一星」功勳中最早被造反的紅衛兵打死的，時年僅四十六歲。他和趙九章被批鬥致死後，周恩來總理要軍管會開列出了一份《重要科學家保護名單》。

許多曾為無產階級革命謳歌的作家們，也在文革中死於非命，他們的軀體被擺放在了革命的祭壇上，做了莊嚴的犧牲。其實按他們對共產主義及革命領袖的熱忱程度，頒發一張「免死牌」也不算為過。

一九六六年八月，老舍被那些十六歲的女紅衛兵狠命地抽打，不一會兒就被打得頭破血流。有人一再勸阻，說這樣會把人打死的，這些女紅衛兵柳眉倒豎，杏眼圜睜，說：「打死活該！」晚上，老舍等人又被帶到市文聯大院內，一群女紅衛兵圍了上來，銅頭皮帶如雨點般抽打這位六十七歲的老人。老舍被打得縮成一團，蹲在地上，第二天，八月二十四日深夜，老舍跳太平湖自盡了。

一九六八年十二月十日，在寒冷的北京，在監獄般的三〇一醫院病房內，田漢帶著無限的遺憾和悔恨死去了。一件大衣、一副眼鏡和其他幾件衣物擺在病房裡，沒有人來取，沒有親人和朋友來與他告別。田漢之死是暗暗的死。他的家屬中，只有兒子田大畏事後被告知。一個操安徽口音的軍人對他宣佈：「田漢死了，罪大惡極！」嚇得大畏連骨灰都不敢取回。田漢之死，全中國、全世界的文學藝術界和戲劇界人士，無人知曉。國內外他的朋友，無人知曉。魯迅說：「暗暗的死，在一個人是極其慘苦的事。」

趙樹理的厄運開始於一九六六年八月九日，《山西日報》用了一個半版刊登了韶寶、宏光〈從趙樹理的作品看他的反動實質〉的批判文章。接著，趙樹理的家鄉晉城縣、長治市、晉東南地區就開始了對趙樹理的揪鬥，然後全省的造反派組織拉著趙樹理，到全省各地城鎮鄉村去遊鬥。

一九六七年六月，趙樹理在太原五一廣場被揪鬥時，遇到大雨，又被打斷了肋骨；一九六九年，在晉城被揪鬥時，批鬥者用三張桌子壘起來搭成一個高臺，逼迫趙樹理跪在上面低頭認罪，又突然把他推下去，摔斷了髖骨。

被打斷肋骨、摔斷髖骨的趙樹理，因為是「反動作家」而得不到有效的治療。至今，許多人都記得，當年趙樹理在三兒子的攙扶下，艱難地挪著腳步前往醫院看病的身影。肋骨被打斷，得不到治療，發炎化膿，引起了肺部的感染。

一九七〇年九月二十二日下午，趙樹理在獄中突然渾身顫抖，雙手亂抓，口吐白沫，嗓子裡胡嚕作響。在忍受了四年多的精神折磨和肉體折磨，在離他六十四歲生日僅差一天之時，終於撒手人寰，含冤去世。

朱邁先係現代文學家、愛國民主人士朱自清先生的長子。一九五一年十一月，年僅三十三歲的朱邁先以「匪特」罪被湖南新寧縣法庭判處死刑並立即執行。朱邁先生去世之時，距毛澤東主席褒揚他父親「一身重病，寧可餓死，不領美國的『救濟糧』」，「表現了我們民族的英雄氣概」的那篇名文〈別了，司徒雷登〉，已發表了兩年零三個月了。

轟動全國的長篇小說《紅岩》曾獲得巨大成功，被譽為「黨史小說」、紅色小說「五朵金花」之一。被作為革命人生觀的形象教科書，成為青年的必讀小說，影響了幾代中國青年。

但是最大的英雄，被說成是最大的叛徒。《紅岩》的作者羅廣斌文革中被打成「重慶的三家村」頭目，遭迫害墜樓而死。當時印在傳單上的那張「死有餘辜」的照片，至今許多老重慶還記得，砸在地面上的一隻眼睛緊閉，另外半邊臉上的一隻眼睛撐大了一倍，幾乎迸出了眼眶。那年他僅四十五歲。

一生為社會主義謳歌的楊朔是廣為人知的作家，他的散文〈荔枝蜜〉、〈雪浪花〉、〈茶花賦〉等讓人耳熟能詳。一九六八年八月三日，楊朔逝世。關於他的死因，有各種傳言，目前還是一個謎。直到一九七五年十二月，楊朔去世七年後，舉行了骨灰安放儀式。骨灰盒裡僅放置了楊朔生前使用的老花鏡和一支鋼筆。

楊朔之死有三個說法：一、楊朔因為對文革不理解，自殺身死；二、北京醫院病歷顯示，楊朔因感染肺炎而逝；三、「和大」負責人楊驥曾放風說，醫院解剖楊朔屍體時，胃被安眠藥燒出一個洞。但醫學專家說，安眠藥根本不可能把胃燒個洞。

為什麼無產階級有時候比封建階級更加冷酷無情？我百思不得其解！其實沒有完善的法制，「免死牌」只是一個美好的夢想，國家領導人也自身難保，劉少奇和齊奧塞斯庫就屬此例。

註一：瞿秋白（一八九九～一九三五），政治家、散文作家、文學評論家。中國共產黨早期主要領導人之一，一九三五年二月在福建長汀縣被國軍逮捕，六月十八日慷慨就義，時年三十六歲。

註二：趙一曼（一九〇五～一九三六），四川省宜賓縣白花鎮人。中國共產黨黨員，抗日民族英雄，曾就讀於莫斯科中山大學，畢業於黃埔軍校六期。一九三五年擔任東北抗日聯軍第三軍二團政委，在與日寇的鬥爭中於一九三六年八月被捕就義。

註三：彭湃（一八九六～一九二九），中共早期農民運動的主要領導人之一，也是廣東海陸豐農民運動和革命根據地的創始人，一九二九年八月二十四日英勇就義。

註四：孫炳文，一八八五年出生於四川省南溪縣。一九二二年十月加入中國共產黨。曾任國民革命軍政治部秘書、黃埔軍校和廣東大學教授、國民革命軍總政治部秘書長、總政治部後方留守處主任等職。一九二六年六月，孫炳文任國民革命軍總政治部秘書長。一九二七年四月十六日，就義於龍華，時年四十二歲。

註五：黃炎培（一八七八～一九六五），中國近現代著名的愛國主義者和民主主義教育家，中國近代職業教育的創始人和理論家。

關於挖墳掘墓的思考

上世紀五六十年代，毛澤東大部分時間住在杭州。這期間，毛澤東同江華（當時的省委書記）憑欄遠眺，看到孤山一帶有許多名人墳塚，感慨道：「西湖邊的墳墓太多了，這些墳墓可以拆遷一下埋到郊區去，讓死人也過集體生活不好嗎？」江華聞言連連贊同，表示立即照辦。

一九六四年十二月二日晚，突擊拆墓開始。屍骸被裝入瓦罐，送往龍井路上的雙峰村邊，及吉慶山麓馬坡嶺的山嶴里，將三十座墓塚遺骨分類處理。與辛亥革命有關的裘紹、尹維峻夫婦、徐錫麟、陶成章合為一組；蘇曼殊、林啟、徐寄塵、惠興、林寒碧為另一組，擬另行營葬。對被認為毫無保留意義的王亶輪、竺酌仙墓，因有屍骸，另找空地埋葬；蘇小小、林和靖、馮小青、馬鞠香墓，鶴塚、馬塚、齒塚等，拆除後均不予再建。

十二月三日晚上開始至九日，西湖邊的「八十八師淞滬戰役紀念碑」、「北伐紀念碑」、「陳英士像基座」等悉數拆除。

隨後，杭州市園林管理局決定拆除西湖西令橋附近的最後一個墳墓，即用鋼筋混凝土砌成的秋瑾墓。這天深夜，杭州市園林管理局西北管理處的工人，炸開了秋瑾墓，然後鑿開了棺材，取出秋瑾遺骨旁邊的一把短劍、金銀首飾和一雙紅色繡花鞋等陪葬遺物，把遺骨裝入陶罐，送到龍井路雙峰村邊的吉慶山馬坡嶺腳，埋入早已準備好的土穴中。

文革中，許多名人陵墓，朱元璋墓、項羽墓、霍去病墓、張仲景墓、諸葛亮墓、袁崇煥墓、王羲之墓、吳承恩墓、吳敬梓墓、蒲松齡墓、徐志摩墓、傅抱石墓、徐悲鴻墓、張自忠墓、瞿秋白墓等，都被悉數破壞。

黎元洪，兩次出任中華民國大總統、三次出任副總統。文革中，紅衛兵用炸藥爆開黎元洪墓，黎元洪屍骨無存。

張之洞，中國重工業奠基人，一九六六年，紅衛兵掘了他的墓，讓他曝屍荒野，頭顱被孩子們踢著玩。

康有為，一九六六年，舉國「破四舊」，康有為墓被某校紅衛兵挖開，其頭骨被紅衛兵綁在棍子上，抬著遊街示眾，其骨殖則被揚了一地，再難找回。

岳飛，一九六六年，革命青年們砸了岳廟，挖了岳墳，岳武穆被挫骨揚灰。

孔子，一九六六年，墳墓被紅衛兵挖掘、鏟平。「大成至聖先師文宣王」的大碑被砸得粉碎，廟碑被砸碎，孔廟中的泥胎塑像被搗毀。

海瑞，一九六六年，紅衛兵將海瑞墓挖開，抬走遺骸，給遺骨戴上高帽子，在海口市遊街示眾後焚毀。

武訓，千古義丐。文革中，紅衛兵在老師帶領下砸開他的墓，掘出其遺骨，抬去遊街，當眾批判後焚燒成灰。

李鴻章，晚清名臣。大躍進時期，他的墳被刨，屍體被掛在拖拉機後遊街，直至屍骨無存。

左宗棠，晚清四大名臣之一。七十年代初為修一條通過溪涵洞的小路，當地公社幹部將牌坊墓碑炸掉取石修洞，並掘墳，左公曝屍荒野。

文革中，紅衛兵對埋葬在北京八寶山公墓的王明父親陳聘之進行鞭屍，還抄了王明的家。

南京航空烈士公墓，安葬百餘名航空烈士。包括中國八百七十人，蘇聯二百三十六人，美國二千一百九十七人。該公墓由國民政府建立，曾遭日軍破壞，抗戰後整修。文革時遭毀滅打擊，紅衛兵屢次打砸燒，挖墳掘墓挫骨揚灰。

湖南「忠烈祠」，國民政府在大陸建立的惟一一座全國性紀念抗戰烈士的祠堂。所有石碑被紅衛小將鏟平，烈士遺骨，統統被挖出曝曬。

二〇〇五年八月二十三日，美國《世界日報》有文章爆出，昆明「飛虎公墓」白骨曝荒野，變成亂葬崗！文章說：「當你在石塘山荒煙蔓草中，看到安葬抗戰英魂的飛虎隊墳墓的慘況會直呼『心在發痛！』」

美國記者在國民的強烈要求下，實地探訪飛虎公墓現狀，是否真的如老兵們所不安的那樣，至今屍骨曝野。他們在距昆明市經開區八公里處的石塘山下，尋找了好久，最後在普照村兩當地村民的指點下，才終於在一個亂墓群中找到「昆明飛虎公墓」石碑。其後他們又扒開雜草、灌木，一副副慘象映入眼簾：

茂密的樹林間，依次排開的數百個墓穴早已被掘開，遍地丟棄成堆的被劈毀的棺木上布滿青苔，有些還能看出被火燒的痕跡。在幾個被「開棺」的墓穴裡，雜亂的落葉中依稀可見散落的白骨，旁邊則長出了小小的蘑菇。

一名武姓中國人說：「不要說他們是為幫助中國人抗日而犧牲，就是普通老百姓的墓穴，也不應遭遇這樣悲慘的下場。」

我不由得想起林徽因女士的這首哀詩：「……小時候我盼著你的幸福，戰時你的安全，今天你沒有兒女牽掛需要撫恤同安慰，而萬千國人像已忘掉，你死是為了誰！」

這是中美兩國付出最大代價的一條航線，單是美軍一個擁有六百二十九架運輸機的第十航空聯隊，就損失了五百六十三架飛機，而總共在這條航線上，美軍共損失飛機一千五百架以上，犧牲優秀飛行員近三千人，損失率百分之八十！

對此，美國「駝峰」空運總指揮陳納德將軍曾說過這樣一句話：「在二次世界大戰期間，在兩個同盟國之間的飛行，飛機損失率竟超過了對德國的轟炸，這就是駝峰航線！——世界航空史上最悲壯的一幕。」

沒有陵園、沒有墓碑、沒有鮮花，甚至沒有完整的墳塚。這就是為中國抗戰做出巨大貢獻和犧牲的，飛虎隊犧牲官兵的「安葬」之處。

禁止盜墓的法律，在先秦就已經出現。如《呂氏春秋》披露，當時對於「奸人」盜墓，已經有「以嚴威重罪禁之」的懲罰措施；《淮南子》中就有「竊盜者刑」、「發墓者誅」的刑法內容。《魏書》記載，北魏文成帝出巡，看到「有故塚毀廢」，詔曰：「自今有穿毀墳隴者斬之！」這也是「穿毀」塚墓已經被法令嚴厲禁止的證明。《唐律疏議》有關於對「發塚」者處以刑罰的明確規定，例如：「諸發塚者，加役流；已開棺槨者，絞；發而未徹者，徒三年。」通過刑法的內容，可知王族貴戚的墳墓，受到特殊的保護。而看守者在盜墓現象發生後也要受到嚴厲處罰。從《明史》的記載看，當時法律也有嚴治「盜墓之罪」的原則。而《大清律例》有關於「發塚」的內容，對卅六種情形分別處罪。其條例計廿二條，內容備極詳密。

掘墓，在古代絕對是一個恐怖的字眼，人們對掘墓者的不恥程度，甚至比盜墓者還來得咬牙切齒，因為這種人是不尊重自己的祖先的十惡不赦之徒，所以要「斬立決」。

政府機構在光天化日之下大規模地公開挖墳掘墓，那叫考古。一個或幾個普通人在月黑風高之夜偷偷摸摸地挖墳掘墓，那叫盜墓。而建國以來直至文革，經常性地挖墳掘墓，這種惡行不知道該叫什麼？

人性之善惡

作家林斤瀾說：建國後，沈從文的處境非常艱難。當年魯迅就不喜歡沈從文，但魯迅畢竟是魯迅，晚年時改變了，他和美國作家斯諾談話，點名幾個優秀作家時，還是提到了沈從文。

茅盾對沈從文的偏見，出於文學觀念相左。

對沈從文傷害最大的是郭沫若。郭沫若對沈從文有個人恩怨，他一九四八年在香港發表〈斥反動文藝〉（這個題目就非常「有色」），專打沈從文。對沈從文近十年背離左翼的新賬老賬一起算，將沈從文定性為「桃紅色的」反動作家，扣上了一頂「一直是有意識地作為反動派而活動著」的大帽子！建國後，郭沫若的地位如日中天，是中國繼魯迅之後的「偉大旗手」！沈從文的日子就可想而知了。

林斤瀾說：「同是淪落人，蕭乾對沈從文也有一句難聽的話：『他賣鄉下人。』蕭乾是針對沈從文的自稱鄉下人說的。」

林斤瀾和丁玲的丈夫陳明關係不錯。林斤瀾認為丁玲還算一個比較正直的人。可提到丁玲對沈從文的態度，林斤瀾大搖其頭，他認為這是丁玲的污點。

沈從文在歷史博物館當了講解員。但他沒有自己的辦公室，歷史博物館有很多辦公室，別人都有，就是不給沈從文！沈從文有幾段話，就是寫他當時的情形，孤獨、傷感和無望：

……平時這孤立，神經支持下去已極勉強，時代一變，必然完全摧毀。這也就是目下情形……

但目前在這裡，除神經崩毀發瘋，什麼都隔著。共產黨如要的只是一個人由瘋到死亡，當然容易作到。如以為我尚可爭取改造，應當讓我見一見丁玲，我亟想見她一面，不知陳折先生能為力沒有？……

不僅過去老友如丁玲，簡直如天上人，即茅盾、鄭振鐸、巴金、老舍，都正是赫赫烜烜，十分活

> 躍，出國飛來飛去，當成大賓。當時的我呢，天不亮即出門，在北新橋買個烤白薯暖手，坐電車到天安門時，門還不開，即坐下來看天空星月，開了門再進去。晚上回家，有時大雨，即披個破麻袋。
>
> 每天雖和一些人同在一起，其實許多同事就不相熟。自以為熟習我的，必然是極不理解我的。一聽到大家說笑聲，我似乎和夢裡一樣。生活浮在這類不相干笑語中，越說越遠。
>
> 關門時，獨自站在午門城頭上，看看暮色四合的北京城風景……明白我生命實完全的單獨……因為明白生命的隔閡，理解之無可望……

在中共中央的檔案館裡，有一份標號為「一九六六〇五二三」的會議紀錄。此份文件記錄了一九六六年五月二十三日的政治局擴大會議對朱德的嚴厲批判。地點在人民大會堂河北廳，令人匪夷所思的是，主持人竟然是劉少奇。

對朱德批鬥最凶最狠的不是康生和「四人幫」（那四人當時還無資格），而是中共至今仍要維持高大完美形象的周恩來、陳毅、薄一波、烏蘭夫等。

劉少奇、周恩來、陳毅、薄一波、烏蘭夫這些中共大員竟然輪番對朱德進行了責罵。

那麼，為什麼在如此重要的會議上會發生對當時已經淡出政壇的朱德的嚴厲批判呢？

因為在中央全票通過的「五．一六」通知中，毛澤東加了這樣一段話：「混進黨內、政府內、軍隊裡和各種文化界的資產階級代表人物，是一批反革命修正主義分子，一旦時機成熟，他們就會要奪取政權，由無產階級專政變為資產階級專政。這些人物，有些已被我們識破了，有些則還沒有被識破，有些正在受到我們信用，被培養為我們的接班人，例如赫魯曉夫那樣的人物，他們現在正睡在我們的身旁。」那麼，赫魯曉夫那樣的人物是誰呢？既然彭、陸、羅、楊都已經被揪了出來，還有誰呢？從記錄稿看來，劉少奇等人不管他們是否知道毛澤東筆下所指的「赫魯曉夫那樣的人物」是誰，卻一定會製造出一個「赫魯曉夫那樣的人物」，其目的是想轉移文革鬥爭重點是「整走資本主義道路的當權派」的目標，害朱德、保自己。

我們總是抱怨統治者的殘暴，其實，有時官場的殘暴遠比統治者的殘暴更為慘烈。文革的慘劇在於整個制度的險惡，不是哪一個人可以獨自造就的，在那個瘋狂的年代裡，民間的熱情響應遠比領袖的號召更為厲害。中國思想家有可能不是死於官場的迫害，而是死於戰友及革命群眾的圍剿。

人之將死

傅雷之死。傅雷是著名翻譯家、文藝評論家，一九六六年九月三日傅雷夫婦在遭受紅衛兵的搜家和侮辱後雙雙自縊身亡。傅雷留下的遺書中寫道：「搜出的罪證雖然有口難辯，在英明的共產黨和偉大的毛主席領導下的中華人民共和國，決不因之而判重刑。只是含冤不白，無法洗刷的日子，比坐牢還要難過。何況，光是教育出一個叛徒傅聰來，在人民面前已經是死有餘辜了！更何況像我們這種來自舊社會的渣滓早該自動退出歷史舞臺了！」在遺書中，死者雖然滿懷冤屈和無辜感，但仍然有意識地突出最高權力控制者的正確性。

翦伯贊之死。翦伯贊是著名的黨史學家，一九六八年十二月十九日在遭受野蠻逼供後，翦伯贊與其夫人一起服用大量「速可眠」離開人世。翦伯贊死後，人們從他穿著的中山裝左右口袋裡，搜出兩張字條，一張寫著：「我實在交代不去（出）來，走了這條絕路。我走這條絕路，杜師傅完全不知道。」另一張則寫著：「毛主席萬歲！毛主席萬歲！毛主席萬萬歲！」這種以口號明志的方式，比傅雷的遺書更具時代特點和代表性。

鄧拓之死。鄧拓早年參加革命，是中共黨內負盛名的才子。他死前遺書寫道：「許多工農兵作者都說：『聽了廣播，看了報上刊登鄧拓一夥反黨反社會主義的黑話，氣憤極了。』我完全懂得他們的心情。我對所有批評我的人絕無半點怨言。」他在給妻兒的遺書中寫道：「你們永遠不要想起我，永遠忘掉我吧，我害得你們夠苦了」，「我的這一顆心，永遠是向著敬愛的黨，向著敬愛的毛主席」。遺書頗像一位基督教徒在懺悔自己的罪過，也很有教徒那種「有人打你的右臉，連左臉也轉過去由他打」的情懷，顯露出一位教徒對無所不能、至仁至聖的萬能上帝的虔誠。

張志新（註二）之死。一九七五年四月四日張志新被槍殺。行刑前她的手被死死地扣在手銬裡，已經無法留下文字痕跡，且喉管已被割斷，口中無法發出聲音，所以後人無法了解她走向死亡前會有何種舉動。但後人留下了對她的描述：她從囚車上走下來，一雙秀麗的眼睛很快地掃過刑場，從容地向前邁了幾步，面向著東方。……她高昂起頭，迎風而立。風好像理解了她的心意，把飄落在臉頰上的一絡黑髮吹到耳後。她滿意了，臉上露出一絲微笑。就要告別這個世界了，她多想高唱國際歌，表達一個共產黨員對共產主義的至死不渝。她多想高呼「共產黨萬歲！」「毛主席萬歲！」像無數先烈那樣英勇就義。這是不是後人的主觀想像？恐怕不是，如果她不是早已被割斷喉管，必定會有那樣的反應。

按道理，人要死了，沒有什麼可怕的了，是可以無所顧忌地宣洩自己的憤懣之情的。然而，在「偉大領袖」無所不在的權威下，就是死前的義憤之詞，也會為子孫後代釀成牢獄之災，乃至殺身之禍。

蕭乾（註二）自殺未成而勉強活下來，妻子轉告他說，人們對他所留下的遺書中未有任何憤激之詞表示不解。蕭乾的解釋是：「從我本心，當然是想把氣出夠了再死。然而，我不能圖一時痛快，而害了你們啊。現在我才明白，三十年代蘇聯肅反擴大化時，那些含冤而死的老布爾什維克，為什麼在被處極刑之前，還喊『史達林萬歲！』因為他們得替撇下的老婆孩子著想呀。」很顯然，像蕭乾這樣的文化人並非要與當權者「表示心的和解」。

唯有彭德懷是條血性漢子，加之他晚年已無家小，所以在生命的最後的時刻，他敢於對拿藥給他吃的醫務人員怒吼：「我不吃毛澤東的藥！」這是那些有家累的書生們所不及的。

聯想起清朝顧命大臣肅順臨刑之前，敢對慈禧罵不絕口，為了防止他說出更難聽的話，劊子手以刀背築其口，肅順齒舌皆爛，猶噴血大罵不止。儈子手令肅順跪，肅順卻挺立拒絕，最後在被大鐵柄打斷腿的情況下才撲地受刑，此人脾性之剛烈，亦屬罕見，哀歎革命者的膽量竟不及封建大吏。

由此我想，當掌握最大權力的領袖走向專制，成為革命集團本身也無法控制的力量時，人民必然淪為專制者手中隨意扭捏的玩物。在這樣的環境中，除了可憐兮兮地三呼「萬歲」，表達形式上的忠誠外，還能有何作為？

註一：張志新（一九三〇～一九七五）女，曾任中共遼寧省委宣傳部幹事。在「文革」期間，因反對林彪、「四人幫」的倒行逆施，遭受了殘酷的迫害。於一九六九年九月被捕入獄。一九七五年四月四日慘遭殺害，年僅四十五歲。

註二：蕭乾（一九一〇～一九九九），世界聞名的記者，卓有成就的翻譯家、作家。

有感於偉人慟哭

近讀中央文獻版《真實的毛澤東》，有些感慨。其中有毛澤東的保健醫生，也是毛澤東晚年白內障摘除者唐由之的一段回憶。不妨摘之於此：

那是手術後的第五天，房間裡只有毛主席和我兩人，戴上眼鏡後的毛主席起先靜靜地讀書，後來小聲地低吟著什麼，繼而突然嚎啕大哭，我見他手捧著書本，哭得白髮亂顫，哭聲悲痛又感慨。事發突然，我緊張又害怕，不知如何是好，趕快走過去勸慰他，讓他節制，別哭壞了眼睛。過了一會兒，毛主席漸漸地平靜了一些，同時把書遞給我看，原來是南宋著名法家思想家陳亮寫的〈念奴嬌・登多景樓〉。

毛澤東晚年內心是十分苦楚的。「欄杆拍遍無人會，斷鴻聲裡看吳鉤」，這是毛澤東常有的一種心態。「運去英雄不自由，時來只成昨日夢」也是毛澤東必須時時面對的現實。所以，當他面對南宋詞人〈登多景樓〉所呈現的情景時，不免百箭穿胸，心腸痛徹。

毛澤東為把蔣介石攆到一個海島上，建立了新中國而感到自豪，也為文化大革命的最終結局而感到憂心忡忡。他深知文化大革命支持的人少，反對的人多。在十年內亂中，他的戰友輪番被打倒，被殘害，四人幫與林彪集團為爭權奪利快要火拼。最後他的最親密的戰友竟棄他而去，慘死溫都爾汗。他已預見政權很有可能在血雨腥風中交替，卻無可奈何，叫他如何不傷感萬分。英雄暮年，精力衰竭，他再也無力叱吒風雲。

朱熹解釋說：「鳥畏死，故鳴哀；人窮反本，故言善。」（《論語集注》）也就是說，鳥因為怕死而發出淒厲悲哀的叫聲，人因為到了生命的盡頭，反省自己的一生，回歸生命的本質，所以說出善良的話來。

人到生命的盡頭，一切的爭鬥，一切的算計，一切的榮耀。一切的恥辱都已成為過去，現世漸漸退隱而恍若彼岸，與自己渺然無緣。一種痛惜，一種對於生命的親切留戀油然而生，這是否是人們常說的「良心發現」呢？如果是，那可真是發現得太晚了一點啊！

據紀登奎回憶，九・一三林彪外逃事件發生，周恩來坐鎮處理完畢後，突然失態，在人民大會堂裡嚎啕大哭！這種情況在周恩來經歷過無數風風雨雨複雜鬥爭的生涯中，是絕無僅有的。不僅在場的人們沒有理解其真義，連馬上得到彙報的毛澤東也未能立即作出準確判斷。

當時紀登奎問周恩來怎麼了，周只是連續說了兩聲：「你不懂，你不懂。」毛聽到後的第一反應是：「他知道，林彪也離不開他！」而許多文章介紹此事時評論：「林彪叛逃，意味著文化大革命徹底失敗了，他作為總理，如何向國人交待？」

也有人認為，林彪死了，周恩來擔憂下一個鬥爭對象該輪到他了。周為之奮鬥終身的中國依然滿目瘡痍，無休止的政治鬥爭使他疲憊不堪。他的體力，他的病痛使他再也無力指點江山了，他對未來充滿憂慮。

但是，大家都沒有真正理解這位經歷了整個中國革命的當事人的心。

上個世紀三十年代，長征路上的夾金山腳下，張國燾和李先念也曾放聲大哭了一次。這倆個人也是大人物，他們的哭也與政治有關。

一千多名老弱病殘的紅軍戰士，被丟在、扔在、遺棄在、安置在（好像這些說法都不很準確）肆虐的風雪中。夾金山太高了，也太冷了，紅軍大部隊爬不動了，也太累了。但一次扔下這麼多傷病員，前所未聞！

我們只有借助想像，去感受張國燾的哭了。這是個擁有北大讀書經歷，擔任過「五四」學運領袖，中國共產黨「一大」的實際主持者，殺人不眨眼的魔王，連他都哭了，其場面的淒淒慘慘悲悲切切可想而知！這種方式的「送戰友」，今天如果拍成片子，得哭倒多少人呀？

想像一下這一千多名倒著的、臥著的、跪著的、趴著的快不行了的紅軍，一齊哭起來該是怎樣的一個場景？

近日我在《中國青年報》上看到這樣一段文字：一九八五年數人一起訪問沈從文，說起「文革」中他打掃女廁所，在場一位女記者動情地擁住他的肩膀說：「沈老，您真是受苦受委屈了！」不想八十三歲的老人當下抱著她的胳膊，嚎啕大哭起來，「哭得就像個受委屈的孩子，什麼話都不說，就是不停地哭，鼻涕眼淚滿臉地大哭。」

當我看完了這段文字，我絕對理解他悲傷的哭泣裡面包涵著太多太久的傷痛與悲苦，在特定的場合，他能說什麼，他要說的又豈能是隻言片語說得清和道得明的。他雖是文人，但他首先是人，是人就具備常人的舉動，更何況他還是個老小孩，他為什麼不能一把鼻涕一把淚地嚎啕大哭呢？這哭裡面也包涵對女記者的感激之情。

大多數的文人心靈是純潔的，對事物有著理想化的追求，看待人和事也總是美好的一面，一旦遇到與事實不符，心靈就承受不下之重，容易走極端，這也是文人脆弱的一面。

更值得悲歎的是，沈從文曾對新中國充滿憧憬，他一九四九年嚴詞拒絕去臺灣，解放後為了自身的安全從文壇隱退，遠離文學，在故宮博物院改行研究古代服飾，但是最終還是未逃脫文革厄運。

作為一個以文學為生命的人，遠離文學是何等痛苦的事情，他苟且活著就已經是在銷蝕自己的生命，但厄運還是不斷地來尋找他，讓他如何不肝腸寸斷？

一九六八年十月五日，劉少奇突然兩次悲憤交加，失聲痛哭。不知道彭德懷是否在晚年也嚎啕大哭過，未見報導，我想他也應該為自己的不幸哀慟。

生活在這個世界上的人們面臨著太多的壓力與無奈，即便偉人也不能倖免。他們中的大多數人只能選擇默默地獨自去承受，或將它深深地埋藏在心底，至死不露聲色。但是也有人會像火山一樣地突然爆發，那就是嚎啕大哭。

平民的哭泣隨時可見，無論是三年「自然災害」哀鴻遍野，撫屍痛哭的人們；還是因歷次政治運動的迫害、為妻離子散而哀嚎的人們，大家都已熟視無睹。但曾經叱吒風雲的偉人們為什麼也會嚎哭，仁者見仁，智者見智。

快樂也好，悲傷也好，抑鬱也好……人有時需要眼淚，才能達到一個暫時的平衡。

最後想起清人劉鶚寫的一段話：「吾人生今之時，有身世之感情，有國家之感情，有社會之感情，有宗教之感情，其感情愈深者，其哭泣愈痛，此洪都百鍊生所以有老殘遊記之作也。棋局已殘，吾人將老，欲不哭泣也得乎！」

懺悔

在臺灣有一座橋，橋頭邊有個墓碑，碑上刻著一個自殺了的日本設計師的名字。原來這座橋最早是由這位日本設計師設計的，可是當橋從兩頭修到中間的時候，差了一米接不上。這位日本的設計師羞愧難當，連夜自殺。

雖然我們不提倡自殺，但是我認為這種自殺也是一種責任，一種擔當。我們仇恨日本鬼子雖然做惡多端，但是日本人自身的這種責任和擔當以及恥辱感還是讓人肅然起敬。

還有一種高尚的境界為懺悔。基督徒會向自己的神懺悔，臨終的懺悔，尤其徹底。人之將死，其言也善，有懺悔，才會有善言。信仰釋迦牟尼的人也是會懺悔的，不是佛教徒，也不是基督徒的，只有哀鳴。

二戰之後，德國人懺悔了，贏得了世界的寬容；日本人不自省，至今被世界人民揪住不放。

關鍵之處在於，不自省、不懺悔就意味著不知錯，不知罪，就意味著那些非人道的做法可能捲土重來。許多在文革中犯下滔天罪行的人，面對遠去的歷史，仍然沒有深刻地反思和真誠地懺悔，反而為自己的行為肆意辯解，真是連萬惡的日本鬼子都不如，無恥透頂。

文革過去了許多年，受害者捶胸頓足，至今不忘，我們有那麼多受害者，你見過幾個加害人？好像讓萬千生命泯滅、讓山河染血的一場空前浩劫都是那四個人幹的似的。

其實，許多當年的受害者，同時又是加害人，他們既沒有對別人行為的寬容，也缺乏對自己行為的自省，只能冤冤相報。

隨手翻到一篇隨筆，講的是「破四舊」。文中有這樣兩句：「破四舊，沒有任何人敢於提出非議，實際上，當時的大多數人是給予相當支持的，而且這種支持具有很大的真誠成分。」

在公眾的視野裡，舒蕪（註一）好像永遠無法走出「胡風（註二）事件」。一提到舒蕪，就是叛徒、猶大、告密者的代名詞。導致這一惡果的，是在一九五五年「胡風反革命集團案」中舒蕪上交胡風信件的行為。舒蕪上交的信件，是定罪的證據之一。

事實真相是：早在舒蕪交信之前一年的一九五四年，胡風就給黨中央寫信，引用私人信件和私人談話內容，揭露舒蕪惡毒攻擊人民解放軍、攻擊毛澤東思想，是打進黨的內奸、叛黨分子。

舒蕪上交胡風信件，是屬於被動，而胡風，卻是主動檢舉揭發舒蕪是叛黨分子，這已經是在主觀上要借助政治力量置對方於死地了。原因很簡單，你舒蕪是我胡風提攜的，竟然投靠我的死敵周揚，反對起我胡風來了，我胡風就要搞死舒蕪，揭發你是叛黨分子，讓你坐牢讓你被槍斃！這歷史的吊詭之處就在於，如果是胡風告密成功，那舒蕪就成胡風，胡風就成舒蕪了。

現在一些文人，就是想把胡風塑造成最早的反毛者、最早的反對體制者。胡風一向自命為堅定的馬列主義文藝戰士，說他反毛，簡直是個笑話，胡風是想去舔屁眼卻舔到腳丫子上去了。

最近網上爆料：「聶紺弩（註三）的告密者，主要是像黃苗子（註四）這樣的一些朋友。」

生存在無產階級專政的鐵拳下，是一般人想像不到的慘苦，而聶紺弩每日每夜地面對這個慘苦。你說，他還有心思去「計較」別人嗎？聶紺弩死前說的最後一句話，就是：我很苦。「聖朝愁者都為罪，天下罪人竟敢愁」（聶詩），他在世，堅不可摧；他死後，精魂不散。

聶紺弩去世後，出賣他的人寫懷念文章，但那裡面沒有一點歉意。

據我所知，文革中受到迫害的人，相當一部分同時也迫害過別人。比如，被張春橋、姚文元打倒的陳、曹，也曾在市委書記處會上「一致同意」揪出周谷城、周予同等八個「資產階級反動學術權威」。（詳見《馬達自述——辦報生涯六十年》，文匯出版社，二〇〇四年版。）

李井泉（註五）是較早被揪出的方面大員，其子李明清在北航被活活打死，遭遇不可謂不慘。但正是他，「文革」初期拋出了馬識途，並且說：「這一次計劃要捉二十萬右派分子，叫馬識途帶著到大涼山去開荒吧！」（《滄桑十年》，中共中央黨校出版社，一九九九年版。）

著名藝術家英若誠在他的自傳《水流雲在》中披露。他曾經為國家安全部門工作，專門監視與他交往的外國友人。白天他與外國友人把酒言歡之後，晚上他會和妻子寫出一份長長的報告給安全部門。上世紀五十年代，因為他的報告，一對在清華大學工作的美國夫婦被捕，受了四年的牢獄之災。

英在晚年時被內心的負罪感所深深纏繞。他的哥哥在上世紀五十年代時還是一個積極要求進步的青年學生。在共和國建立之初的「鎮壓反革命」運動中，他檢舉了自己當過國民黨軍官的哥哥，致使哥哥被捕，他沒想到的是，哥哥竟然被槍斃了。越到晚年，他就越被這件事折磨，無法釋懷。

吳法憲（註六）的回憶錄揭示了，共產黨員熱衷於出賣靈魂、賣友求榮，那是一窩乘人之危、落井下石的傢伙，奸同鬼蜮，行若狐鼠。譬如，那個貌似忠厚的少林寺和尚許世友（註七），居然將三十年代上海報紙刊登的「伍豪啟事」密呈江青，為中共高層權力鬥爭煽風點火。還是那個許世友，向林彪檢舉空軍政委余立金在皖南事變時曾被俘叛變。報告上呈毛澤東過目後，余立金被打倒了。

還有，黃永勝（註八）的秘書李必達，聽到黃吳李邱議論江青張春橋，便寫小報告檢舉黃吳等人是「反江青同志的小集團」，然後透過他的老上司、副總參謀長溫玉成呈交江青上奏毛澤東。不知何故，毛卻將此密告信交給林彪又轉黃永勝，於是，李必達、溫玉成都遭了殃。

然而吳法憲善良嗎？比如吳在鬥爭已經被打倒的陳再道上將時，居然還動手打了他，但吳在回憶錄中對此沒有絲毫的懺悔。

在迫害彭德懷（註九）時，劉少奇不夠積極嗎？

在迫害沈從文（註十）時，郭沫若不夠積極嗎？

在迫害王實味時，艾青不夠積極嗎？

在迫害羅瑞卿時，楊成武不夠積極嗎？當年楊成武整起羅瑞卿來時是多麼的心狠手辣！

在迫害胡風時，周揚、巴金、吳祖光、丁玲不夠積極嗎？也別忘了，在批胡風中的吳晗跳的最高，每會必發言，他的發言，最多、最帶頭、最激烈、最猛烈、最刻毒，對胡風最具深仇大恨！

令人悲歎的是，曾聲稱：「所有的人都可以平反，唯彭德懷不能平反」的劉少奇，最後卻落得比彭更加悲慘的下場。

據說在關於劉少奇的處理意見上，周恩來就在上面赫然寫著「此人該殺」！

誰能想到，彭德懷也以同樣的方式整過別人，人稱常勝將軍的粟裕便是其中之一。彭德懷最早給粟裕的罪名是十二條，其中三條最主要：「將帥不和」、「告洋狀」、「資產階級極端個人主義」。粟裕夫人說：「對粟裕的打擊都是來自革命陣營內部！」

劉伯承的長子劉太行說：劉伯承與李達、蕭克等一九五八年在軍委擴大會議上，以「教條主義」痛遭到鄧小平、彭德懷等人的批判，幾十年不給平反，根子都是鄧小平，劉、鄧之間的矛盾在進軍西南以後就已激化、且公開化了。

李達、蕭克在鄧小平復出後，曾寫報告給鄧小平要求對歷史事件給以平反，並讓劉伯承也在報告上簽字。劉太行說：「我爸爸對李達說：我一不簽字，二不指望活著得到平反，你們是『蚊子叮菩薩』，找錯了人！」果然，看過李達的報告後，鄧小平沒有同意平反。

後來，楊得志、張震二人去找鄧小平，要求給一九五八年擴大會議受批評的人平反，結果碰了大釘子。鄧小平說：「你們找來找去都沒搞清楚，一九五八年是誰負責批劉、粟、蕭、李等幾個人的？那個會的組長、負責人是我！你們不要再找別人了！」張震說：「我們還能說什麼呢，只有到此為止了。」

人在陰影中呆久了，便成了陰影的一部分。有些東西靠生命和時間，是無法帶走與沖洗乾淨的。即使抹去了，想必會在未來的某個時刻，以另一種形式與我們不期而遇。

摩羅說：「對於一位優秀人物來說，中國生活的千萬個環節中，每個環節都殺機四伏。中國社會對於優秀人物懷著本能的仇恨和恐懼。在中國綿延不絕的政治運動中，互相揭發、互相誣陷、賣友求榮、賣親求榮的現像是如此普遍。一個人只要受到權力的敵視或迫害，幾乎馬上就要從社會結構和倫理關係中開除出去，誰也不敢拜訪你，誰也不敢跟你打招呼跟你握手跟你聊天，誰也不敢給你寫信，誰也不敢喊你為老師為同志為父親為叔叔。雖然還有人談到你，但那是按著官方口徑進行誣陷和誹謗，也許還有人來敲門，但那是為了宣佈跟你劃清界線。」

但是，想一想當時的情況，讓劉少奇當頭，讓林彪當頭，甚至讓彭大將軍當頭，情況真的就會好多少嗎？

那些高層幹部一個個都在那裡抱怨自己在文革中被鬥倒，他們在反右的時候鬥別人怎麼不說呢？

如果我們真的認為毛時代的一切悲劇都是毛澤東一個人的責任，那麼也就意味著說，既然現在毛死了，中國就永遠不會重複同樣的悲劇了，是這樣嗎？

神說：你們大家都懺悔吧！該懺悔的絕不僅是毛澤東一人。

註一：舒蕪，一九二二年七月二日生，安徽桐城人。中國現代作家、文學評論家。

註二：胡風（一九〇二年～一九八五年），男，原名張光人，筆名谷非、高荒、張果等。湖北蘄春人。現代文藝理論家、詩人、文學翻譯家。

註三：聶紺弩，出生於一九〇三年，新中國著名詩人、散文家，一九八六年於北京病逝。

註四：黃苗子（一九一三年～二〇一二年），廣東中山人。當代知名漫畫家、美術史家、美術評論家、書法家、作家。

註五：李井泉（一九〇九年～一九八九年），中共資深革命家，曾任四川省人民政府主席，中共四川省委第一書記兼省軍區第一政委，第三、四、五屆全國人大常委會副委員長。

註六：吳法憲（一九一五年～二〇〇四年），原名吳文玉、譜名臣清，江西省興國縣南坑鄉樟坑人。一九五五年被授予中將軍銜。林彪集團主要成員。一九七三年被開除黨籍、撤銷黨內外一切職務。一九八一年被中華人民共和國最高人民法院特別法庭確認為林彪反革命集團主犯。

註七：許世友（一九〇五年～一九八五年），原名釋友，字漢禹，法號永祥，出生於河南省信陽市新縣田鋪鄉河鋪村許家窪，中國人民解放軍著名軍事將領，中華人民共和國開國上將。

註八：黃永勝，中國人民解放軍高級將領，一九五五年被授予上將軍銜，林彪反革命集團主犯。一九八三年四月二十六日病死於青島。

註九：彭德懷（一八九八年～一九七四年），中華人民共和國開國元勳，中華人民共和國元帥。因在一九五九年廬山會議上寫信給毛澤東，指出「大躍進」中的問題和弊病及根源，而被打為「彭、黃、張、周反黨集團」之首。「文革」中，遭迫害致死。

註十：沈從文（一九〇二年～一九八八年），生於中國湖南省鳳凰縣。是中國現代著名的文學家、小說家、散文家和考古學專家。

幾人敢見馬克思？

「去見馬克思」這句話是怎麼來的，為什麼總說要「去馬克思那裡報到」，是誰最先引用了這句話？

我認為這句話出自毛澤東，也許還有更早的我沒找到。一九六一年九月，蒙哥馬利與毛澤東再一次在武漢相逢時，蒙哥馬利興致勃勃地給毛澤東講他的訪華觀感，讚揚了中國的發展以及人民群眾戰勝自然災害的勇氣，毛澤東饒有興致地聽著。蒙哥馬利說：「主席先生，你一定要保重身體，你的國家和人民都需要你，你必須有健康的身體和充沛的精力來領導這個國家。」

毛澤東搖搖頭說：「中國有句老話是『七十三，八十四，閻王不叫自己去』，如果能順利地闖過這兩關，就能活到一百歲，不過我不想活那麼久，我最多活到七十三歲，那麼我還能活四年。」

「為什麼？您至少可以活到八十四歲。」蒙哥馬利很驚訝：「這太悲觀了。」

「不，我要去見我的上帝，我的上帝是馬克思，我有許多事情要急於同他討論。」毛澤東認真地說。

蒙哥馬利歎了口氣說：「哎，要是我知道馬克思在哪裡，我一定找到他，同他談一談這個問題，告訴他中國離不開你。」

蒙哥馬利和毛澤東的話把在座的人都逗笑了。

一九七五年九月七日，周恩來同志在醫院裡會見羅馬尼亞共產黨中央書記伊利耶・維爾德茨（這是他生平最後一次會見外賓）時說：「馬克思的請帖，我已經收到了。這沒有什麼，這是不以人的意志為轉移的自然法則。」

一九八六年九月二日美國哥倫比亞廣播公司（CBS）著名新聞訪談節目《六十分鐘》，在中國採訪鄧小平。鄧小平也說：我要活到一百歲，然後可以去見馬克思……

傳統中國人給自己死後設想的理想去處是哪裡呢？從馬王堆出土文物來看，是升入天堂。人們大概模模糊糊地認為天上比地下明亮快樂。如果祖宗光明磊落，修善積德，總會在天堂佔有一席之地，其子孫後代就會投奔他，因此生前不敢做壞事，怕愧對列祖列宗，更怕打入十八層地獄，上刀山、下油鍋。

不知從什麼時候開始，中國人不再說自己死後是去見列祖列宗，而是「去見馬克思」。發展到現在，這話越說越寬泛，不論是不是革命領袖，是不是革命志士，是不是真正信仰馬克思主義，都說「我要去見馬克思了」。這話雖然和「去見列祖列宗」、「去見耶穌」一樣地虛幻，卻自詡偉大，自命不凡，有一種和日月齊光的自豪感。

很多電視劇裡都能看到這樣的情節：某共產黨人面對死亡很坦然地說：「我要去見馬克思了。」

如果真的能為人民利益而生，為人民利益而死，無愧於馬克思，無愧於人們，那麼有資格「去見馬克思」的人會很多，而現在貪官汙吏橫行，又有多少人敢去見馬克思？

列寧見到馬克思了嗎？不得而知，史達林見到馬克思了嗎？不得而知，切‧格瓦拉呢？波爾布特呢？四人幫呢？他們絕對不敢見馬克思，只能遠遠地望望馬克思，不敢近身。怕馬爺爺把他們掐死。

金正日，估計馬克思也不會收留他，馬克思會對他大喝一聲：「社會主義是不允許搞獨裁的，這裡不要你。去見你老爸去吧！」

薬家鑫也想去見馬克思，但他有自知之明，不敢說。被判處死刑行刑前，他只說要啟程去見貝多芬、巴赫、柴可夫斯基。

能去見馬克思的唯一門票就是使自己的靈魂高尚。偉大領袖讓三千多萬老百姓提前見了馬克思，所以他沒有勇氣去見馬克思！

過去總說列寧發展了馬克思主義，而我個人認為是列寧篡改了馬克思主義，變種成了一種集體專制專政主義（列寧稱之為無產階級專政理論），當無產階級專政消滅了所謂資產階級和地主階級後，其勢必會演變為對民眾的專政，而史達林又把列寧這種無產階級專政發展到極致。一個列寧的老戰友（我記不清他屬布爾什維克派還是孟什維克派）稱史達林主義為「超法西斯主義」。

馬克思的思想，並且在第一國際的時候，均希望通過罷工這種非暴力形式實現民主憲政以至共產主義。馬克思反對「革命成功後的」「優秀分子專政」。馬克思提出的無產階級專政，是一種臨時措施，是內戰時的抗暴權，更不意味著否認議會民主。馬克思讚賞的巴黎公社政體儘管並非規範的憲政民主體制，但無疑是一個從競爭性選舉中產生的多黨（派）政體，而這些與後來的史達林體制有根本的區別。

在〈德意志意識形態〉一文中，馬克思首次明確地提出了對共產主義實現的猜想。他認為，共產主義不會首先在未進入資本主義工業化的窮國發生，只能在資本主義工業化高度發展的國家產生，而且不是在一個國家單獨發生。

前提條件是，在整個社會陷入除了一小撮資本家外，所有的居民都是赤貧狀的無產階級的情況下發生，還必須是「占統治地位的民族」，如英、法、美等國的無產階級的共同起義，共產主義才能實現。

這就意味著列寧違背了馬克思主義的初衷，而成為馬克思主義的背叛者，也是最早的叛徒。史達林及後來者都在列寧的道路繼續更進一步發展，都是馬克思主義的背叛者。

馬克思在晚年時說，自己不是馬克思主義者。意思就是說，馬克思主義的發展已經超出了他所希望的界限，理論的發展已經超出馬克思本人的範疇，直接點就是馬克思本人並不希望看到，後來標榜為馬克思主義者的行為方式。

人人可以為堯舜，人人可以見馬克思，但堯舜寥寥，敢見馬克思的也寥寥。說自己要「去見馬克思」的要三思而後行，先掂掂自己的分量：我憑哪一點可以「去見馬克思」？見馬克思，說到底只是個冷幽默。

上世紀六十年代，偉大領袖毛澤東站在天安門城樓上檢閱遊行隊伍，他身邊的美國人斯諾奉承說，新中國新變化，再過五十年中國會實現四個現代化。毛澤東則回答：我怕等不到那個時候了，要到天堂見馬克思去了。斯諾這時實話實說了：毛主席見不了馬克思，你和他都不是基督徒，進不了天堂的門檻。毛主席一時語塞，不知這句話對他老人家是個多大的打擊？所以說大凡中國的傑出的共產主義戰士之類，還是在人間的好，不要輕易說什麼去見馬克思，因為那裡是地獄。

誰更需要法律的保護？

馬克思主義的理論認為：資產階級追求和建立的民主制度就是用來保護他們自身利益的。所謂資產階級民主中最主要的幾個理念——神聖不可侵犯的私有財產，人人平等以及個人自由等等，純屬欺人之談，都是用來麻痺和忽悠無產階級的……

撇開草民不談，的確資產階級的法律保護了資產階級政客的身家性命，使他們不至於在權力鬥爭中死於非命。像劉少奇、林彪、彭德懷那樣無法無天的事情在歐美諸國絕不會發生。

我常常想，如果清朝咸豐帝時就搞君主立憲，肅順等八位顧命大臣如何會死於非命？

許多人認為中國的皇帝要比西方的資本家們聰明而偉大。資本家的資產和天下比起來只是毛毛雨，帝王們打天下坐天下，擁有絕對的權力。其實你想想看，有幾個皇帝會傳之於萬世？如果當這個皇帝知道他的某一代子孫會被別人清算，遲早會像殺小雞一樣哢嚓幾刀斡掉的話，他是否還會覺得那個絕對的權力還那麼受用呢？——很不幸，這就是中國幾千年歷史反覆上演的悲劇。有人說那悲劇只是小民的，其實，那悲劇也是權貴們的。一介書生孔子的後代還好好地活著，你去找一下「焚書坑儒」的秦家後代？已被殺絕了。明朝傾覆，朱家皇子皇孫悉數被斬盡殺絕，歷朝歷代皆如此往復輪迴。

無產階級革命家盛讚社會主義制度，為了避免挖祖墳，採取後代集體世襲。但一黨執政又能有多久？由於革命熱忱往往忘乎所以，不知道自己也需要一道護身符。

一九五五年七月間，劉少奇在北戴河向最高人民檢察院負責人指示說：「我們的法律是要保護人民去同敵人鬥爭，而不能約束革命人民的手足。如果哪條法律束縛了我們自己的手足，就要考慮廢除這條法律。」

一九六六年，國家主席劉少奇在被批鬥和折磨得奄奄一息的時候，才想到了最後一根救命稻草，他用微弱的聲音對審訊他的人說，我受中華人民共和國憲法保護！

《憲法》能夠保護當時已經被定為現行反革命兼狗特務的劉少奇？沒有人記述當時監禁劉少奇的那些人是如何回應的，但我想，他們一定會非常驚訝。有些人可能根本就沒有聽說過《憲法》吧，有些人也許聽說了，可是，他們一定更加納悶：難道《憲法》裡會有什麼神奇的東西能夠保護這個顛覆毛澤東政權的劉少奇嗎？

其實劉少奇很天真，我們的《憲法》有什麼辦法保護公民的權利？如果刑法已經宣佈你有罪，例如以前的反革命罪，和現在的顛覆政權罪，你又如何能用《憲法》來為你脫罪？

拉夫連季・巴夫洛維奇・貝利亞，蘇聯政治家，祕密警察首腦，是史達林大清洗計劃的主要執行者之一，第二次世界大戰結束後被史達林晉升為元帥。二戰之後到史達林逝世之前，他是蘇聯實際上的二號人物，但是之後他在爭奪史達林繼承權的鬥爭中失敗，被撤職並處決。

齊奧塞斯庫夫婦也死於非命，他們未經公開的審訊程序，經過幾句簡單的問話後，就被一先一後捆綁著押送到室外。兵營裡沒有刑場，廁所前的空地便成了執行槍決的地方。從樓房到刑場約有三十米遠，廁所有兩扇窗子，齊奧塞斯庫被帶到了兩扇窗子之間的牆下，面對著持槍的士兵站好。當押解他們的士兵走開後，齊奧塞斯庫高呼：「自由和獨立的羅馬尼亞萬歲！」隨後而來的埃列娜則唱起了〈國際歌〉。這時，持槍的士兵在行刑隊指揮官尚未趕到的情況下，便開了槍。齊奧塞斯庫中彈後跪倒下，後腦勺撞在了廁所的牆上，他死後仍睜著雙眼。齊奧塞斯庫夫人頭部中彈，顱骨開花，腦漿外溢。

近日，高麗國的「攝政王」張成澤被處決。按中國古代政治的劃分，張成澤屬於「外戚」——太祖皇帝的駙馬，太宗皇帝的妹夫，本朝幼主的「國舅」。當「主少國疑」之際，承擔輔佐幼主的攝政重任，自然是當之無愧的人選。但早在二〇一一年，我就曾對幾位朋友說過，此人絕無好下場。

我有此「先見之明」，並不是有多麼高深的學養的體現，其實，熟悉中國歷史的人都知道，歷朝歷代的「顧命大臣」、「輔政大臣」、「攝政大臣」有一個善終的嗎？在皇帝幼小的時候，他們保障了國家機器的運轉；但當皇帝成年，要收回大權的時候，這些人就必須加以清洗。不要以為交出權力就能倖免，因為職務可以免去，但影響力實在難以抹殺，只要這些人活著，就是幼主大權獨攬的障礙。從這個意義上說，張成澤不可能有好下場。

張成澤不是最後一個被清洗的人，這種清洗還將持續下去，而該國幼主也未必就絕對安全，看看中國改朝換代的皇帝的下場，就令人觸目驚心了。在專制體制下，沒有一個人是安全的。

專制主義是鄙視法律的，認為法律無用，法律只是用來裝裝門面。其實不然，如果真正有法律，歷朝歷代的皇帝就都會善終；如果無產階級領袖不兒戲法律，貝利亞、劉少奇和齊奧賽斯庫也不會死於非命；如果有健全的法律，張成澤一定不會未經審訊就被槍決，林副統帥也不會葬身荒漠。

金正恩一定會善終？對此我很懷疑。

美國獨立檢察官羅伯特·雷於本週三提交的一份調查報告結束了長達七年的針對前總統克林頓性醜聞的調查。這項耗資高達七千萬美元的調查最終得出的結論是：克林頓在此案的調查過程中作了偽證，檢察官所掌握的「證據足以」對他提出指控。鑒於其公開承認錯誤並同意支付二·五萬美元的罰金並吊銷律師執照五年，最高法院放棄對其提出起訴。

雷在報告結尾引用了尼克森「水門事件」獨立檢察官賈沃斯基的話，「我對於尼克森的調查告訴了所有人，任何人不會凌駕於法律之上」。

對照克林頓案的繁雜的司法程序，我想說，真正需要法律保護的不是一般草民，而是無產階級的革命家們。可惜他們常常意識不到這一點，以為健全法律只會恩澤於老百姓，進而把法律戲弄於股掌之間。到了他們危在旦夕，渴望得到法律救助的時候，為時已晚，只能仰天長歎。

劉少奇的命運告訴你：不以憲政為基礎，多大的官兒也可能死的很慘。林彪的結局告訴你，沒有自由民主的體制，多聰明的人也難保慘死；彭德懷的故事告訴你，沒有法治的國家，多硬的漢子也未必有好下場。古今中外的事例顯明一個事實：沒有法治，就沒有真正的人身安全，誰都可能會有悲慘的一天！

從官員的直觀來講，誰都想人治，誰不想自己說了算，自己的權力不受約束？幹嘛要弄那麼多條條框框把自己拴起來，束手束腳的？這是人之常情。但這些人其實是短視的，一個人治的領導，雖然享受著各種特權，但也存在很大隱患。在位的時候，你可以超越法律，但是你下臺的時候，同樣也就沒有法律來保護你了，就要承受沒有法治的危害。

有特權的人沒人權。所以有遠見的領導，還真得趁自己有權的時候，在位的時候，把法治建立好，主動把自己捆綁起來，把自己關到籠子裡。雖然這樣一來，自己的權力會受限制，短期利益看起來會受損，但是這會有利於你的長期利益，你會享受到這種健全的法治對你永久的人權保障。

誰能理解中國？

二〇〇一年七月在紐約召開的「紀念文革發生三十五周年」討論會上，一位在美國長大的年約十四歲的華裔中學生聽了北京一九六六年秋天的「紅八月血案」後率直地提問：「當時的北京有沒有政府？是誰允許這些『老紅衛兵』殺人的？」全場先是震驚、愕然，繼而爆發出一片掌聲：這個從小在法制社會裡長大的少年的問題如同一個鐵錨般的巨大問號沉入思想之海，觸及了問題的要害。

《江青全傳》作者寫道：

> 要想了解文革小組在國家中的作用，只要想像一下如果美國出現這樣的情況是什麼樣子就不難理解：雷根總統解散了他的內閣，只在白宮班子裡挑選幾個忠於自己的人，組成一個小組，並任命南希・雷根負責這個組織，作為美國臨時政府，而雷根本人則是在高興時才過問一下。

毛澤東對於這種狀況卻十分欣賞，他甚至說：「古之民，不歌堯之子丹朱（丹朱不肖）而歌舜；今之民，不歌中央書記處而歌中央文革。」

據說美軍觀察團在延安觀看《白毛女》後，不解地說：欠錢就該還呀！但是黃世仁不能拿喜兒抵債，一切應聽法院裁決。黃世仁強暴了喜兒，喜兒不跑法院，卻跑山洞幹嗎？

劉少奇在一九六四年到一九六五年相交之際的三次人大上當選為國家主席。然後就被打倒，其手拿憲法以理相抗，最後於一九六九年十一月慘死的經過卻足以讓人深思。同時只有黨的一個關於劉叛徒內奸特務工賊的結論，並沒有任何法律程序上的罷免過程，全國人大也在此後的政治生活中不見影蹤，直至一九七四年四屆人大，這時劉已死了三年。

梁漱溟曾經說：

個人名字豈能寫入憲法？第一點，據我的淺見，近代的憲法最早產生於歐洲，首先是英國，其重要出發點之一是為了限制王權。換句話說，就是為了限制個人的權力太大。有了憲法，則從國家元首到普通公民，都得遵循，且在法律面前一律平等，而不允許把任何一個個人放在憲法之上。如有把個人放在憲法之上，則憲法的執行便必定不完善、不徹底。因此，我認為，現在的憲草序言中，寫上了個人的名字，包括林彪為接班人，都上了憲法，這是不妥當的，起碼給人有個人高於憲法的感覺。接班人之說，是中國的特殊情況，而憲法的意義是帶有普遍性的。不能把特殊性的東西往普遍性的東西裡邊塞。但我聲明，我不贊同把個人的名字（包括接班人）寫進憲法，並不是反對選擇某個人當接班人。中國歷來有自己特殊的歷史條件和歷史現象。接班人之說在一定的歷史時期是客觀存在，而不在於某個人的好惡，或贊成，或反對。

第二點，這次憲草的條文比先前那部憲法少了許多，條文少不見得就一定不好，但有的重要條文少了卻不甚妥當，比如設國家主席。一國的元首，不能沒有。設國家主席是一回事，選誰當國家主席合適是另一回事。現在的憲草沒有設國家主席這一條，不知為何？

梁漱溟的這兩條意見，現在看來十分平常，但在當時卻是出人意外、震驚四座的。因為確定林彪為接班人是一年前中共九大寫進黨章的，那麼如今寫進憲草序言自然順理成章。更嚴重的是，如以寫個人名字為準，則憲草序言中有關毛澤東主席的評價更大大超出林彪。梁漱溟的發言雖然只點林彪，而不提毛主席，但意在不言之中，誰聽了心中都明白的。

在談領導幹部及公務員的作秀現象時，作家椿樺在《異論中國》中說：「一個警察在抓小偷的時間裡，跑去扶老人過馬路，老人肯定滿意，但被小偷襲擊的市民會很難過。人們大概不會認為那個警察是好警察，而認為其更適合去當敬老院服務員。」他同時指出：「公務員上班時間幫清潔工掃大街不是不可以，但應當讓那些在上班時間炒股、玩遊戲、無事可幹的公務員去掃，最好讓他們永遠幹掃大街的工作，不用再回辦公室了。」

我由此聯想到：雷鋒請假去醫院看病，途中卻跑去建築工地推車，他作為一名司機，連個倒車都指揮不好，以至於喪命。不知應作如何感慨。

誰能理解中國？

不要鼓勵兒童慘烈獻身

咱們這茬人大概沒有不記得這幾個少年英雄的。當年他（她）們的故事也曾經讓我們感動的鼻子發酸。大概是因為經歷的事情多了，大腦又多了幾道迴溝，今天想起這事，總覺得似乎還有些話要說。

劉文學（註一）是為保護一背簍海椒而被老地主掐死的，因此他被譽為「少年英雄」。事發的時候正是三年「自然災害」，好人都餓的眼睛發綠了，何況地主。過來的人都知道，那年月，別說老地主了，就是他的老婆兒子孫子恐怕都誠惶誠恐地像兔子似的，那敢亂說亂動，不是餓極了怎會去偷隊裡的海椒？於是，老地主打起了隊裡海椒的主意，月黑風高之夜，他背著破背簍就上山了。後來的情節大致是報上說的那樣，地主被劉文學逮住了，一個孩子如何能敵得過一個大人，於是劉文學遇害了。

如果處於人道，劉文學應該放老人一馬。這本來只是一件偷盜案件，在劉文學眼裡卻成了兩個階級的較量。

一九六四年二月九日，正是草原冰雪嚴寒的季節，十二歲的龍梅（註二）和九歲的玉榮趕著公社的三百八十四隻羊在離家不遠的地方牧放。中午時分，一場罕見的暴風雪向草原襲來，她們倆拼命聚攏四散逃命的羊群。天慢慢黑下來，氣溫降到零下近三十七度，羊群仍在奔跑，她倆不停地追趕著，天開始慢慢亮了，她倆被前來營救的人找到。由於凍傷嚴重，龍梅失去了左腳拇指，玉榮右腿膝關節以下和左腿踝關節以下做了截肢手術。她倆牧放的三百八十四隻羊，只有三隻被凍死，其餘安然無恙。

一九六四年三月十二日，《人民日報》發表長篇通訊〈暴風雪中一晝夜〉。三月十四日，《內蒙古日報》也發表了長篇通訊〈草原英雄小姐妹〉。很快，草原英雄小姐妹的動人事蹟便傳遍了長城內外、大江南北。她們的事蹟還相繼被改編成電影、話劇、京劇，並被編入小學課本，成為進行集體主義教育的典型。

賴寧，英雄少年，十四歲（指被評為「十佳少先隊員」時），四川石棉縣人。他不顧個人安危，在烈火中奮戰四、五個小時，獻出了寶貴的生命。為了表彰賴寧的崇高精神，一九八八年五月，共青團中央，國家教委做出決定，授予賴寧「英雄少年」的光榮稱號，號召全國各族少年向賴寧學習。

曾經，對於賴寧式小英雄，社會輿論和相關媒體總是以英雄讚歌的形式來報導這些令人扼腕歎息的悲劇，並號召青少年向他們學習，從中央到地方，都在表彰「少年英雄」的見義勇為事蹟。舊版的《中學生日常行為規範》更是明確提出，「見義勇為，對違反社會公德的行為要進行勸阻，發現違法犯罪行為要及時報告」，甚至連《小學生日常行為規範》中也提到「（對）壞行為，敢鬥爭」。

無產階級的革命事業往往是不分男女老幼的。而且常常鼓勵兒童為革命獻身。不知道大家是否還記得那首〈歌唱二小放牛郎〉的歌曲，說的是一個真實的故事：農曆九月十六的早晨，王二小在放羊過程中壯烈犧牲。太行山區早已是霜凍季節，遍地衰草上滿是白霜，牛不吃帶有霜凍的草，這是基本的生活常識。那麼他為什麼還要違反常識大清早去放牛呢？答案只有一個，王二小是受到了指派，他執行的是誘敵任務，並把敵人帶進伏擊圈。

既然八路軍已預料到王二小必死無疑，卻又安排孩子去送死，也有些太不人道了。

《北京青年報》近日在其所刊登的文章〈劉胡蘭，十四歲躺在鍘刀上〉中說：十四歲時便被民國政府處以死刑的少女劉胡蘭，並不是因為她是黨員所以才被處以死刑，而是因為她與武工隊員一起殺死了當時的村長石佩懷，犯了「故意殺人」罪，才被處以死刑的。

雲周西村的民國村級幹部、村長石佩懷，為政府軍派糧派款，遞送情報，積極工作，成為政府先進工作分子。一九四六年十二月的一天，劉胡蘭為達到不向政府繳納應繳糧款之目的，夥同地下祕密武裝分子，將村長暗殺。政府為了維護法紀尊嚴，決定實施制裁，將劉胡蘭等案件相關人員逮捕，後經審訊，就地正法。

不才認為，即便現在認為殺人屬於革命。這種血腥的事情，也應該讓一個十四歲的女孩回避，因為劉胡蘭畢竟是個兒童。

在希臘神話中，遠征特洛伊的阿伽門農，為了求得順風，曾不惜以他幼小的女兒伊菲革涅亞（Iphigenia）獻祭。這是荷馬史詩中最令人心碎的片段。

但我想阿伽門農不會自欺欺人地安慰妻子克呂泰涅斯特拉（Clytemnestra）說：這孩子「生的偉大，死的光榮」。克呂泰涅斯特拉也不會接受這種說法。

可是在那些年代，集體的羊要比兒童貴重，國家財產要高於人民的生命，只要革命需要，兒童也要做出犧牲。說到底，按馬列哲學，人是最不值錢的！

註一：劉文學（一九四五～一九五九年）四川省合川縣人，一九五九年十一月一八日晚，劉文學幫助隊裡幹活回來，發現地主王榮學偷摘集體的海椒，他毫不猶豫地衝上前去阻止，王榮學的收買和威脅，絲毫沒有動搖劉文學保護集體利益的決心，他不顧個人安危，與壞人展開了搏鬥，終因年幼力薄，被王活活掐死，犧牲時年僅十四歲。

註二：一九六四年二月九日在內蒙古達罕茂旗新寶力格蘇木，十二歲的龍梅和九歲的妹妹玉榮一起為公社放羊，突遇暴風雪，氣溫下降到攝氏零下三十九度。在嚴寒中，龍梅、玉榮姐妹倆與暴風雪搏鬥了一天一夜，行程一百多里，保住了羊群。因為嚴重凍傷，二人都做了不同程度的截肢。她們的英勇事蹟，受到了共青團中央的表揚。被譽為「草原英雄小姐妹」。

也談「以人為本」

「以人為本」的理念有其深遠的歷史淵源，它是中國古代「民本思想」，西方近代「人本主義」在當代的發展與反映。

「人」在哲學上常常和兩個東西相對，一個是「神」，一個是「物」。因此，提出「以人為本」，就是相對於「以神為本」或「以物為本」而言的。西方早期的人本思想主要是相對於神本思想而言，主張用人性反對神性，用人權反對神權。

中國歷史上的人本思想主要是相對於物本思想而提出來的，強調人貴於物：「天地萬物，唯人為貴」。在中國古代，「人」和「民」有時通用，人本也即民本。「民為貴，社稷次之，君為輕」，就是中國古代民本思想的具體體現。

以人為本的社會，是一個有更多公民自治的社會，它要逐步從權力本位的沉重歷史負擔中解脫出來。用以人為本最終取代以官為本，是發展社會主義民主的歸宿。

在我們這個社會，落實以人為本有很大的難度。中國經歷了長期的封建社會。封建社會的特點是什麼？下面抄錄馬克思的兩段話來說明：「專制制度的唯一原則就是輕視人類，使人不成其為人，而這個原則比其他很多原則好的地方，就在於它不單是一個原則，而且還是事實。專制君主總是把人看得很下賤。」「君主政體的原則總的說來就是輕視人、蔑視人，使人不成其為人。」

通過對國民性的解剖，魯迅告訴我們，封建主義是中國民族的死敵。他嚴厲譴責中國封建專制統治的皇帝獨裁與官僚政治，等級特權的野蠻與殘酷。他說：「自有歷史以來，中國人是一向被同族和異族屠戮、奴隸、敲掠、刑辱、壓迫下來的，非人類所能忍受的楚痛，也都身受過，每一考查，真叫人覺得不像活在人間。」

回顧一下十年「文革」中亂批亂鬥，任意摧殘人，冤假錯案遍佈城鄉的情景，觀察一下在我國各地頻繁發生的惡性事故（山西的黑磚窯事件、三鹿奶粉事件等等），這些輕視人、蔑視人、摧殘人的情況觸目驚心。

再看一下我們的現實社會生活狀況，官本位，領導待遇終身制，人身依附，把人分等級，這類現象，隨處可見。肅清封建主義殘餘影響的問題很明顯地擺在我們面前。西方發達國家經過十六世紀的文藝復興，相當徹底地清除了封建主義的思想觀念。我國在革命勝利以後，徹底廢除了封建土地所有制，但肅清封建主義在思想政治方面的影響這個任務，始終沒有完成。

新疆克拉瑪依大火，「讓領導先走！」的呼喊聲言猶在耳。二百八十八個活蹦亂跳的孩子們失去短暫的逃生機會而生命塗炭……！這是典型的以官為本！

中央首長的食物來源於農貿市場嗎？答曰：非也！又是一個以官為本！

近年來，央視仍在不斷宣傳，草原英雄小姐妹為在冰天雪地中搶救集體的羊群而凍殘了肢體的神話。集體的羊群重於兒童的生命，這是以羊為本！

直到去年，央視還在渲染，少年英雄劉文學為保護集體的莊稼與地主分子英勇搏鬥而壯烈犧牲的故事。集體的莊稼重於少年的生命，這是以莊稼為本！

賴寧，十四歲，英雄少年。為保住三千五百餘畝國有森林，不顧個人安危，在烈火中奮戰四、五個小時，獻出了寶貴的生命。一九八八年五月，共青團中央，國家教委做出決定，授予賴寧「英雄少年」的光榮稱號，號召全國各族少年向賴寧學習。集體的林木重於少年的生命，這是以林木為本！

為慶祝新中國六十周年而拍攝的影片《建國大業》裡，有盛讚廚師為搶出領袖的食品而被炸死的場景，領袖的食物重於廚師的生命，這是以領袖為本！

王安憶在一則微博說：「每每看到美國政府為了一個戰死在異國的士兵遺骸斤斤計較寸步不讓之時，一種莫名的感動自心底湧起。每每看到我們自己的生命如草芥和數字時，一種無以言狀的悲涼直達心底。在我們幾千年歷史裡，你檢測不出絲毫的關於人的概念，人的權利，人的尊嚴。沒有人在意我們的生死，包括我們自己。」

在韓戰早期的絕望歲月，區區五百名美國海軍陸戰隊員抗擊乘勝進軍的幾十萬金家獨裁軍，在絕望孤危的情勢下仍堅持帶走每一具戰死陸戰隊員的屍體，即使因此付出更大的犧牲也在所不惜。

韓戰越戰過了半個多世紀，美國政府仍在花費巨大代價尋找失蹤的美軍士兵遺骸。以此兌現「讓每個人回家」的承諾。任何人只要找到美軍遺骸，可得到二十五萬美元的報酬，並幫助其移民美國。千金買骨，那可是上古才有的傳說。

一九九四年，十八歲的美國青年在新加坡違反當地法律亂畫畫，被新加坡判鞭刑，時任美國總統柯林頓親自向新加坡總統求情。

二〇〇九年北韓把兩名美國女記者扣為人質，又是前總統柯林頓親自上門要人解救她們，成功地把她們帶回了家。

保護國民的生命安全勝過一切，美帝讓我們無地自容。

《論語》記載，馬棚失火，孔子問傷人了嗎？不問馬。可見兩千年前的孔子都知道，人比馬重要。

但時間進入了二十一世紀，對於許多中國的人民公僕來說，選擇「以民為本？以官為本？以利為本？以錢為本？」卻仍然是一道難題！

善良教育與人性

一個德國人對孩子進行「善良教育」的故事很值得玩味：一個孩子粗暴地將上門乞食的流浪者趕出家門，全家人特意為此召開了家庭會議。大人們嚴肅、耐心地啟發孩子，儘管乞丐穿著邋遢，同樣享有人的尊嚴。使孩子明白了一個道理：仰慕強者也許是人之常情，而同情弱者更是美好心靈的體現。

還有一個從飯局上聽來的故事，也把我感動的一塌糊塗：美國有一個單親母親，在富人家裡做女傭，一天主人家宴請客人，她把兒子藏在一間主人不大光顧的洗手間裡。孩子想把餐盤放到洗漱臺上，但他個頭太矮，有點夠不著，只好放到了馬桶蓋上，他坐在漂亮瓷磚鋪就的地面上，一邊唱歌，一邊吃著這些平時很難吃到的美味佳餚。

很快，在富麗堂皇的宴會大廳裡，主人沒發現孩子的身影，就去問女傭。女傭支支吾吾地說：「我一直在忙著，沒時間照看他，也許，或許，可能，他是在外面的草坪上自己玩吧。」

主人似乎明白了什麼，他離開宴會大廳，把整幢房子的所有房間都找遍了，最後在一個位於角落的洗手間裡，找到了孩子。主人問：「你怎麼能在這裡吃東西呀，你知道這是什麼地方嗎？」孩子答：「我媽媽說，這是宴會主人特意為我準備的單間，今天的香腸太好吃了，我好久好久沒吃過了，對了，你是誰呀，這麼好吃的香腸我可不能一個人吃，你願意陪我在這裡吃這些美味嗎？」

主人強忍淚水點了點頭，用最燦爛的笑容面對著孩子，他已經不需要再問什麼了。此刻，他想起了當初隨父母來紐約的經歷，那時他們也很貧寒，也經歷過十分艱辛的時期。

回到宴會大廳，主人對客人們說：「很抱歉了朋友們，我現在必須得去陪一位特殊的客人，請大家慢慢享用吧，我不能和你們共進晚餐了。」說完，他裝了滿滿兩大盤子孩子可能愛吃的佳餚，端到洗手間裡，他模仿孩子的樣子，也把餐盤放到馬桶蓋上，也坐在地上，然後對孩子說：「這麼好的一個單間和美食，你一個人獨享就可惜了，來來來，讓我們一起吃晚餐！」

很多年後，這個孩子也成了成功人士，他不但擁有了自己的事業，也買下了擁有幾間洗手間的大房子，進入到上流社會。他以匿名方式捐了很多錢給窮人，他對朋友們說：「我永遠忘不了在很多年前的某一天，有一位富人，用他的誠懇與良知，維護了一個四歲孩子的自尊。」

近讀林達的《一路走來一路讀》，書裡記述了這樣一個故事：在美國南北戰爭的後期，南軍主力在戰場上曾抓住一個開小差的敵方士兵，他被深夜帶到奧特將軍的面前。這個士兵又冷又餓，滿臉疲憊，不停地解釋他不是暗探，只是想家想瘋了，趁著夜色逃跑，不料卻誤入敵陣。這個誠惶誠恐的孩子思家念親的話，深深地打動了同樣想家的奧特將軍，他神情冷峻地向部下吼道：「給這小孩弄點吃的，披條毯子！看這戰爭，把這孩子整成什麼樣兒了！」等這孩子吃了東西，暖過身子，他就下令將他送出前線，並叮囑道：「快回家吧，再別回來了。」

「給這小孩弄點吃的，披條毯子！看這戰爭，把這孩子整成什麼樣兒了！」這幾句看似家常的話十分關鍵，它指出了這個故事背後那超階級、超政治的人道本質。

是什麼賦予了這個人化解仇恨的能力？是西方教廷幾千年「愛人如己」的誡令催生了將軍固有的憐憫？還是僅僅把自身的想家情緒投射到士兵身上就產生了偉大的同情？不得而知。我們只知道，當將軍手搭涼棚，目含哀矜，說「快回家吧，再別回來了」時，語氣有點像拿撒勒人耶穌。

少年英雄劉文學保護集體財產的故事，發生在一九五九年，那時挨家挨戶地餓死，整村整村地死亡。原來的上等人「地主」，早已在一次次運動中淪為賤民，他們的生活之悲慘，勞動之苛繁，更有甚於貧下中農。

其實地主王榮學偷海椒的動機不過是出於飢餓。王榮學是天生的殺人狂嗎？也不是，對於這時的王榮學來說，如果聽憑劉文學拉去見官，那麼等著他的就是沒完沒了的批鬥、遊街、毆打甚至還會有性命之憂；而與劉文學搏鬥，則說不準會嚇倒他，從而避免一場災難的降臨，而最終是劉的不依不饒，導致了王狠下殺心。

一九五九年的王榮學只是一個餓得發慌的老人，也許他曾有良田數頃，瓦房若干，也許他曾手拿芭蕉扇，包過「二奶」、「三奶」——像眼下許多「成功人士」和「儒商」所做的那樣——但今夜當他顫巍巍地掏出一元錢，求告比他小三十多歲的孩子「放他一馬」時，他只是一個父親，一個兒子，一個為生活的重擔壓垮了肩膀的男人。

但沒有人告訴劉文學，地主也是人；更沒有人告訴他，在階級的標準、政黨的標準之上還有一個人道的標準。因而他不可能像奧特將軍那樣說：「給這老人弄個筐子，讓他多帶點回去。看這階級鬥爭，把這老人整成什麼樣兒了！」因而當幾十年的光陰過去，我們重新打量這個意識形態精心打造的英雄神話時，發現劉文學也不過是吃人道德的犧牲品。

教育是什麼？教育就是促成生命能量的開發和釋放，就是對人性中善良的一面加以啟動和引領，就是對人道和人性在人生歷程中的地位和價值的確定。教育服務於人的發展，起的是引領、托舉、啟發的作用。

我們的道德教育有多麼失敗，身為國人大家心知肚明。我小時侯就有思想品德課，這種課從小學到高中一直都有，但效果極其不好。我給我國的思想教育下了這麼個結論：它叫我們熱愛祖國，聽領袖的話，跟黨走，它叫我們做一個革命的「螺絲釘」，要為共產主義獻身，但它就是沒有叫我們怎麼做人。如果我們連人都不是了，那我們成了才又有什麼用呢？人才人才，先人而後才也。中國的教育本末倒置了！你叫一群連人都不是的畜生遵紀守法，熱愛祖國，尊老愛幼，建設和諧社會，可能嗎？

需要重新發現誰是「人民」！

現在，不管哪個國家都認為自己的國家是屬於人民的。當薩達姆．侯賽因在伊拉克首次出庭受審時，法官稱其為「伊拉克共和國前總統」，而薩達姆卻糾正道：「不，是現任總統，這是人民的意願！」

我當時就覺得這老匹夫真是太無恥了！「這是人民的意願」？然而人民在哪裡？已發現的二百六十三處群葬坑活活埋葬的近三十萬持不同政見者和對政治有異議者，他們是不是人民？

在慘絕人寰的種族滅絕政策下，頃刻間在化學武器裡灰飛煙滅，屍骨無存的（包括婦女兒童和孕婦的）五千多個庫爾德活生生的生靈，他們是不是人民？

革命領袖卡扎菲也常常說：「一切權力屬於人民！」卡扎非還經常在集會上高呼：「人民萬歲！」

卡扎菲特別忌諱別人稱呼他為總統，而是喜歡別人稱呼他為「革命領導人」。有一次，有外國記者採訪他稱呼總統時，他立馬打斷對方的話，滿臉嚴肅地指出：「利比亞沒有總統，一切權力都歸人民！」

卡扎菲反對國人搞個人崇拜，可是滿街都是他的頭像，他說：「這是人民的意願，我也沒辦法！」

卡扎菲發表電視講話時呼籲民眾保持冷靜，他說：「我們的敵人是西方國家和基地組織，他們造謠說我有很多存款，其實這些存款都是屬於利比亞人民的，我是你們的兄長，我只是暫時代為保管，絕不會動用一分錢。」

朝鮮人民民主共和國，也是屬於人民的國家。金正日說：「把人民的利益放在首位，為人民的幸福貢獻一切，是朝鮮勞動黨的堅定意志和決心。」他要求所有幹部牢記自己的使命，為謀求人民的幸福多動腦子，努力奮鬥。

北韓憲法是這樣表述的：「朝鮮民主主義人民共和國的社會制度，是勞動人民做了一切的主人，社會的一切都是為勞動人民服務的。」

古巴領導人菲德爾・卡斯楚，在重病的二〇〇六年七月，順利將權力交給胞弟勞爾・卡斯楚，至今已經四年了。

卡斯楚說：「真正的領袖是這樣的人，他們對人民不投其所好，不認為人民此時此刻喜歡什麼、歡迎什麼就講什麼。他們講最能啟發人民靈感的話，講最符合人民長期利益的話，講對他們所代表的人最有長期好處的話。」

縱觀主要的社會主義國家，擁有最高權力者都是「為人民服務」至生命的最後一刻，比如社會主義的老祖宗蘇聯，就是在這樣的體制中被慢慢削減實力；在社會主義中國擔當「一把手」時間最長的毛澤東，也是幹革命到最後一口氣。

我們的毛偉人、北韓的金偉人、古巴的卡偉人，最近蠢蠢欲動的查韋斯查偉人，都要為人民服務到生命終結，甚至接著讓兒子或者胞兄弟繼續為人民服務，令人可哀可嘆。

呵呵，一個人偶爾為人民服務一次不難，難的是一輩子都為人民服務；一個人自己一輩子都為人民服務不難，難的是讓自己的下幾輩子（後代）也一輩子為人民服務。他們的確讓人欽佩。

人民是政治概念，人民是無性別區別的政治語彙。在不同的國家和各個國家的不同歷史時期，人民有著不同的內容。按我國憲法界定：社會主義時期，一切贊成、擁護和參加社會主義革命和建設的階級、階層和社會集團，都屬於人民的範圍。如果你不擁護黨的方針政策，你顯然就不屬於人民。

尤其在以階級鬥爭為綱的時代，在對「地富反壞右」實行無產階級專政的時代，有很多人都不屬於人民。人民是獨裁者奴役的擋箭牌，人民的定義掌握在獨裁者手中，當他認為你可能影響他的權力時，你便不再是人民了。

高爾基在《我的大學》中曾對俄國民粹派的人民觀念作過描述：「有時候他們談到了人民，連我自己也很驚奇，為什麼我會有跟他們不同的想法。在他們看來，人民是智慧、美德和善良的化身，是近乎神聖的統一的整體，是一切高尚、正直、偉大的開端。我可是沒見過這樣的人民。我只見過的有木匠、有碼頭裝卸工、有泥水匠，我還見過雅可夫、奧西普、葛里高利。」

還是《走向共和》中袁世凱說的坦白：「我從來沒有聽說過什麼是人民，我只見過一個一個的人。」

什麼樣的國家最喜歡用人民二字？總結歷史和現實，你將發現恰恰是那些最蔑視公民權利的國家，而那些高度民主的國家無須用名稱來證明權力來自人民，如同億萬富翁無須在人前購物來表明自己的富有一樣。

現在，我國「五個不搞」已經很清楚了，那麼，如何確保國家一切權力世世代代永遠掌握在「人民」手中呢？北韓就是一個很好的榜樣。北韓的人民只有一家，姓金，長相比較富態，容易甄別，所以確保國家一切權力掌握在人民手中的方法也就比較簡單。

中國的革命政權要牢牢地掌握在人民的手裡。可誰是人民？事實上中國能當的起人民兩個字的，也就是大約五百個紅色家族。在中國，現在第二代人民已經上位了，第三代人民正在美國深造。昨天看到一篇博文〈確保「人民」世代掌權的妙法〉，因為有內容轉述外刊關於第三代人民海歸後世襲的安排，很快就被「和諧」了。但這也禁不住我發出由衷的讚歎：每家人民的子女中，至少安排一個為省（部）級職務，這樣的安排確實巧妙！第一，它突破了傳統世襲中單個具體爵位或職務「單線」傳承的老套路，避免了因興趣、能力等個體因素造成的傳統世襲缺陷；第二，由於集團內有機、交叉傳承，使得世襲有別於傳統世襲，看上去有那麼一點不太像「世襲」了。但是，「有機、交叉傳承」一點也沒有改變世襲的特點或本質，它仍然是少數集團維持其對社會多數人征服統治的一種權力傳承方式。

此外，人民每家安排一個省（部）級職務，限定了品級下限。這不僅是「世襲」，更是有機、交叉的「世襲罔替」了。

人民只是一個虛幻的概念，作為獲取統治權的藉口而已。古代中國的皇帝叫「天子」，表明他的統治代表天意。西方也有類似的「君權神授」，在這個「上帝已死」的時代，革命集團終於找到了「神」的替代品——人民。

人民是什麼？曾有一位詩人寫了如下一段詩：

人民是什麼？
人民是旗幟。
需要的時候將它頂出去，
不需要的時候將它卷起來。
人民是什麼？
人民是矛和盾。
向敵人進攻時用它作矛，
防禦敵人時用它作盾。

亂彈主人與公僕

民眾總是對新政權充滿嚮往，但是他們並不了解，即使在最民主的國家，真正能夠進入權力核心的也不過是幾十人，按馬基維利和《關於馬基維利的思考》作者的觀點，民眾在民主活動當中忘記了自己被統治，每一個新政權的建立都會對民眾造成更新的剝削而不是福利，因為會有新的利益集團要形成，新政權有新的執政需要。

誰擁有更多資源，誰就更有權；誰擁有更大的權利，誰就是國家的主人。就像財富的擁有者通常並不是財富的創造者一樣，國家的主人可以肯定地說並不是這個國家的大部分國民，雖然他們是這個國家最重要的組成部分。但是他們對於生存資源的佔有比例很低。另一小部分國民雖人數很少，但他們掌握的資源往往數倍於大部分國民。資源集中在誰的手中，誰就是國家真正的主人。

教科書告訴我們，生產資料公有制了就是社會主義，回避了公權力是否公有的問題。公權力的不公有，或者由一人把持，或者由特定的利益集團掌握，使得公有化的財產很快地變為私人所用。一旦公權力變為私有，那麼公有的財富就隨著私有的公權力的分配傾向於私人所有了，如此公權力私有的社會如何能夠是公平的社會主義？

中國的國有企業早已不屬於全民所有了。國有企業的股權已經不像以前那樣歸國家財政和各級財政所有，而是五花八門不一而足。什麼投資公司、集團公司、行業公司、部門公司，這「委」那「委」，你永遠找不到這些國有企業的股權到底在哪裡。但有一點很清楚，就是這些國有企業的股權轉讓、減持、處置收益一定是不會收歸國庫的，而是歸國庫之外的部門、地區政府和其上級公司所有。

特權企業和特權經濟導致了分配不公和腐敗橫行，對我們的經濟和社會造成了長久的傷害。雖然如此，這些國企仍然打著「全民所有制」的旗號招搖過市，以人民利益的名義「做大做強」；以正義的化身對其他所有制經濟進行排擠和剝奪；以「國進民退」的方式侵蝕著尚不完善的市場，激化著中國經濟和社會的矛盾。國有經濟已經變質，在經濟學意義上，它既不屬於「國家」也不屬於「全民」。國有企業充其量就是一個集體所有制，是官僚壟斷資本控制下的集體所有制。

當國有企業從股權到利潤都與「國有」無關的時候，當國有企業從經營到招工都和普通老百姓絕緣的時候，這些所謂國有企業還是國家所有的「全民所有制」企業嗎？所以目前國有企業本質上與「全民所有」無關，國有企業的經營成果只與這個企業的領導，及其上級部門和各級地方政府有關。

中國之事，就在於「名不副實」，有其名而無其實，很多人因此不滿意，一天到晚，做著不該做的事，說著不該說的話了。舉個例子：一個保姆，老想到自己是主人，於是乎，這個保姆就當不了好保姆。洗馬桶的時候，老想到自己是主人，於是乎怨言四起，馬桶也洗不乾淨了。她不想洗馬桶，想要平起平坐當主人了，結果呢？連洗馬桶的資格都沒有了，立馬被解雇。我們就存在這樣的問題，書上寫著是「主人」，其實呢，卻是「奴僕」，於是乎，這些奴僕，一邊想著自己是主人，一邊享受著奴僕的待遇，怨言四起，不僅沒有當上主人，甚至連奴僕也當不好了。

現實社會中有哪位領導在幹公僕的活兒？有哪位百姓享受過主人的風光？把領導叫公僕是亂倫理的行為，領導自稱公僕是欺人，百姓稱領導為公僕是自欺。再看世界各國，好像都沒有把領導叫「公僕」的，在他們那裡，總統就是總統，首相就是首相，官員就是官，百姓就是百姓，各行其是，各盡其責，這不就很好嘛。儒家老祖宗也早就明確尊卑了：君君、臣臣、父父、子子。早就明確綱目了，還是遵守老祖宗的遺訓為好。

中國經歷了幾千年的封建王朝統治，老百姓從來都不會想到自己是國家的主人。《詩經・小雅・北山》有這樣一段話：「溥天之下，莫非王土，率土之濱，莫非王臣。」天下不要說土地是皇帝的，就連人也是皇帝的。皇帝才是國家的主人，老百姓都是奴隸。

一切原來就有的，其實還是繼續存在的，而且還將繼續保存下去。給你冠上「主人」的名號，只不過是為了讓你更好地、更安心當「奴僕」而已，但是奴僕呢，必須要清醒地認識到，自己還是奴僕。

中國的等級制度存在了幾千年，那才是我們的傳統，那才是我們的特色，那才是我們特有的道路，我們的優勢，也在於此。

公僕們住別墅、養小三、坐奔馳寶馬；主人住寒舍，守著糟糠之妻，騎個爛洋車風裡來雨裡去地為生活奔波。公僕飛機軟臥，天天過大年，夜夜做新郎，到哪裡都白吃白喝，捏腳桑拿加打炮閑不著；主人只能在家裡喝地溝油、吃注水肉、守機頂盒、看新聞聯播。一有危難之事，公僕見不著人影，蒙難者全是主人。哎，我也想當公僕！

每年的三公經費九千億，這樣的數據，其實說來非常保守。所以渴望做公僕的聲音越來越多，而公僕越來越被主人羨慕的時候，社會的腐敗已經改變了真理的觀念，更多的國民開始追求這種特權帶來的甜蜜，同時也讓這個國家在不知不覺中成為一顆空心大樹！

孫傳芳，一個軍閥，在聽到孫中山說要做人民公僕，袁世凱也在附和的時候說：「人民公僕有什麼好，僕人只會騙走主人錢財，拐走主人的姨太太、丫環……」現在許多的「人民公僕」，其實就是孫傳芳所言的惡僕，天天在圖謀主人的錢財。

網上有人調侃說：本名「農民工」；小名「打工仔」；別名「進城務工者」；曾用名「盲流」；尊稱「城市建設者」；昵稱「農民兄弟」；俗稱「鄉巴佬」；綽號「遊民」；書名「無產階級同盟軍」；臨時戶口名「社會不穩定因素」；憲法名「公民」；黨給的封號「國家主人」；時髦稱呼「弱勢群體」……我到底叫什麼？

其實我們心裡很明白，我們從來都不把自己當作國家的主人！

後記

我祖籍山西，不知上幾代移民於內蒙古涼城縣（老涼城，現在的永興鄉），曾祖父畢業於山西紡織學校，勤勞致富後在涼城縣置業，在抗戰前已完全具備大地主身分，家中有良田幾十頃，房屋數十間。

日本人攻陷涼城後，家中房產大多被焚毀，尚有數棟未毀者後被涼城縣中學侵佔。

家父畢業於蒙疆交通學院，抗戰後在綏遠省建設廳工作，任技佐。每月給家中按時寄錢，這些錢後來被外祖母給擅自買了外逃者的房產。（有錢人逃往海外，遺屬們深知共產黨的政策，房子無論貴賤，給錢就賣。）外祖母係一家庭婦女，哪裡知道社會的走向，所購房產解放後悉數歸公。

我民國三十八年三月二十五日（西曆四月二十二日）生於內蒙古豐鎮縣豬圈巷子的一個四合院裡；後家中在曹碾灣路購置房產，舉家搬遷；再後來豐鎮縣公安局為了便於對他們公務人員的食宿集中管理，將我們的院落與他們在城隍廟後街十四號的一個闊大的四合院更換，再次喬遷新居。

我一九五七年隨母工作調動來呼，居住在錫林南路內蒙古衛生防疫站宿舍，因附近沒有一所小學，在家由父親輔導、自學一年，翌年春就讀於呼市中山西路小學。原址即現在的回民區醫院。

中山西路小學一九五九年被洪水夷為平地，後來移址重建，更名為回民區新建二小。

聽父親講，他幼少時老綏遠僅有兩輛自行車和兩座二層小樓，自行車一輛是國民政府綏遠省建設廳廳長的，一輛是舊城天主教堂一位神父的。

二層小樓具體位置不詳，但新華廣場是我初中同學苗森家的菜地。

父親已經作古，現在靜靜地躺在呼武公路東側的基督徒墓地，他生前過著苦行僧式的生活。

如果真有上帝，有朝一日我還能見到他，期望能和他一同圍坐在上帝的周圍吃蘋果。

我依稀記得兒時父親背我在背上，教我唱〈歌唱二郎山〉。為此二〇〇七年夏天，我還專程去過一趟二郎山，並在二郎山隧道前留影。

我五歲啟蒙，至七歲常用漢字已經全部掌握。

我一九六五年初中畢業於呼和浩特第五中學。因為父親曾在國民政府中供職，屬於偽職員；又因祖上數代都是虔誠的天主教徒，曾祖父與瑞典神父過從甚密，被組織定性為：家庭出身邪惡，慣與境外勢力勾結，因此失學在家。當年就業於水電部華北電力建設公司內蒙古工程公司，實為童工。經過數十年的手不釋卷，本人隱學歷已達到漢語言文學碩士研究生水平，不過至今無人認定。

我一九七三年就讀於內蒙古農業大學農業機械工程系。是為人不齒的工農兵學員。一九八〇年經電力部嚴格考試，專業及專業基礎課程一舉通過。至今百思不解的是高等數學試題用的竟是大學數學專業的試題，歧視略見一斑。

我在新浪開博五年有餘，辛勤筆耕不輟，夏日揮汗如雨，冬日寒徹周身，許多人大惑不解。這裡我想用艾青的幾行詩來做出詮釋：

假如我是一隻鳥，
我也應該用嘶啞的喉嚨歌唱：
這被暴風雨所打擊的土地，
這永遠洶湧著我們的悲憤的河流，
這無止息地吹刮著的激怒的風，
和那來自林間的無比溫柔的黎明……
——然後我死了，
連羽毛也腐爛在土地裡面。
為什麼我的眼裡常含淚水？
因為我對這土地愛得深沉……

韓麗明

二〇一四年五月一日於呼和浩特

釀文學169　PG1211

副旋律思維

──中國時政評論文集

作　　者　韓麗明
主　　編　蔡登山
責任編輯　陳思佑
圖文排版　高玉菁
封面設計　王嵩賀

出版策劃　釀出版
製作發行　秀威資訊科技股份有限公司
114 台北市內湖區瑞光路76巷65號1樓
電話：+886-2-2796-3638　傳真：+886-2-2796-1377
服務信箱：service@showwe.com.tw
http://www.showwe.com.tw
郵政劃撥　19563868　戶名：秀威資訊科技股份有限公司
展售門市　國家書店【松江門市】
104 台北市中山區松江路209號1樓
電話：+886-2-2518-0207　傳真：+886-2-2518-0778
網路訂購　秀威網路書店：http://www.bodbooks.com.tw
國家網路書店：http://www.govbooks.com.tw
法律顧問　毛國樑　律師
總 經 銷　聯合發行股份有限公司
231新北市新店區寶橋路235巷6弄6號4F
電話：+886-2-2917-8022　傳真：+886-2-2915-6275

出版日期　2014年10月　BOD一版
定　　價　400元

Printed in Taiwan

國家圖書館出版品預行編目

副旋律思維：中國時政評論文集 / 韓麗明著. -- 一版. --
臺北市：釀出版, 2014.10
面； 公分. -- (語言文學類；PG1211)
BOD版
ISBN 978-986-5696-39-9 (平裝)

1. 言論集 2. 時事評論

078 103016855

讀者回函卡

感謝您購買本書，為提升服務品質，請填妥以下資料，將讀者回函卡直接寄回或傳真本公司，收到您的寶貴意見後，我們會收藏記錄及檢討，謝謝！如您需要了解本公司最新出版書目、購書優惠或企劃活動，歡迎您上網查詢或下載相關資料：http:// www.showwe.com.tw

您購買的書名：______________________________

出生日期：________年________月________日

學歷：□高中（含）以下　□大專　□研究所（含）以上

職業：□製造業　□金融業　□資訊業　□軍警　□傳播業　□自由業
　　　□服務業　□公務員　□教職　□學生　□家管　□其它_____

購書地點：□網路書店　□實體書店　□書展　□郵購　□贈閱　□其他

您從何得知本書的消息？

□網路書店　□實體書店　□網路搜尋　□電子報　□書訊　□雜誌
□傳播媒體　□親友推薦　□網站推薦　□部落格　□其他__________

您對本書的評價：（請填代號　1.非常滿意　2.滿意　3.尚可　4.再改進）

封面設計____　版面編排____　內容____　文／譯筆____　價格____

讀完書後您覺得：

□很有收穫　□有收穫　□收穫不多　□沒收穫

對我們的建議：______________________________

____

____

____

請貼
郵票

11466
台北市內湖區瑞光路 76 巷 65 號 1 樓

秀威資訊科技股份有限公司 收

BOD 數位出版事業部

....

（請沿線對折寄回，謝謝！）

姓　名：＿＿＿＿＿＿＿＿　年齡：＿＿＿＿　性別：□女　□男

郵遞區號：□□□□□

地　址：＿＿＿＿＿＿＿＿＿＿＿＿＿＿＿＿

聯絡電話：(日) ＿＿＿＿＿＿＿＿＿ (夜) ＿＿＿＿＿＿＿＿＿

E-mail：＿＿＿＿＿＿＿＿＿＿＿＿＿＿＿＿